读客® 这本史书真好看文库

轻松有趣，扎实有力

攻心为上
赵匡胤

所有的谋略，本质都是对人心的洞察！

苏城育 著

江苏凤凰文艺出版社
JIANGSU PHOENIX LITERATURE AND
ART PUBLISHING

图书在版编目（CIP）数据

攻心为上赵匡胤 / 苏城育著. -- 南京：江苏凤凰
文艺出版社, 2021.1
ISBN 978-7-5594-5475-1

Ⅰ.①攻… Ⅱ.①苏… Ⅲ.①赵匡胤（927-976）-
传记 Ⅳ.①K827=441

中国版本图书馆CIP数据核字(2020)第241752号

攻心为上赵匡胤

苏城育 著

责任编辑	丁小卉
特约编辑	石祎睿　　乔佳晨
封面设计	陈　晨
插画设计	莫晓娟
责任印制	刘　巍
出版发行	江苏凤凰文艺出版社
	南京市中央路165号，邮编：210009
网　　址	http://www.jswenyi.com
印　　刷	北京中科印刷有限公司
开　　本	710 毫米 × 1000 毫米　1/16
印　　张	22
字　　数	294 千字
版　　次	2021 年 1 月第 1 版
印　　次	2021 年 1 月第 1 次印刷
书　　号	ISBN 978-7-5594-5475-1
定　　价	49.90 元

江苏凤凰文艺版图书凡印刷、装订错误，可向出版社调换，联系电话：010-87681002。

目 录

楔　子　"香孩儿"降世 / 1

第一章　乱世少年：人情历练识人心 / 3

好武顽童，夹马营中"孩子王" / 5

幸遇明师，得习圣贤治国道 / 10

王朝更迭，动荡乱世中成长 / 14

江湖漂泊，亲历民生之多艰 / 20

第二章　帝业肇基：南征北战羽翼丰 / 37

黄旗披身，澶州兵变破危局 / 39

一鸣惊人，高平之战挽狂澜 / 52

整顿禁军，结义社羽翼渐丰 / 61

三征南唐，巧用兵屡建奇功 / 68

北伐契丹，"点检作"谜影重重 / 86

第三章　黄袍加身：识人心者得天下 / 103

时机将至，北寇压境临危受命 / 105

舆论鼎沸，流言四起人心异动 / 109

煽动军心，天现二日陈桥兵变 / 113

顺应民意，兵不血刃入主京都 / 118

人心所向，改元建隆赵宋立国 / 128

第四章　治国如用兵：心理战慑服文武 / 139

立碑作誓，善待前朝柴氏子孙 / 141

恩威并施，戡乱二李稳定政权 / 145

御前撤座，一张椅子明君臣之分 / 159

攻心为上，谈笑间杯酒释兵权 / 172

强干弱枝，内外相维制约藩镇 / 185

垂范天下，宽刑慎罚尽揽人心 / 195

第五章　刀兵起：先南后北征天下 / 211

雪夜问策，定方略先南后北 / 213

假道灭虢，借道荆南收荆湖 / 217

平定蜀乱，赏罚分明树军威 / 225

亲征北汉，留遗恨大业未竟 / 240

讨伐南汉，诛暴政救民水火 / 253

攻取南唐，架浮桥飞渡江南 / 267

第六章　烛影斧声：太祖逝世之迷 / 281

金匮之盟，立誓约传弟不传子 / 283

王相之争，龙虎斗赵普终罢相 / 290

重归故里，洛阳行晋王反迁都 / 310

烛影斧声，风雪夜真相何处寻 / 317

文治武功，开太平功德耀千古 / 332

楔　子

"香孩儿" 降世

后唐天成二年（927年），仲春，洛阳夹马营。

皇室禁军驻地，雄军呼喝，演兵操练之声威武刚劲，乘着晚风飘向军营后方的一座小小宅院。

夕阳西下，庭院中牡丹绽放，艳而不俗，柔而不媚，满园国色天香。庭院深处，窗牖半开半掩，晚霞透过窗口柔和地铺洒进来。今日霞光格外绚烂，须臾之间便红光满室，整间屋子如着了火一般。

兵戈喧嚷之中，屋里一声嘹亮的婴儿啼哭响起，虎虎有生气。赵府添丁，禁军军官飞捷指挥使赵弘殷喜得麟儿。

"赵军爷，您看小公子，金光闪闪的，竟是个小金人儿，这是大吉之相呀。将来哥儿必定长命百岁，大富大贵。恭喜军爷！"产婆贺道。

吉祥话谁不爱听，赵弘殷喜不自胜，小心翼翼怀抱婴孩。一缕晚霞照进屋内，光影斑驳，映衬得婴孩通体金黄。阵阵香气扑鼻，令人心旷神怡。恍惚之间，赵弘殷也分不清，这究竟是庭院飘来的牡丹香气，还是细皮嫩肉的小娃儿体香。

"乃生男子，载寝之床。载衣之裳，载弄之璋。其泣喤喤，朱芾斯

1

皇，室家君王。"（《诗经·小雅·斯干》）

这首西周古诗意思是：若是宝贝公子降生，让他睡到大床上。漂亮衣裳给他穿，精美白玉给他耍。你听，他的哭声多嘹亮，将来定会身披朱红蔽膝灿烂辉煌，光耀我家室，成为诸侯或君王！

赵弘殷轻摇襁褓中的儿子，随口吟诵《诗经》里的王室祝祷之诗。沉浸在弄璋之喜中的他怎么也想不到，三十多年后，这个小娃娃竟然真的成了真龙天子，亲手开创了一个伟大的时代。

小娃娃出生的场景美如画。窗口小小的四方格就是画框，霞光漫天是画的背景底色，画中央牡丹雍容华贵，淡淡花香伴着习习晚风，悠悠然飘进屋来，一时间香蒸满室。

小娃娃坐拥天下之后，这美丽场景被世人添油加醋，离奇演绎。传说他的母亲杜氏"梦日入怀而娠"，他诞生时"赤光绕室，光照室中""胞衣如菡萏（胎盘像荷花花瓣）""通体金色，三日不消褪""体有异香，香气日夜不散"，越传越奇异，越传越邪乎。

传说虽然荒诞不经，但这位赵家二哥因此得了个"香孩儿"的乳名倒是不假，那么大名呢？

赵弘殷充满爱怜地望着小婴孩，眼神中平添几分深沉郑重。

"大儿匡济早夭，我一度心灰意冷。想我涿州赵氏，虽非名门望族，却也累世官宦。到了我这一辈家道中落，愧对先人。唯愿这'香孩儿'长大成人之后，匡时济世，光耀门楣，福荫子孙，就叫他'匡胤'吧。"

这一天，是后唐天成二年二月十六日（公元927年3月21日）。在暮霭余晖与烂漫春光之中，在满园牡丹花香之中，在夹马营的金戈铁马之中，赵匡胤出生了。

第一章

乱世少年：人情历练识人心

赵匡胤出生于军营，生长于乱世，年轻时孤身外出闯荡，亲历民生之多艰。在人情历练中，匡济天下、戡平乱世的大志向，不知不觉在他内心深处慢慢生根发芽……

好武顽童，夹马营中"孩子王"

"禁卫军飞捷指挥使大人到！车辇停，行人让……"

正午时分，赤日炎炎，炊烟袅袅。洛阳城东夹马营外的街道上，远远传来喝道之声，打破了夏日晌午的宁静。不知是哪位达官贵人大驾光临，听起来排场架势可真不小。仔细听辨那喝道之声，尖厉而稚嫩，竟似童音。

声音越来越近，循声望去，列阵而来的竟是十几个小娃儿！

男孩们分为两列纵队，步履缓慢，整整齐齐地向前行进。这些总角小儿以模仿朝廷官员出行仪仗为游戏，为首两名男童一手持铜锣、一手拿木槌，在队伍前边鸣锣开道，扮演"差役"。其他小孩儿时而板起面孔故作严肃，时而扭头对视，吐舌嬉笑。

既然是仪仗游戏，"差役"开道于前，自然少不了"贵人"压阵于后。行列深处，一少年郎双目炯炯，直视前方，神色威严庄毅，不紧不慢，施施然而行。

少年十来岁年纪，浓眉高额，宽鼻大耳，虎头虎脑。他所扮演的定是喝道声中的"飞捷指挥使大人"了。

有外乡来的过路人瞧着新鲜有趣，终究不明所以，向身边人询问道："初来贵宝地，烦问则个，这小娃儿笼街喝道之奇观，究竟是何缘由？行列最后，神采奕奕的那一位，不知是哪户高门贵胄的小公子？"

"咳，哪来的什么高门贵胄，这位'小太岁'便是这夹马营赵家二公子，他爹爹赵弘殷在皇家禁军里当差。这位小哥呀，倒是个不折不扣的'孩子王'，三不五时便将营中将军家的孩儿们召集在一起，替他鸣锣开道，自己扮作大将军。小小年纪，派头可不小！足下仔细瞧好了，后边还有好戏呢！"

正谈笑间，街面上的动静再次吸引了路人目光。

队列后面有两名男童拖着一辆破旧的木板小车。领头的少年赵匡胤一跃而起，踏上木车，高举哨棒，昂首喝道："侍卫亲军司，全军听令！列阵！鱼丽之阵！起！"

娃娃们这是要开始操演阵法了。小兵卒每五人聚拢在一起，形成一个小方阵，若干个小方阵按梯次有序排列，呈鱼鳞状。"主帅"赵匡胤站在"战车"上，是为"鱼头"。小步兵们形成一个个小方阵环绕拱卫"主帅战车"，犹如一支鱼队浩浩荡荡向前推进。男孩儿们虽然嘻嘻哈哈，只当是玩乐，倒也把兵书中的"鱼丽阵法"操演得有模有样。（《司马法》："车战二十五乘为偏，以车居前，以伍次之，承偏之隙而弥缝阙漏也。五人为伍。此盖鱼丽阵法。"）

少年赵匡胤站在拉货小车促狭的方寸之地，却像是伫立在辚辚急驶的驷马战车上，他高高举起一根不知从哪儿捡来的木头哨棒，仿佛迎风擎着飘扬的旌旗，指挥千军万马驰骋疆场一般。

对于此番奇景，街坊四邻习以为常，大都一笑置之，只当是小孩子"过家家"的游戏。男孩们都知道自己在耍闹寻欢，脸上洋溢着笑意欢愉。唯有赵匡胤不同凡响，始终不苟言笑，面目肃然，一点儿也没有嬉戏之感，显露出与他的年龄极不相称的坚毅与庄重。他指挥一帮娃娃排兵布阵，进退有度，有章有法，不因为这只是一场作假的游戏就马虎敷衍。赵匡胤与众不同之处，正在于这股"认真"的痴劲儿。你以它为真，严肃庄重地对待，它之于你就有别样的意义。

"收阵！"赵匡胤高喊一声，跳下车来。

娃娃兵在街边嬉闹一阵，也都疲累了，阵行四散，纷纷结伴回营。

夹马营是洛阳城中距离大内皇宫最近的一座军营，部分中央禁军驻扎于此。赵匡胤和他的小伙伴们都是营中武将的子弟，打小在军营大院长大。

刚一入营，但闻马声嘶嘶。马倌牵出一匹枣红色汗血马，宝马前蹄高抬，左冲右突，极不受控。马倌几番险些被踢倒，费了九牛二虎之力，才勉力将它从马厩中拉扯出来。

赵匡胤健步如飞，迎上前去："这可是新来的西域宝马，真威风，真好看！"

马倌苦笑道："威风好看顶什么用？这畜生性子烈得很，谁也驯服不了。好几位军爷都被它撂下地来，有位军爷还摔断了腿呢！"

赵匡胤围着宝马绕圈细看，宝驹一身烈红，脖颈粗壮，腿肚结实，茂密的鬃毛被微风轻轻吹起，神采卓绝，堪称神兽。精通骑术的赵匡胤好生喜欢，双目放光，跃跃欲试："我来驯服它！"

正欲踩镫上马，马倌拦阻道："香孩儿，可瞧仔细了，马鞍还没装呢，马笼头也没有，只套了一条缰绳，忒危险啦！这烈马终究野性难驯，久经沙场的军爷们尚且降它不住，更不必说……"

"更不必说你一个小娃儿了！"这句话只到嘴边，马倌点到为止。

赵匡胤面无惧色，爽朗笑道："怕什么！西域宝马在沙漠上跑，自由自在惯了，向来是没有辔头、马鞍这许多拘束的，不妨事！"

话音刚落，他单持一根哨棒，大步流星，跃上马背。

烈马一骑绝尘，如离弦之箭飞驰而去。英武少年以哨棒代马鞭，驱使烈马向前，风驰电掣，威风八面。烈马疾奔出军营，猛然撞倒营边一排木栅栏，引得路边看客惊呼连连，待众人回过神来，宝马已奔驰出百米开外，远远朝北城方向去了。

赵匡胤纵声呼啸，高擎哨棒直指云霄，脸上洋溢着亢奋与狂喜。少年与烈马融为一体，像是一道红色的闪电。

众人远远瞧着，正欲欢呼喝彩，凌厉刺耳的马嘶声骤起。烈马左冲右突，发了疯似的颠簸狂奔，径直往北城墙的斜道上猛冲。斜道上坡通往城门，烈马不知死活地登坡扑向城门，赵匡胤躲闪不及，额头猛地撞上城门门楣，砰的一声，像块大石头似的轰然坠倒在地！

"噫吁嚱！"围观路人无不大惊失色，猜想这孩子铁定凶多吉少，目光齐刷刷地紧盯城门楼下。

须臾，只见一个小小身躯缓缓爬将起来。他拍拍身上尘土，拾起地上哨棒，竟毫发无损，跟没事人似的。众人张口结舌，诧异非常。

后来此事传开，人们都说这个带着红光与异香出生的"香孩儿"，果真不是凡人——竟然还有一颗撞不坏的铁头。其实，哪有什么铁头神功！当时赵匡胤眼看就要撞上门楣，千钧一发之际，抢先一步跃身而起，靠近门楣时，身势已经处在下落之势，因而免受了硬挺挺直接撞上门楣的剧伤。

"宝驹，休跑！"

赵匡胤大喝一声，奔向烈马，一个筋斗飞身又骑上来。第二番驾驭，他越挫越勇，哨棒击打在马儿后臀上，力道更为猛烈。马儿似乎被他的勇武所震慑，竟乖驯许多，不再发疯疾驰。汗血宝马颇具灵性，在草原上恣意生长，养成了桀骜不驯的野兽脾性。今日算是棋逢对手，因为赵匡胤也是个桀骜不驯的主儿。宝马的性情本是如此，你若示弱，它就越发肆无忌惮地欺侮你；而它一旦被驯服，就服服帖帖地认定你是它的主人。

赵匡胤豪气毕现，高昂着头，挺着小腰板，神采奕奕，徐徐归营。路人叹为观止，掌声雷动。营中娃娃兵簇拥着赵匡胤，欢呼雀跃，像是在欢迎沙场得胜的英雄凯旋。

"香孩儿！香孩儿！大事不好啦……"一个小男孩闯进营来，气喘吁吁拨开人群往里挤，"赵匡胤，你今日又逃学，陈学究点你背《中庸》，见不着人，气得胡子都白啦！这会儿正在你家里，跟你爹娘告状呢！"

回到家中，赵匡胤蹑手蹑脚踱到正厅外，小手扒着门扉，露出滴溜溜的小眼睛，往厅内窥探。

只见陈学究左首上座，两道白眉紧锁，恨不能纠缠在一起，两颊一呼一吸气鼓鼓的；右首位置上，父亲赵弘殷正襟危坐，脸色铁青；母亲杜氏陪侍奉茶，一如既往地恭谨淡然。

"胤儿，还不快进来，躲在门后作甚！"杜氏眼尖，中气十足一声呼喝。

赵匡胤乖乖进屋，向陈学究鞠躬行礼道："学生恭请夫子金安……"

"哼！受不起呀受不起！老夫可没有小公子这样的学生……"陈学究边摇头不止边叹气连连，"老夫在夹马营外开馆讲学，传道授业十余载，从没见过如此顽劣的学生，隔三岔五逃学旷课不说，终日里只知道舞枪弄棒，逞凶斗狠。说起来学堂里的学生，都是将门之后，好武轻文也是有的，可却不曾见别人家的孩儿如赵家小爷这般鲁莽暴戾、恃强凌弱。远的不提，前日里李将军家的公子春儿，就被他打得皮开肉绽，咳……老夫身为人师，时时开谕、殷殷教诲，却收效甚微，每念及此，老夫不禁扼腕叹息呀……"

赵弘殷面子上挂不住，劈掌作势要打，杜氏抢前一步，假意戳着赵匡胤额头呵斥，实则以己身护住儿子。

赵匡胤道："爹，娘，李春儿才是恃强凌弱的主儿，老是欺负学堂里的学生，前日他强抢一学童紫罗香囊不成，便打伤人家的腿。我知道后气不过，使一路盘龙棍法，揍得李春儿鼻涕眼泪横流，大叫饶命，痛快极啦！"

杜氏脸上掠过一丝不易察觉的笑容，立马板起面孔，低声喝道："不让人省心的小冤孽，还不快住嘴！"

陈学究道："纵使李春儿有错在先，你也应该晓以大义，以理服人。子曰：远人不服，则修文德以来之。如此以暴制暴，成何体统！"

"李春儿是营中一霸，讲道理顶个屁用！非得给他点颜色瞧瞧不可！

在夹马营，谁拳头硬，大伙儿便听谁的！"

"听听！你听听！逞凶斗狠，斯文丧尽，还振振有词，不知悔悟……"陈学究干咳两声，作痛心疾首状，"贵府这位公子，心性浮躁，缺乏定性，读书只观大意，不求甚解，只好骑马、射箭、斗草、斗蟋蟀……"

"父亲，母亲，若依着我，这学不上也罢！"

赵弘殷气不打一处来，抬手又要打，杜氏抢先问道："胤儿不愿上学，是何缘由？"

"儿子好武，骑马，射箭，棒法，刀枪，十八般武艺样样精通。天底下的大英雄，哪一个不是骁勇善战的大将军！要我说，念书何用？终日坐而论道，夸夸其谈，手无缚鸡之力，真遇上歹人，只能任人欺侮。父亲母亲开恩，就让儿子在营中跟诸位将军习武吧！"

"这……"儿子噼里啪啦这一席话，赵弘殷一时语塞。

陈学究不再怒气冲冲，像泄了气的皮球儿似的，一直笔挺的脊梁佝偻下来，颤巍巍起身，边缓步离去，边叹息道："童言无忌，却意外道出了世间实情啊。而今乱世，藩镇割据，武夫横行，礼崩乐坏。如老朽这般只知坐而论道、夸夸其谈的书生，自然是百无一用。飞捷指挥使大人家的公子，我是没法儿教了，还是另请高明吧……"

不等赵弘殷、杜氏挽留，陈学究兀自离开，佝偻的背影消失在庭院暮色里，只留下厅堂中一对忧心忡忡的父母，和顽皮少年胜利的鬼脸。

幸遇明师，得习圣贤治国道

老学究铁了心不再接纳小顽童，赵氏夫妇只得为赵匡胤另觅明师。一个月后，赵匡胤迎来新老师。但第一课，却不在私塾课堂上。

赵匡胤紧跟在年轻儒生辛文悦后面，新老师一身白衣如洗，衣袂飘飘，领着他穿行街巷，步履轻盈矫健。

"先生，咱们去哪儿？我娘让我跟先生读圣贤书，可不是走街串巷瞎溜达，先生倘若不开课的话，我就回夹马营骑马射箭去了！"

辛文悦回头微笑道："莫急，你既喜欢骑马，第一课，就从骑马开始！"

"当真！"赵匡胤来了兴致，"先生也会骑马？论骑术射艺，夹马营我可排第一！"

辛文悦笑而不答。师生二人在闹市街边一座石马雕像前停下脚步。这石马与真马一般大小，两条后腿埋进地下，两条前腿马蹄奋起，虽是静止的石像，却呈现出迎风飞驰的动态，神武非凡。

这座石马赵匡胤再熟悉不过，他一跃而起，骑在石马背上。

"先生怎知我喜欢这石马？"

"听说你喜欢这石马，可却不知，因何喜欢？"

赵匡胤脱口而出："这马儿，多威风多气派呀！"

辛文悦叹了一口气："我原以为马儿遇到知己，没想到，其实你也并不懂马，可惜呀……"言罢，作势转身要走。

赵匡胤跳下马来，扯住辛文悦的衣袖："先生何意？"

辛文悦假作意外："怎么，你竟不知这马儿的故事来历？"

"故事？这马儿还有故事呢？先生快说说！"

"话说百年以前，此地原是一座将军府，住着一位大将军。大将军姓甚名谁已不可知，但知他南征北战，戎马一生，立下赫赫战功。他生平最珍重爱惜的，便是座下那一匹赤兔宝马。正所谓：良驹易得，宝马难求。赤兔马追随将军征战沙场十余年，多次帮助将军脱离险境，转危为安。可有一次，宝马左冲右突，杀出重围，一路狂奔八百里，将军得以脱险无虞，宝马却身中数箭，虚脱而死。将军痛哭三日，寻得能工巧匠，依照宝马模样，铸成一尊石像，立于府邸门前。时光斗转，斯人已逝，英雄湮灭，唯有这石马扛住了岁月风沙的洗礼，留了下来……"

赵匡胤听得入神，喃喃道："想不到，这马儿还有这段故事……"

辛文悦正色道："你只知马儿威风气派，却不知它真正的价值并不在于勇武刚强，而在于敢于牺牲，能够为大道献身。匹夫之勇，何足道哉？舍生取义，杀身成仁，才是君子之道。"

"可是营里将军都说，上战场杀敌，最要紧的就是勇武刚强呀？"

辛文悦若有所思，道："你去草丛里拔一株野草来。"

赵匡胤拽一把野草回来，没等他开口问话，只听辛文悦沉吟道：

"人之生也柔弱，其死也坚强；草木之生也柔脆，其死也枯槁。故坚强者死之徒，柔弱者生之徒。是以兵强则灭，木强则折。强大处下，柔弱处上。"（《道德经》第七十六章）

"先生念的啥意思？我可听不懂。"赵匡胤挠挠头。

"莫急，且听我慢慢道来。这是先贤老子的一段妙论，老子说，人活着的时候身体是柔软的，可死了之后尸体却变得僵硬。再看你手中的草木，生长之时形质柔脆，死了之后却变得干硬枯槁。由此可见，坚强的东西常属于死亡一类，而柔软的东西却属于存活下来的那一类。由此推演开去，兵戎之道也是如此，用兵只知一味逞强，最终必将遭受灭亡，就像是木头越强硬就越容易被折断的道理是一样的。一言以蔽之，看似强大的反而居于下位，看似柔弱的反而占据上风，这正是世间万物之奥妙。你可明白了？"

"这个嘛……"年幼的赵匡胤迷迷糊糊，似懂非懂，只觉得新奇有趣。

"此刻不明白也没关系。"辛文悦笑道，"强大处下，柔弱处上。妙哉斯言！你还小，待你年岁渐长，阅历渐丰，希望能够领会'柔'之妙义，体悟道家'柔弱胜刚强'的奥秘。今日这第一课，就到此为止吧，明日正式开班讲学……"

赵匡胤望着辛文悦远去的背影，觉得这老师可比陈学究好玩多了。

翌日，他准时准点独自一人出现在辛文悦的私塾课堂上。

辛文悦拾起一支狼毫笔，在墙上工工整整写下"父子"二字，古朴的隶书，娟秀中透着雄健。

"今天这堂课，便从这'父子'二字说起。匡胤，为师问你，以年岁而论，究竟是父亲的年纪大，还是儿子的年纪大？"

"这还用问，自然是父亲年纪大！"

"可如今却出了一件怪事，儿子竟然比父亲还要年长十岁，你说奇不奇？"

赵匡胤小孩子心性，好奇心被勾起，忽而又觉中计，撇嘴道："先生骗人，我才不信！"

"莫急。我再有一问，小娃儿你在军营中长大，可知当今天下，哪家节度使最是强悍？"

赵匡胤想了想，道："大约是河东节度使石将军。爹爹曾说过，天下藩镇，以河东为重。"

辛文悦点点头，脸色一沉，肃然道："正是这河东节度使石敬瑭，他起兵造反，如今与朝廷兵戈相向，对峙于晋阳。此人寡廉鲜耻，向契丹国主修书示好，俯首称臣也便罢了，竟然称契丹国主为'父皇帝'，自称'儿皇帝'！消息传出，天下震动，舆论鼎沸。说起来，契丹国主耶律德光今年三十三岁，石敬瑭时年四十有四，向小自己十岁的外族人称父，简直荒天下之大谬！"

"石将军为何这么做？"

石敬瑭父事契丹，自然是为了引契丹军队为外援，毁灭后唐政权取而代之。辛文悦望着少年天真懵懂的面庞，知道复杂政事多说无益，关键是晓以大义。

"那是因为，手握重兵者眼里只有小利，心中没有大义，于是天下便没有'道'。"

"先生，何为'道'？"

"春秋时，齐景公曾问政于孔子。孔子对曰：君君，臣臣，父父，子子。（《论语·颜渊》）意思是说，为君者，要有一个做君王的样子；

为臣者，要有一个做臣子的样子；做父亲的，要有做父亲的样子；做儿子的，要有做儿子的样子。如今这世道，君不君，臣不臣，父不父，子不子……大道不行，纲常丧尽，这才有了向外族称父的闹剧……"

辛文悦扼腕叹息，越说越激愤。赵匡胤毕竟年幼，似懂非懂地听着。春风化雨，润物无声，他幼小的心灵正被某种慷慨厚重的情怀所感染，懵懂之间颇受震动，虽然此时他还说不清那究竟是什么。

辛文悦穷居于陋巷，落拓洒脱，自有一股狂放不羁的名士风度，深深吸引着在军营里见惯了粗莽武夫的"香孩儿"。辛夫子第一次开班授徒，却有为人师者的天赋，讲起课来深入浅出，循循善诱，不似陈学究那般迂腐，而是懂得将圣贤之道融入生动有趣的故事里，令学生更好地理解领会。

师生二人十分投缘，赵匡胤耳濡目染，潜移默化地受熏陶。他的心灵沃土中不知不觉埋下了"仁义"和"柔善"的种子，只等有朝一日生根发芽，长成参天大树，到那时好武的顽童就将真正成为顶天立地的男子汉。

赵匡胤是幸运的，虽然出身于军人家庭，但父母明事理、有远见，格外重视孩子的文化教育。他更有幸得遇明师：辛文悦的谆谆教导让他渐渐意识到，原来这世上还有比刚强的武力更为强大的东西。于是，好武喜兵的赵匡胤，并没有像营中小伙伴一样，成为一介赳赳武夫。他的眼界见识、仁义胸怀与柔善性情，都成为日后平定乱世、成就帝王伟业的关键。

这时候，懵懂无忧的"香孩儿"还不知道，小小夹马营外，那个他即将投身其中的更广阔的天地，正在发生翻天覆地的变化。

王朝更迭，动荡乱世中成长

夹马营外更广阔的天地，是个怎样的世界？

赵匡胤出生、成长的这段时期，历史上称为"五代十国"。那是紧接着唐朝灭亡后，长达半个世纪的大分裂时期。

"五代"是指中原地区五个先后更替的王朝，分别为后梁（907—923）、后唐（923—936）、后晋（936—946）、后汉（946—950）、后周（950—960）。

"十国"是出现于南方、山西等地的一批割据政权，包括前蜀、后蜀、吴、吴越、南唐、楚、闽、南汉、南平（荆南）和北汉。

后人谈及五代十国，出现频率最高的词汇非"乱世"二字莫属。唐王朝土崩瓦解之后，大一统不再，天下陷入分裂割据的局面。短命政权交相更替，藩镇军阀争斗不休，狼烟四起，生灵涂炭。

乱世之中的赵家，又是怎样一番境况？

赵家祖籍涿州（今河北保定），累代仕宦，家族最显耀时，赵弘殷的父亲，也就是赵匡胤祖父赵敬，曾先后出任营州、蓟州、涿州三州（均位于河北）的刺史。到了赵弘殷这一辈，仕途似乎就没那么顺遂了。

大乱之世，正是英雄辈出之时。赵弘殷性格刚烈，骁勇英武，擅长骑射，受到后唐庄宗李存勖赏识，进入中央禁军，担任飞捷指挥使。"飞捷"是禁军番号，顾名思义乃为骑兵之属，其他番号还有"羽林""龙武""神武"等。飞捷指挥使在禁军序列中属于下级军官，麾下大约掌管五百名骑兵。赵弘殷在洛阳夹马营安家落户十余年，任外面风云流转，世事变迁，他的官位却岿然不动，始终没有升迁。

赵匡胤出生于后唐天成年间，赵家虽非大富大贵，却也衣食无忧，"香孩儿"在军营中度过了骑马射箭、玩闹嬉戏、自由自在的童年。

后唐清泰三年（936年）五月，河东节度使石敬瑭于晋阳（今山西太原境内）起兵造反，后唐末帝李从珂急忙派兵迎战。石敬瑭勾连契丹，修书向辽太宗耶律德光允诺："若使我得天下，将竭中国之财以奉大国。"耶律德光兴兵五万，与石敬瑭会师于晋阳，并力击后唐。契丹雄兵一来，以二打一，河东叛军与后唐中央军的均势即被打破，形势急转直下。

天下没有免费的午餐，契丹人岂能白来这一趟？当时各种传闻甚嚣尘上，其中最令包括辛文悦在内的中原士人忧心忡忡的一条是，据传石敬瑭不仅称父于耶律德光，更承诺只要辽军助他灭唐，事成之后就将燕云十六州拱手割让于契丹！消息传开，石敬瑭"认贼作父""引狼入室""丧权辱国"的骂名汹涌如潮。

眼看着，中原国家又陷入危亡之局。

当年十一月二十六日辰时（上午7点至9点），一阵急促的敲门声打破清晨的安宁，正熟睡中的赵匡胤被吵醒，他爬起身，只见杜氏一开大门，赵弘殷火急火燎闯进来，气喘吁吁，神色慌乱。

杜氏问道："官人昨夜不是在宫里当差吗？宫中出事了？"

进屋后，赵弘殷坐下又站起，满面忧惧，惊魂稍定后，敛息屏气道："天色将明，我结束当值，正要出宫回家，却见多名宦者急匆匆往玄武楼搬运柴薪。我心想：堆积柴薪，除了纵火还能何为？到了辰时，陛下携皇太后、刘皇后、雍王（李重美），登临玄武楼，果真于城楼之上……点火自焚！我在城楼下看得真真切切……"

讲到此处，赵弘殷禁不住抬头，往皇城方向望去，仍心有余悸。

赵匡胤猴子似的敏捷跳起，推开窗户，往南边张望，大叫道："母亲快瞧！真起火啦！"

夹马营离皇宫不远，透过小小窗口可以瞧见，晨曦薄雾之中，皇城宫阙烟波浩渺，迷蒙如幻境，巍峨高耸的玄武楼上，一道道浓烈的黑烟滚滚翻腾，火光烛天，染红了苍穹。繁华的琼楼玉宇和短命的后唐王朝一起在熊熊烈焰中付之一炬。

赵弘殷喃喃道："又要变天啦！天子驾崩，如今皇宫大乱，能跑的都跑了，石敬瑭恐怕不日就将攻入洛阳……"

那一天凌晨，后唐末帝李从珂眼见大势已去，抱着传国玉玺，登上玄武楼自焚而死。很快，石敬瑭率军入主洛阳。

当年十一月，石敬瑭正式称帝，国号为"晋"，史称"后晋"，改元"天福"。

此时的赵匡胤年仅十岁，这是他第一次经历改朝换代。因尚年幼，他对这一切剧变还懵懵懂懂，只是玄武楼的冲天火光，象征着王朝覆灭的那幅画面，一直镌刻在他的脑海里。

后晋建国后，石敬瑭依照此前与契丹的约定，将幽、蓟、瀛、莫、涿、檀、顺、云、儒、妫、武、新、蔚、应、寰、朔十六州割让于契丹，并每年输送金帛三十万。燕云十六州（今北京、天津北部，以及河北北部与山西北部地区）本是中原王国抵御北方游牧民族入侵的重要屏障，战略地位至关重要，十六州的丧失，无异于拆毁边境之长城，自此，中原王朝长期处于契丹的威胁之下，如猛虎豺狼卧在身侧。

天福三年（938年）七月，石敬瑭向契丹上表称臣，在国书中正式称呼耶律德光为"父皇帝"，契丹主则称其为"儿皇帝"，石敬瑭也欣然接受。这位后晋皇帝的奴颜婢膝，恬不知耻，为天下人耻笑。

天福三年（938年）十月，后晋迁都于汴梁（也称汴京、东京、大梁，今河南开封），置开封府，以汴梁为东京，洛阳为西京。

后晋立国后，赵弘殷仍在禁军任职，只不过又换了个皇帝效忠，这些年他也习惯了。这一年，赵家随朝廷迁居汴梁，赵匡胤离开了他出生成长的洛阳。

天福七年（942年）六月，后晋高祖石敬瑭病逝，其子石重睿年幼，大臣们以"国家多难、宜立长君"为名，拥立石敬瑭侄儿、齐王石重贵继位，是为后晋出帝。

开运元年（944年），十八岁的赵匡胤长大成人，生得方面大耳，雄伟魁梧，没了少年时的顽皮，多了几分稳重。赵弘殷为赵匡胤张罗了一门门当户对的亲事，迎娶右千牛卫率府、护圣营军校贺景思将军的长女为妻。贺氏知书达理，温柔恭顺，但赵匡胤沉浸在新婚之喜没多久，动乱的时局就打破了小家的温馨宁静。

契丹人来了！

开运元年正月起，契丹开始进攻后晋边境诸州。以河北为主战场，两军断断续续打了三年多，双方互有胜负。开运三年（946年），后晋主帅杜重威、副帅李守贞临阵倒戈，投靠契丹，河北州镇相继失守。

契丹国主命后晋叛将——杜重威麾下部将张彦泽率两千骑兵为先锋，渡过白马津（今河南滑县），直逼汴梁而来。石重贵将举国军力都调拨给了前线的杜重威，此时汴梁城防空虚，禁卫军总人数不过五百，虽然张彦泽只有两千骑，却也抵挡不住。

赵匡胤又一次亲历了国都沦陷，东京汴梁被攻占，就像当年的西京洛阳一样。历史总是惊人的相似，皇城中又起了一场大火。

叛军即将破城之际，后晋出帝石重贵下令在皇宫里纵火，他手持利剑，逼着后宫嫔妃十余人，跟他一起赴火求死，与当年后唐末帝李从珂别无二致。但石重贵比李从珂幸运，张彦泽攻入皇城，传契丹国主之命，并没有要对晋帝赶尽杀绝的意思。石重贵于是赶快指使宫人灭火，继而蹲坐宫苑中，与后妃相聚而泣。石重贵命大臣起草降表，向契丹主称："孙男臣重贵，祸至神惑，运尽天亡。"脱下黄袍，身着素服，和全城百姓一起，等待契丹人的到来。

契丹人到来接管京都之前，代表契丹先期入城的后晋叛将张彦泽，意外成了这段短暂权力真空期的"话事人"。此时汴梁城由他说了算，他便极尽所能地为所欲为。张彦泽放纵麾下两千士兵大行劫掠，丧心病狂地洗劫了两天两夜，繁华京城为之一空。

赵家毕竟是禁军之家，兵匪们不敢到军官家里造次，虽然幸运地在这场浩劫中得以保全，但赵匡胤依然义愤填膺："汴京这一番劫难，涂炭多少生灵！那张彦泽，本也是我军中一员骁将，却随杜重威一起卖主求荣。城中传言，这厮劫掠财富堆积如山，日日饮酒享乐，每每外出皆数百人随行，招摇过市，红彤彤的旗子上写着四个大字——'赤心为主'！哈！瞧瞧，叛国卖主，不以为耻，反以为荣，可笑至极！全城百姓早就笑掉大牙了。父亲，母亲，我就不明白了，这世上怎会有人这般寡廉鲜耻？！前有石敬瑭，后有杜重威、张彦泽，难道时无英雄吗？怎么尽是无耻小人当道？又有谁来匡扶道义，为民请命？"

刚刚长大成人的赵匡胤，掷地有声地发出这时代之问，父母感慨良多，但他们面对这么宏大的问题却也都沉默了。没有人能回答他，这些问题的答案，只能他自己用一生去求索追寻。

不久，辽太宗耶律德光入主汴梁，为平民愤，下令诛杀张彦泽，于市北斩首示众。契丹灭亡了后晋，却没能在中原扎根下来。北方各地义军四起，汉人奋起反抗，局势动荡不安。耶律德光发觉自己根本无力统御中原，不得不罢兵北还，归国途中病逝于栾城（今河北石家庄）。

与此同时，藩镇实力最强者、河东节度使刘知远抓准时机于晋阳称帝，国号为"汉"，史称"后汉"，沿用后晋天福年号，当年为天福十二年（947年）。当年六月，契丹人离开后，刘知远入主汴梁，完成了又一次王朝更迭。

就在这个时期，赵匡胤做出了成年后第一个重要的决定。

此时的赵匡胤，器宇轩昂，天姿雄伟，性沉厚，有大度，已经不再是夹马营那个尚武好斗的顽童了。他虽排行老二，但大哥匡济早夭，匡胤一直将自己视为家中长子。他的弟弟赵光义（原名匡义）于天福四年（939年）出生，如今已经八岁。眼见弟弟一天天长大，赵匡胤越发感到长子肩上的责任重大，也越能体察到家庭经济状况并不乐观。

自后唐同光年间一直到后晋开运年间，一转眼二十多年过去了，时代历经三朝，天子换了五六位。但任风云变幻，时光流转，赵弘殷却一直还是个中下级武官，官运止步不前。在这样不安稳的乱世，仕途没有向上升迁就意味着贬黜，赵家生计越发窘迫艰难。

如今赵匡胤业已成家，尚未立业，他决定孤身离家，外出闯荡。

临行前，赵匡胤向父母郑重叩首："男子汉志在四方！匡胤定当孜孜不息，尽心竭力，干出一番功业来，才对得起父亲给孩儿取的这个名字！"

"匡"，即匡扶、救助之意。"胤"，胤嗣，后代子孙也。这个名字和"匡济"一样，都寄托了一生不得志的赵弘殷对孩子的殷切期望。

江湖漂泊，亲历民生之多艰

后汉天福十二年（947年）夏天，二十一岁的赵匡胤离开汴梁，外出游历，寻求建功立业的机会。

初离家时，年轻人满心兴奋、愉悦，对这一路上即将经历什么，充满热切的期待。但很快，一幅民不聊生、山河破碎的乱世图景，鲜血淋漓地呈现在他面前，像冷水倾盆而下，浇熄了赵匡胤初涉人世的欢欣与雀跃。

他从洛阳出发，一路向西，经陕西，往甘肃方向漫游。在狼烟四起、兵荒马乱之中，沿途不论大城邑还是小乡村，都是一派凋敝萧条的景象。尤其在那些经历过战事浩劫的地区，赵匡胤目睹饿殍遍地、尸横遍野，内心深受震动。

多年以后，他始终忘不了在陕西地界荒僻乡野中遇见的一位老人。

那日，他途经一处穷乡僻壤，被一阵苍老沙哑的诵诗之声所吸引。

> 车辚辚，马萧萧，行人弓箭各在腰。
> 爷娘妻子走相送，尘埃不见咸阳桥。
> 牵衣顿足拦道哭，哭声直上干云霄……

赵匡胤念书不多，不知道这是"诗圣"杜甫的《兵车行》，只觉得听来沉郁悲苦，像是为眼前这凋敝乡村吟唱哭泣的哀乐。

循声而去，只见一间破败茅屋前，箕坐（两腿张开，形如簸箕）着一位发苍苍、视茫茫的耄耋老者，白发披散，鼓盆而歌。细瞧其面目，老人目光冷漠空洞，一副半疯半痴之态。

"老人家，诗里唱的什么呀？"赵匡胤上前问道。

老者好似充耳不闻，不拿正眼瞧他，也不答话。

忽觉一只小手轻轻拉扯他的衣袖，赵匡胤低头一瞧，不知从哪儿冒出个垂髫小儿。

"我哥哥被抓去当兵啦，爹爹好多年前就被抓走了，哥哥这一走，不知道什么时候才能回来，爷爷心里难过……"

赵匡胤明白了，战事频仍，各地军阀强征民兵，抓壮丁的事儿这一路上见得太多了。他好意试图安慰道："老人家，小哥儿从军也未见得是坏事，将来保不齐会在战场上建功立业，到时候拼下一番功名，衣锦还乡，岂不是因祸得福？"

言罢，赵匡胤瞅一眼沉浸在悲苦中的老者、瘦弱如鸡的小孙子以及断壁残垣的茅屋，突然感到自己的祝福是那么苍白和底气不足。

这位村中老学究抬头瞥了他一眼，漠然的眼神像根刺一样扎在年轻人心上。老人家似乎听懂了他的话，又似乎没听懂，继续鼓盆吟唱：

> 道旁过者问行人，行人但云点行频。
>
> 或从十五北防河，便至四十西营田。
>
> 去时里正与裹头，归来头白还戍边……

杜甫诗中"道旁过者"（过路人）与"行人"（被征发即将出行之人）对话的场景，倒与如今赵匡胤与老学究的情形莫名契合。诗中被征调从军者一去数十年，白白搭上半生的悲惨遭遇，正是对年轻人那虚无缥缈的祝福最好的回应。

赵匡胤只觉得脸上开始有些发烫，嘴里还是劝慰道："老人家，战事连年不休，将士们固然艰苦，但朝廷征兵建军，也是为了抵御契丹外敌，统一天下，将来四海安宁呀……"

没等他说完，老者轻轻冷笑一声，似乎懒得再瞧他一眼，续唱道：

> 边亭流血成海水，武皇开边意未已。
>
> 君不闻，汉家山东二百州，千村万落生荆杞。
>
> 纵有健妇把锄犁，禾生陇亩无东西。

况复秦兵耐苦战，被驱不异犬与鸡……

老学究借古诗批评朝廷穷兵黩武，也指责年轻人不懂百姓疾苦，赵匡胤怎会听不明白，脸上火辣辣的烫得更厉害了，一时无言以对，半晌才喃喃道："老人家，这些年你一定受了很多苦吧？家里面的境况……"

老学究声音里的愤怒渐渐和缓，却平添几分彻骨的悲凉：

长者虽有问，役夫敢申恨？
且如今年冬，未休关西卒。
县官急索租，租税从何出？
信知生男恶，反是生女好。
生女犹得嫁比邻，生男埋没随百草……

从这哀怨的诗歌里，赵匡胤可以想象，多年以来，这个普通的家庭，遭遇军阀强征兵丁、官衙暴敛租税，全家老小惊惧悲怆、求死无地的景象。

老学究那衰颓悲戚的声音忽然激越起来，犹如杜鹃啼血，反复吟唱《兵车行》最后两句：

君不见，青海头，古来白骨无人收。
新鬼烦冤旧鬼哭，天阴雨湿声啾啾……
君不见，青海头，古来白骨无人收。
新鬼烦冤旧鬼哭，天阴雨湿声啾啾……

每一句，都是带着血泪的控诉，都是唱给这乱世的挽歌。

此情此景，让向来并不精通诗词的赵匡胤情之所至，随口吟出一句：

长太息以掩涕兮，哀民生之多艰……

少年求学时，他的老师辛文悦时常诵读屈原的《离骚》，以寄托爱国忧民情怀。小时候学堂上学过许多诗句，当时他不明其意，只是囫囵吞枣死记下来，但在此后漫长的人生岁月中，每当遭遇一些事情，有感而发，那些埋藏在记忆深处的诗句就被悄然唤醒，自然而然地涌上心头、被随口吟诵出来。

赵匡胤从袖中掏出两串"天福元宝"铜钱，将二十文铜币塞在小孙子手中，没有多说什么，便心绪复杂、步履沉重地离开了。

他自幼居住在洛阳、汴梁这样的京都大邑，又一直在父母庇护之下，虽然也知道外面的世界兵连祸结，但是始终没有真切的感受。如今亲眼瞧见了这满目疮痍的灾祸图景、哀鸿遍野的人间疾苦，这对赵匡胤的心灵，无疑是一次震撼教育。这段游历生活，在感性层面激发了他的恻隐之心，使他深切感受到战争暴乱所造成的灾难之深重，他精神世界里的柔善与仁爱生根发芽，越发充盈；在理性层面，引发了他对大时代的疑问，启发他开始思索产生这乱世的根源何在，进而探究拨乱反正的道路，这是他一生要走的道路。

"路漫漫其修远兮，吾将上下而求索……"

赵匡胤的漫游漂泊仍在继续。他不止亲见民生之多艰，乱世之中又有谁能独善其身？时日一长，他自己的日子也陷入了挫折与困顿之中。

起初，赵匡胤每每遇见穷人、灾民，就将身上盘缠拿出来接济。他生性豁达，乐善好施，出手大方，很快就囊中羞涩了。他从小衣食无忧，不知贫困饥饿是何滋味，如今远在他乡，第一次尝到为一顿饭发愁的苦涩窘迫。

这一日，赵匡胤来到渭州潘原县（今甘肃平凉）。他途经一个巷子口，正琢磨着靠什么营生挣点银两，便撞见一小乞丐灰头土脸，蹲坐在墙脚下。

他下意识去掏袖口，才发现自己已经穷得叮当响，掏遍身上所有口袋、袖兜，只剩下十枚铜钱。"钱再挣总会有的。"没有片刻犹豫，他将十枚铜钱全扔进小乞丐面前的破碗里。

"小娃子，我身上也就这么多，去饭堂里好好吃顿饭吧。"

那小乞丐抬一抬眼皮，瞥了赵匡胤一眼，也不答谢。

赵匡胤走出几步，瞧见巷子深处几个大汉蹲在地上，围成一圈，吆五喝六，喧哗扰攘。

"快快快，闲家快下注！""买小！买小！""骰子开！十三点，大！庄家赢！"

这场面，好赌善博的赵匡胤再熟悉不过。他心念一闪，三步并作两步回到巷口，从碎碗里抠出十枚铜钱。

"小娃子，这十文钱我先拿回来一用，稍后再给你。"

小乞丐冷笑一声，没好气道："这可真新鲜，给叫花子的钱也往回拿，不知羞，也不嫌晦气！"

赵匡胤嘿嘿一笑："小娃子莫恼，你误会啦，给你的自然便是你的，我只是暂借，给你变更多元宝去！"

赵匡胤风风火火一头钻进巷子里，杀入街边小"赌场"。地痞大汉们玩的是当时最流行的"骰子格"，总共用三个骰子在密盖着的碗里掷点，闲家押大或小，与庄家对赌，以开出的点数大小定胜负。赵匡胤对此驾轻就熟，那日更受时运眷顾，他以十文铜钱为本，竟连赢十把，赢家通吃，将在场五名大汉的钱都给赢光了。

赵匡胤大获全胜，得意扬扬回到巷口，他以上衣为兜满载而归，从满满一兜铜钱里抓出一大把，往小乞丐的碎碗里一撒，哗啦啦、叮当当，听起来像首清脆悦耳的曲子。碎碗一下子塞满了，好几个铜板满溢出来，散落一地。

"怎么样！小娃儿，赵某人说话算话！"

小乞丐对这潦倒的汉子刮目相看，嘴上却还是不饶人："我看你这落魄样儿，也不是什么富贵人家，赌场上发了笔横财就了不得啦！谁要你这许多钱，都拿回去，留下最初那十文就行。"

"你这小兄弟，可真有意思，哈哈……"赵匡胤一边朗声大笑，一边大摇大摆走进街对面的酒楼，准备去大快朵颐。

酒足饭饱，一迈出酒楼大门，赵匡胤就被十来个大汉拦住去路。这里既有熟面孔——他的手下败将们，也有好几位新面孔，他们五大三粗，面目凶狠，定是败将们寻来的帮手。

"咋的！还想再赌一场不成？赌场规矩第一条——愿赌服输，赵大爷今儿累了，改日再战。"

"别跟这小子废话，动手！"

正所谓，强龙不压地头蛇。地痞无赖一拥而上，赵匡胤纵使武艺再高强，双拳难敌四手，更何况是十几尊彪形大汉。他被逼到巷子里，承受了一顿拳打脚踢，方才赢的钱自然也被抢个精光。

后世赌场上流传着一句行话，叫作"赵匡胤赌钱——许输不许赢"，形容那些必然会输的赌局，正是来自他在渭州潘原县这一番明明赌赢了却最终一无所有的倒霉遭遇。

"契丹人来啦！契丹人来啦……"

巷口传来慌乱紧急的呼喊，一听到"契丹人"，地痞们有如遇见瘟神，速速停止暴行，四散而去。

赵匡胤鼻青脸肿，浑身剧痛，从小到大还没被打得这么惨过。他勉力挣扎直起身来，倚靠在墙边坐下。一抬眼，那小乞丐正笑嘻嘻地看着他呢。

"还不快谢谢我，要不是我，你怕是要被那帮混子给打死啦！"

"是你喊的'契丹人来啦'？"

"那可不？"

"契丹人在哪儿？"

"你被揍傻了吧，哪来的契丹人？吓唬他们的。"

赵匡胤忽然意识到哪里不对劲："那为何是契丹人，不是该叫'官衙官差来了'才对？"

"咳，这你也不懂！衙门里的人才懒得理会这等闲事。那帮地痞流氓不怕官衙官差，就怕契丹人。不只他们怕，朝廷官兵也怕。契丹人就像山里野兽豺狼一样，每次他们进城来，都要杀人、放火、抢东西，大大闹腾一番……"

小乞丐说到这儿，不再嬉皮笑脸，面上露出恐惧又愤恨的神色。

赵匡胤心绪难平，低头瞧见地上的盘龙棍已被折成两段。此行出发前，赵弘殷赠予他宝剑护身，但他打小喜欢使棍，棍法精熟。

"要宝剑何用？有我盘龙棍足矣，我赵匡胤一根哨棒打天下！"

当时的自负狂言犹在耳边，如今，别说打天下了，他连几个地痞流氓都打不过。想到这儿，赵匡胤轻轻摇头，苦笑三声。

"你这人可真有意思，被打成这样，还笑得出来！"

"我是笑我自己，善赌术有何用？棍法精有何用？武艺强又有何用？"

"看你也落魄得很，比我好不了多少，要不，你也跟我一起当个叫花子，怎样？可别小瞧了俺们这行，这乞食化缘可大有讲究呢，我可以教你！"

"倒也未尝不可，哈哈……"赵匡胤性情本就豁达爽朗，小乞丐的话让他笑得欢快。

这一次，一向自恃勇武的赵匡胤，在武斗上吃了大亏，蹲坐在巷子的阴影里开始反思：武力再强，又有何用？纵使今日收拾了这帮地痞无赖，可这无公义、没王法的世道，却不会有任何改变。以暴制恶，冤冤相报，罪孽循环往复，似乎永无宁日。赵匡胤心想，如果这时候辛夫子在，以老师的睿智一定可以解答他心中的困惑。又或许，答案藏在当年辛文悦的谆谆教诲里，需要他用一生去探索追寻。

赵匡胤此行终究是为了找出路、谋前程。他在陕、甘等地一无所获，转而南下，进入荆湖地区。下一站，复州（今湖北天门）。

赵匡胤要找的人，叫王彦超。后汉初年，王彦超领岳州防御使兼护圣左厢都校，出朝任复州防御使，主持复州军政，他与赵弘殷曾为军中同僚。赵匡胤来到复州，敲开王彦超的府门，希望能谋个一官半职。

"弘殷兄在汴京可还安好？"王彦超寒暄道，他瞧着眼前这位故友之子，蓬头垢面，衣衫褴褛，不像军官子弟，倒像个漂泊无着的流浪汉。

"回世叔，家父安好。家父时常提起世叔，说曾与世叔并肩作战，同袍之谊深厚。临行前，家父命小侄，倘若途径复州，定要来拜谒大人。"

"多年未见，弘殷兄现在禁军中任何职啊？"

"仍是飞捷指挥使。"

"哦。"

这一声"哦"，意味深长。赵弘殷从军二十多年，官运不顺，一直是下级武官。而昔日同袍王彦超如今已贵为一方节度使，闻言不禁面露骄矜之色，对赵匡胤的轻视又多了几分。

"贤侄，这是从哪儿来呀？为何看起来这般窘迫？"

赵匡胤嘿嘿笑道："小侄从汴京出发，先西行，入关中，游历雍凉之地（今甘肃地区），再南下入荆湖，一路颠沛流离，世道多艰，一直没寻着正经营生，以致窘态如此，让世叔看笑话了……"

"贤侄也不容易……"王彦超干笑两声，"既然来啦，就在客舍休息一夜，我让账房支出点银两来，你明日好继续上路。"

"这……小侄不是来讨钱的。"赵匡胤撇撇嘴。

"那是因何而来？贤侄这副模样，最缺的不正是钱吗？"

"小侄自幼在洛阳夹马营长大，擅长骑射，精通武艺，愿在大人麾下效劳，在军中谋个一官半职，匡胤定当尽心尽力，效犬马之劳！"

"这个、这个嘛……军中编制已满，现如今没什么空缺职位。再说这个从军打仗，可苦得很，恐怕不是贤侄想象的那般容易呀……"

王彦超言语中的搪塞和眼神里的轻蔑刺伤了赵匡胤，他作了一揖："既如此，那就多谢王大人。"

言罢，赵匡胤头也不回，径直走了。到府衙门口，账房先生赶上来："赵公子且留步！公子的钱还没拿呢，大人特意交代这十贯钱给公子做上路的盘缠。"

一个小布袋塞到他手里，满满当当也不算少了。赵匡胤冷笑一声，发觉自己真成了要饭的乞丐，这比恶言相向更刺伤他的自尊。可眼下境况，确实囊中空空亟须接济，这大发慈悲的十贯钱，不拿白不拿。

离开复州府，赵匡胤仍在荆湖楚地逡巡，下一站是随州（今湖北随州市）。

随州刺史董宗本亦是父亲故友。赵弘殷替儿子写了两封推荐信，一封给王彦超，赵匡胤还没来得及拿出来就被打发走了；另一封，就是写给董宗本。

董宗本与赵氏父子同样祖籍涿州，他热情接待了同乡兼故友之子，读罢赵弘殷的亲笔信，感慨道：

"乱世离散，我与乃父也有十数年未见了。贤侄容貌雄伟，器度豁达，颇有乃父当年风采。既然自幼习武，就在我随州军中，任牙校如何？贤侄可别嫌牙校位卑啊，说起来，我儿遵海也在军中任牙校呢。"

"小侄初出茅庐，资历尚浅，正须历练，哪敢嫌弃。"

赵匡胤于是在随州刺史府留了下来。他从小在夹马营就是"孩子王"，身上似乎具有一种天生的凝聚力，小伙伴们总是愿意围拢在他身边。这样的领袖气质大约来自他不拘小节、豁达英朗的人格魅力。在随州也是如此，这个外来者非但没有受到排挤，反而成为军营中备受瞩目的风云人物。

正所谓：木秀于林，风必摧之。赵匡胤来随州之前，刺史之子董遵海由于官二代的身份，虽然只担任牙校这样的下级武官之职，却是许多年轻军官们拥戴的"领袖"。如今风头眼看着就要被抢光，原来围在他身边的人都纷纷结交赵匡胤去了，董遵海越来越忿，便时常寻衅滋事，找新来者的麻烦。

人在屋檐下，不得不低头。此时的赵匡胤比年少时沉稳许多，面对董遵海的挑衅，时时回避，能躲则躲，避免产生冲突。

董遵海曾经当着众人的面，对赵匡胤说道："近日来，我经常看到城楼上空，紫云弥漫如同车盖。又梦见自己登上高台，遇见一条黑蛇，长约百尺有余，俄而化作神龙，伴随电闪雷鸣，往东北飞去。赵兄游历四方见多识广，这究竟是何祥瑞吉兆？"

紫云压城，黑蛇化龙，这些异象自古就被认为是真命天子降临的征兆。虽说五代时期，地方军阀一旦拥兵自重就想当皇帝，但这样口无遮拦地谈论帝王之事毕竟犯忌。董遵诲这一出，不知是无心的闲谈，还是有心诱引赵匡胤一起妄言失语。赵匡胤明白，言多必失，还是韬光养晦、明哲保身为重。每每这种时候，赵匡胤都笑而不语，顾左右而言他。

可是，就算赵匡胤一再隐忍退让，同样血气方刚的两位年轻人矛盾日积月累，总有爆发的时候。

那一日，军校们围坐在演兵场，论兵议战。

董遵诲道："朝中杨邠杨相国曾言道：'为国家者，但得帑藏丰盈，甲兵强盛，至于文章礼乐，并是虚事，何足介意也。'史弘肇史大人亦曾言道：'安朝廷、定祸乱，直须长枪大剑，至如毛锥子，焉足用哉？'诚哉此言，而今乱世，唯有掌强军，才能制霸天下。"

所谓"毛锥子"，就是毛笔，此处用来指代文臣谋士。那个年代，藩镇军阀横行霸道，谁拳头硬谁说了算，武将备受追捧，文人则遭遇轻视冷落。杨邠、史弘肇是当时后汉朝廷的辅政大臣，他们的话虽然粗鄙狂妄，却颇具代表性，正是当时许多人共同的看法。

众将士纷纷抚掌称善，溜须拍马赞扬董遵诲高见。

赵匡胤忍不住轻轻冷笑一声，并不言语，但哪里逃得过董遵诲的眼睛。

"不知赵兄有何高论？还请赐教。"

"岂不闻，上兵伐谋。两军对战，智囊谋士何其重要！武王（姬发）伐纣灭商，身边少不了军师姜太公出谋划策；汉高祖（刘邦）灭楚得天下，少不了智者张良运筹帷幄；汉昭烈帝（刘备）建立蜀汉与曹操相抗衡，少不了诸葛孔明鞠躬尽瘁；姜尚、张良、孔明，这些'毛锥子'功勋之卓著，更甚于沙场武将！所谓长枪大剑，是仅就军备而论，然兵戎之事，除军备器械之外，还有韬略、阵法、奇谋巧计，更有天时、地利、道

29

义人和，哪一件不比长枪大剑更为要紧？"

赵匡胤侃侃而谈，董遵诲自觉不占理，一时无言以对，面子上过不去，起身拂袖而去。

赵匡胤目送董家少爷的背影，意识到他在随州的日子，终究还是到头了。不等别人驱赶，赵匡胤识趣地主动向董宗本辞行，又开始了漫游漂泊生涯。

说来也怪，据说自从赵匡胤离开随州之后，城楼上的紫云之气渐渐消散，董遵诲再没有梦见过黑蛇化龙的奇景。

赵匡胤离家一年多，一功未建、一事无成。离开随州，下一站往何处去？这一回，他真有些迷茫了。

江湖漂泊，羁旅行役，赵匡胤时常借宿在寺庙里。在襄阳城一座寺庙中，赵匡胤有幸遇见一位老僧，为自己点明前行的方向。

这所小寺无所知名，寺中仅年逾古稀的住持老僧一人。老僧见眼前这位香客紫面丰颐，豹头环目，奇人异象，心中暗自惊奇，主动与之攀谈，听赵匡胤叙说一路来的见闻经历。

"……时也，运也！真不知路在何方、机遇何在？只能继续往南，碰碰运气啰。"一向达观乐天的赵匡胤也不免有些消沉。

老僧摇头道："谬矣！机遇在北，而不在南。"

"在北？可我就是打北方来的呀？"

"南方皆蕞尔小国，势单力薄，他日天下归一，恐将尽数为北方大国所灭。自古以来，中原王朝为华夏正朔，历朝历代多是北国灭南，却少有南国灭北的先例。而今，北方朝局动荡，大乱之时正有英雄用武之地。赵居士胸怀凌霄之志，欲施展平生抱负，北朝乱局岂非正当其时！赠予居士八字真言：'由此向北，自有奇遇。'切记切记。"

南北之论令赵匡胤颇有茅塞顿开之感，想不到襄阳小庙中一介老僧，竟然通晓天下事，定是隐世高人无疑了。

"依老师父高见，如今北方群雄并起，我应投入哪位英雄麾下？"

"当今天下英雄，以汉国枢密使郭威为第一。"

赵匡胤心中一亮："可是那位刚刚平定三镇叛乱的郭大将军？"

"正是。"

"郭大将军功勋卓著，的确可称得上当世武将之冠。"

"公子只知其一，不知其二。"老僧又摇起头来，"旷世功勋固然荣耀，然郭将军更值得称道的是他那传奇经历。这郭威，形神魁壮，爱兵好勇，不事田产，父母皆死于兵祸，少年时曾为牧牛郎，后来身居草莽，其艰辛落魄，恐怕比居士更甚。郭威投身行伍，从一名小卒做起，如今已经贵为朝廷枢密使，执掌一国军政。居士身居下僚，却也壮志凌云，难道就不好奇，郭威有何过人之处，究竟如何一步一步干青云而直上？"

赵匡胤茅塞顿开，原本的迷茫拨云见日。他立志建功立业，可究竟如何实现，却因自己初出茅庐而毫无头绪。最好的办法，正如老僧所言，就是接近那些豪杰英雄，从榜样身上吸收学习，先模仿效法，再闯出自己的一条路来。

翌日，老僧赠予赵匡胤银钱，送其北归。离开襄阳，赵匡胤方向明确：投奔正驻军河北的郭威。

赵匡胤在北归途中，经过归德（今河南商丘）时，发生了一桩奇事。

眼看就要到河北地界，那日赵匡胤心情大好，到酒肆中饱餐畅饮一顿，直到店铺打烊，才醉醺醺地离开。

> 天若不爱酒，酒星不在天。
> 地若不爱酒，地应无酒泉。
> 天地既爱酒，爱酒不愧天……

归德城东南四十五里处有一座高辛庙，祭祀远古圣贤帝喾高辛氏。赵匡胤摇摇晃晃，放诞恣意地高声诵读李白诗句，一把推开高辛庙前殿大门。他并不精通诗词，也就《月下独酌》里的这几句既浅白好记，又狂放潇洒，契合他的性情，每每醉酒便脱口而出，反复念个不停。

时值子夜，月落星沉。庙里和尚都在后院歇下了，静谧的大殿上只点一盏青灯，中央那尊高辛氏的泥塑像在灯火摇曳中，显得肃穆深沉。

迷迷糊糊之间，香案上一对筊杯映入赵匡胤眼帘。

筊杯是民间百姓用来向老天爷问卜凶吉的玩意儿。那是两块月牙形状的竹片，分有正反两面，平面为"阳"，也即正面；隆起凸出一面为"阴"，乃是反面。占卜时，将它们合于掌心，向神明提出一个自己所关切的问题，然后将两片筊杯同时抛出，根据其落地正反组合的结果来预测凶吉。倘若正好一阴一阳、一正一反，即为"圣筊"，是大吉之兆。

赵匡胤来了兴致，随手操起筊杯："便问问老天爷，此行北上前程如何？在郭将军帐下，做个牙校武将，总是可以的吧？"

两块竹片啪嚓的落地声在空旷的大殿听来格外清脆响亮，醉醺醺的赵匡胤眯着眼一瞅，两片皆为凸起的反面向上，这是"哭筊"，表示神明并不看好和应允这件事，是为不吉之兆。

"哼！我赵匡胤之志，岂在一介小小牙校，将来前程自然不只如此，定当如爹爹一般，进入禁军做个指挥使当当，定是如此吧？"

他一边喃喃自语一边拾起筊杯再一抛，竟然还是"哭筊"！赵匡胤瘫坐地上，嚷着"不准！不准！"将筊杯扔出老远，须臾又转念道：

"小官接连不祥，老子将来定是要做大官的呀！帝喾高辛氏在上，保佑我赵匡胤有朝一日定能成为藩镇节度使，执掌一方军政，光耀门楣，功成名就！"

唐末五代以来，藩镇节度使成为主导天下的力量，权柄益重，出尽风头。赵匡胤拾回筊杯，满怀信心第三次抛出，啪嚓两声，两面皆阴，还是不吉！

赵匡胤胸中涌起一股怨气，借着酒劲，信口嘟囔道："难不成我将来还能做天子？"随手将筊杯一扔。

一正一反，一阴一阳，竟是"大吉"之象！

赵匡胤心中一凛，像冷水倾盆而下，瞬间酒醒了大半，下意识环视四周，确认大殿内没有其他人。他盯着地上的"圣笑"，思绪飞远、神游天外，愣愣地游离出神。

那个时代，皇帝走马灯似的两三年一换，你方唱罢我登场，似乎只要兵强马壮就可以做天子。"主无恒尊，臣无恒卑，民亦初无恒向，可夺也，则无不可夺也。"（王夫之《读通鉴论》）当天子容易，被替代更容易，兴亡成败转瞬之间，一切都处在快速变化和极大不确定之中。

赵匡胤外出游历一年有余，亲历乱世动荡与民生多艰，自然有了对这时代更深刻的认识与体悟。他一抬头，帝喾高辛氏的泥塑像安稳地立在面前，仿佛任世事变迁，圣贤我自岿然不动，永远是圣贤。

他记起辛夫子曾经讲解过"三皇五帝"。帝喾据传说是黄帝曾孙，深受百姓爱戴，因为他"顺天之义，知民之急。仁而威，惠而信，脩身而天下服。取地之财而节用之，抚教万民而利诲之，历日月而迎送之，明鬼神而敬事之"。（司马迁《史记·五帝本纪》）

世道多艰，黎民百姓心心念念所期盼的正是帝喾这样的圣贤明君啊。赵匡胤这么想着，朝着高辛氏的塑像，敬重肃然地磕了几个头。

更深露重，夜阑人静，大殿烛火渐熄，赵匡胤在繁杂凌乱的思绪中沉沉坠入梦乡。

第二天醒来，他走出大殿，日出东方，温暖的晨曦伴着清风扑面而来，朝霞万道，万物苏醒，赵匡胤豪情勃发，信口吟诵道：

> 欲出未出光辣挞，
> 千山万山如火发。
> 须臾走向天上来，
> 赶却流星赶却月。

这首《咏日》不合平仄，语辞浅白，表意直露毫无修饰，实在谈不上是一首好诗。但作为赵匡胤流传后世为数不多的诗句，胜在气魄宏大，豪情万丈。正所谓"诗言志，歌永言。"（《尚书·舜典》），这正是青年赵匡胤睥睨天下之英雄气概的自然流露。

有趣的是，多年以后，宋朝国史在记录这首诗时，史臣自作聪明画蛇添足，对它加以润色，将后两句改为："未离海峤千山黑，才到天心万国明。"两相比较，后者文气卑弱，大不如原作辞意慷慨，境界远大。

年轻人的壮志豪情，如旭日光芒一般喷薄而出。

年轻人的前途命运，是否也如朝阳一般光明灿烂呢？

史籍掠影

后唐天成二年，（赵匡胤）生于洛阳夹马营，赤光绕室，异香经宿不散，体有金色，三日不变。

——元·脱脱《宋史·太祖本纪》

太祖（赵匡胤）生洛阳夹马营。生之夕，光照一室，胞衣如菡萏，营前三日香，至今人呼应天禅院为香孩儿营。

——宋·杨亿《杨文公谈苑》

（赵匡胤）幼受学于乡先生辛文悦。每归，必令群儿前导，路人往往避之。

——宋·王称《东都事略·太祖纪》

（赵匡胤）尝试恶马，不施衔勒，马逸上城斜道，额触门楣坠地，人以为首必碎，太祖徐起，更追马腾上，一无所伤。

——元·脱脱《宋史·太祖本纪》

艺祖（赵匡胤）生西京夹马营，营前陈学究聚生徒为学，宣祖（赵弘殷）遣艺祖从之。上（赵匡胤）微时，尤嫉恶，不容人过，陈（学究）时时开谕。

——宋·孙升《孙公谈圃》

（赵匡胤）既长，容貌雄伟，气度豁如，识者知其非常人。学骑射，辄出人上。

——元·脱脱《宋史·太祖本纪》

（董）遵诲尝谓太祖（赵匡胤）曰："每见城上紫云如盖，又梦登高台，遇黑蛇约长百尺余，俄化龙飞腾东北去，雷电随之，是何祥也？"太祖皆不对。他日论兵战事，遵诲理多屈，拂衣而起。太祖乃辞（董）宗本去，自是紫云渐散。

——元·脱脱《宋史·董遵诲传》

汉初，（赵匡胤）漫游无所遇，舍襄阳僧寺。有老僧善术数，顾曰："吾厚赆汝，北往则有遇矣。"会周祖（郭威）以枢密使征李守真，应募居帐下。

——元·脱脱《宋史·太祖本纪》

太祖皇帝（赵匡胤）微时，尝被酒入南京高辛庙，香案有竹桮筊，因取以占己之名位。以一俯一仰为圣筊，自小校至节度使，一一掷之，皆不应，忽曰，"过此则为天子乎"，一掷而得圣。

——宋·叶梦得《石林燕语》

艺祖（赵匡胤）微时《日》诗云："欲出未出光辣挞，千山万山如火发。须臾走向天上来，赶却流星赶却月。"国史润色之，乃云："未离海峤千山黑，才到天心万国明。"文气卑弱，大不如原作辞意慷慨，规模远大。

——宋·陈郁《藏一话腴》

第二章

帝业肇基：南征北战羽翼丰

———————————————

　　赵匡胤在后周王朝的十年，稳扎稳打、
征战南北。他除了勇猛无畏的气概，更懂得
用头脑打仗，以智谋赢取胜利，从一员小兵
一步步成长为帝国太尉……

黄旗披身，澶州兵变破危局

后汉乾祐三年（950年），赵匡胤一路北上来到邺都（今河北临漳县），投入郭威麾下。

这一年四月，契丹频繁侵扰边境，后汉隐帝刘承祐下诏，命郭威镇守邺都抵御契丹，河北诸州凡兵甲、钱帛、粮草事宜，一并由郭威调拨安排。在朝廷中枢，郭威担任枢密使，兼侍中，执掌全国军政；在地方藩镇，他是天雄军节度使、邺都留守，主持河北诸州事务。此时的郭威权重一时，是当之无愧的国之栋梁。

赵匡胤一到邺都大营，意外听闻赵弘殷也在军中，父子重逢的那一刻，他的心却骤然下沉。

赵弘殷以黑布蒙住左眼，竟成了"独眼龙"。分别一年多，眼前这个人，让赵匡胤既熟悉又陌生。

"天可怜见，万幸还有一只眼，还能瞧见我儿！"赵弘殷的性情还是那么爽朗豁达。

乾祐元年（948年），河中李守贞、长安赵思绾、凤翔王景崇起兵造反，赵弘殷追随郭威平叛，与王景崇叛军大战于陈仓（今陕西宝鸡）。酣战厮杀之际，一支利箭径直刺入左眼，他发出震天怒吼，非但没有退却，反而越战越勇，左眼还插着箭矢，仍杀入敌阵左冲右突，像一头被刺伤的野兽，歇斯底里之状令敌军胆寒。战后，赵弘殷被擢升为护圣都指挥使，二十多年来毫无起色的仕途终于迎来升迁，却是以失去一只眼睛为代价。

静静听完父亲讲述战事，赵匡胤心内五味杂陈，良久无言。

赵弘殷宽慰道："何苦皱着眉头，这不是还没全瞎吗？况且看不清又有何妨？知人认事切勿昏聩不明，能够洞察世事便足矣。"

"父亲教诲得是。"赵匡胤道，"儿子正有一事不明，还想请父亲赐教。而今群雄并起，四方割据，这一年来我游历南北，未能寻得明主，寸功未建，实在惭愧得紧。所幸在襄阳城得高人指点，投军河北而来，却不知邺都这位郭枢相，可是值得效忠的豪杰英雄？"

赵弘殷沉吟片刻，儿子问的是大事，乱世之中想要有所作为，单打独斗行不通，跟对人何其重要。

"此番我追随郭枢相平乱，近水楼台得以一览将军风采。沙场之上，郭将军临矢石、冒锋刃，身先士卒。军中有稍立功者，必定赐赏丰厚，微有伤痍者，皆亲为安抚，与将士同甘共苦，待人宽厚。如今奉皇命镇守邺都，更是令契丹人不敢南犯一步。不过数月，河北政事有序，一方宴然。我观郭枢相其人，治军、治人、治事皆堪称典范，正是贤德明主，可以委身归附。"

有了父亲这一番话，赵匡胤再无疑虑，投身郭威帐下，成为一员亲兵，职位虽然低微，但总算结束流浪漂泊，事业自此起步。很快，他跟随郭威，亲历了一场血雨腥风、改天换地的历史大戏。

乾祐三年十一月十四日，邺都大营迎来一位不速之客。

晨雾朦胧之中，澶州副使陈光穗气喘吁吁跳下马来，跟跟跄跄，惊魂未定，着急忙慌地给郭威送来一封书信。

打开书信，郭威脸色渐渐变了。写信的人是澶州节度使李洪义和侍卫马军都指挥使王殷。薄薄信笺简略讲述了一天前发生在京都皇宫内的惊天巨变：小皇帝刘承祐突然大开杀戒，一口气诛杀朝中三位宰执大臣。

下一个要杀的，正是郭威！

故事还得从头说起。

话说契丹人离开中原之后，刘知远建立后汉，登基一年多就病逝，当时年仅十八岁的刘承祐继位。临终前，刘知远为儿子安排了四位顾命大臣：枢密使、右仆射杨邠总理朝廷政务；枢密使、侍中郭威掌管军政，主导征伐；侍卫亲军都指挥使、中书令史弘肇典理京城戍卫；三司使王章负责财政赋税。起初，辅弼大臣各司其职，尽心尽力，史称"国家粗安"。

然而，表面的安定之下潜伏着危机。刘承祐年少轻佻，狎昵谄邪，时日一久，越发感到处处受到掣肘，和几位顾命大臣嫌隙愈深。而杨、史等强臣专权跋扈，并不把少主放在眼里。

年轻的皇帝需要扶持培育自己的势力，身边渐渐聚集一批宠臣，为首的是李太后弟弟、国舅李业。此前，宣徽使（宫廷事务总监）一职曾经出现空缺，李业希望得到这个职位。任免官员属于宰相职权，刘承祐、李太后为此打了招呼，没想到杨邠、史弘肇认为，皇宫内朝官员的升迁递补自有规定次序，不能因为是皇亲国戚就越级出任。最终李业未能如愿，梁子就这么结下了。

刘承祐一结束先帝三年服丧期，就迫不及待开始享受宴舞音乐，有一次赏赐了倡优伶人许多锦袍、玉带。倡伶们穿戴着锦袍、玉带前往拜见史弘肇，史弘肇大发雷霆："军中健儿为国戍边，忍寒冒暑，殊死苦战，尚且没有得到什么封赏，尔辈倡优戏子，有何功劳可言，敢当此赏赐！"史弘肇下令将锦袍、玉带全部收回，送还府库。刘承祐得知后，快快不乐。

刘承祐想要册立宠爱的耿夫人为皇后，杨邠认为先帝丧期刚过，不应当这么快立后，于是这件事耽搁下来。后来，耿夫人逝世，刘承祐想以皇后之礼安葬她，杨邠又进谏，声称此举"名不正，言不顺"，在杨邠的强力反对之下，刘承祐最终只能作罢。

又有一次，杨邠、史弘肇在皇帝面前议论政事，刘承祐插嘴评论道："此事应当审慎谋划，不要叫人说闲话才好。"杨邠竟然说："陛下只要噤声就好，有臣等在。"那时候，胆敢叫皇帝闭嘴的傲慢权臣自然没有注意到刘承祐脸上的难堪与愤懑，还有那一丝转瞬即逝的杀机。

李业等宠臣时常在刘承祐耳边"敲边鼓"："杨、史之流，无礼宰相，跋扈将军，专横擅权，恣意妄为，终有一日将犯上作乱！"

一桩桩一件件日积月累，使君臣矛盾不断升级，刘承祐内心的怨恨越来越深，疑心病也越来越重，他好几次深夜里听见宫中作坊传出奇异声响，哐哐当当，像是在打铁。"定是有人在赶制兵器、图谋造反！"不绝如缕的怪声搅得他通宵难以入眠。之所以只有刘承祐一个人能听见夜半打铁声，其实是因为他内心深处的不安与恐惧在回响。

惊变与屠杀发生在乾祐三年十一月十三日。

晨曦微露、天色将明之时，杨邠、史弘肇、王章如往常一样进宫早朝。数十名武士猝然而至，从广政殿冲出，二话不说，将三位大臣诛杀于东面廊庑之下。

吓坏了的文武百官被召集到崇元殿，聆听内官传达皇帝旨意："杨、史、王等同谋叛逆，妄图危害宗庙社稷，皆已伏诛，朕与卿等同庆。"

诸军将校被召集到万岁殿，刘承祐现身，对将军们说道："杨、史等人，欺朕年幼，一直把朕当作小孩子！飞扬跋扈，专权擅命，致使尔等常怀忧虑恐惧。今日，朕才真正成为你们的君主，众卿不必再担忧权臣专横之祸啦！"

话虽如此，东面廊庑的血迹还未干呢，文武百官、诸军将校哪里能够不再担忧恐惧，都被吓破了胆，颤颤巍巍地拜谢而退。

据史官记载，这一天，汴京城晴霁无云，昏雾蒙蒙，白昼晦暗如夜。

血腥屠杀才刚刚开始，杨邠、史弘肇、王章的家眷被赶尽杀绝。京城朝堂里的绊脚石清除之后，杀红了眼的刘承祐将目光转向京外——澶州的王殷和邺都的郭威，二人都与史弘肇交好，郭威更是手握重兵，被小皇帝视为不得不剪除的权臣一党。

不容片刻拖延，就在十三日当天，刘承祐起草密诏，由供奉官孟业火速赶往澶州，向澶州节度使李洪义传旨，命他杀掉同在澶州的王殷。按照计划，紧接着孟业还将奔赴邺都传达另一道密旨，命令护圣左厢都指挥使郭崇威诛杀郭威。此外，心狠手辣的刘承祐没忘了下令将王殷、郭威在京城的家眷全部杀光。

然而，刘承祐高估了自己对藩镇大臣的掌控力，更小瞧了郭威的声望与实力。

李洪义接到密诏，认为此事难以成功，不仅没有加害王殷，反而将密诏拿给王殷看，同时扣押了传诏的孟业。兹事体大，接下来应当如何应对，二人也没有主意，于是修书一封，派陈光穗前往邺都传信。信里意思很明白，危机当前，李、王决定奉郭威为领袖，如何应对处置，请郭威定夺。

十三日晨，三位顾命被诛杀，血染宫城。当日晚间，刺杀王殷、郭威的密诏抵达澶州。十四日晨，郭威接到李、王密信。短短十二个时辰，后汉王朝风云突变。

短暂的震惊与忧惧之后，郭威很快冷静下来，忽然想起离开京都之前，他曾向刘承祐进言："臣这一走，希望陛下亲近忠直之臣，远离谗谄奸佞。陛下富有春秋，年轻气盛，何为善，何为恶，应当审慎分辨。杨公、史公皆先帝旧臣，尽忠报国，愿陛下推心置腹，委以重任，必无败失。至于疆场之事，臣愿竭尽愚弩，保边境平安，不负陛下驱策。"此时再回想起这段话，一片苦心付之东流，何其讽刺，郭威仿佛听到了刘承祐放肆狰狞的冷笑声。

所谓"顾命"，是指领受帝王临终遗命。他们这帮顾命大臣，别说先帝的遗命了，就连自己的性命都没能顾得了，四位顾命如今只剩下郭威一人还活着。刘承祐才二十出头，竟然如此心狠手辣，看来铁了心要将老爹留给他的"顾命"斩草除根。

一个生死存亡的危局，就这样猝不及防地摆在郭威面前，大刀已然架在脖子上，走错一步满盘皆输。间不容发之际，最是考验智慧与谋略的时候。最终，了不起的郭威不仅成功破解危局，而且扭转乾坤转危为机，推翻后汉王朝，登上帝王大位。

正在郭威军中的赵匡胤，第一次亲身经历改朝换代的大事件。在这一过程中，郭威从解局、破局，到布局、设局，再到开局、创局，步步为营，文韬武略，令初出茅庐的赵匡胤大开眼界，叹为观止。

郭威破局，秘诀在于凝聚人心、把控军队。

危急时刻，分秒必争。收到密信当天，郭威当机立断：不能坐以待毙，必须主动反击。能否反守为攻的关键是能否获得全军将士尤其是来自核心将领的支持。

"诸位将军追随郭某出生入死，已有几年啦？"郭威迅速召集主要将领议事。

"五年。""三年。""已有十年啦！"众将七嘴八舌。

郭威环视众人，与每一位将领目光相接，面色肃然："世事无常，天有不测风云，谁承想，郭某与诸位缘尽于今日啊！"

诸将不解其意，郭威拿出李洪义、王殷的密信交由众人传阅，将宫廷惊变和盘托出。诸将惊愕万分，不知如何是好，都把目光齐刷刷投向郭威。

郭威紧盯着在座一位年轻将军郭崇威，目光灼灼，语气却是冷淡的："郭指挥使，陛下密诏，要你杀了我呢！"

护圣左厢都指挥使郭崇威大惊失色，急忙伏地叩首，连声道："末将岂敢！岂敢！"

根据刘承祐的计划，诛杀王殷成功之后，将由同在邺都大营的郭崇威刺杀郭威，但密诏还没有传到邺都，传诏的使者在第一站澶州就被扣下了。相关刺杀内情，李洪义、王殷自然在密信中全都告知郭威，而郭崇威则是第一次听闻此事。

郭威示意郭崇威起身，轻叹一口气："郭某原本一介草莽小民，如今忝居高位，不敢不殚精竭虑。先皇登遐，郭某亲受临终顾命，与杨邠、史弘肇、王章诸公辅佐新帝，鞠躬尽瘁，废寝忘食。怎料，杨、史诸公一时失礼无状，竟遭诛夷。如今诏命已达，陛下要取郭某性命，诸位将军宜当奉行诏旨，割下郭某这颗项上人头！"

郭威停顿须臾，面目悲戚。将军们不禁发出惊诧哗然的声音。

郭威继续道："……割下郭某这颗脑袋，呈献朝廷，回报天子。尔后诸君各图功业前程，免于遭受牵连。仁至义尽于此，这就是郭某给诸位将军下达的最后一道军令……"

郭威语声悲切，看似懦弱退却，却不失领袖威仪。他哪里是那种乖乖束手就擒的人，这一招"以退为进"，是为了测试将领们心意所向。

"我等与将军同生死、共进退！"以郭崇威为代表，诸将意见一致。

"奈何陛下密旨……"

"此事必非圣意，定是左右宵小所为。若令此辈掌握朝廷重柄，国家何来安宁？将军宜当上书自辩，以助陛下辨别忠奸。我等愿随将军入朝，在圣上面前自陈清白，洗雪沉冤，铲除君侧恶徒鼠辈，共安天下！"

"清君侧""洗沉冤"云云，武将们说得冠冕堂皇，倒是谋士翰林天文赵修直言不讳，点破了大伙儿没敢说出来的真实想法："明公何苦白白送死？索性顺天意、应民心，引兵南下，掀翻他刘家天下！此乃天启也！"

眼下的危局究竟是不是上天的启示，郭威不置可否，既没有回应，也没有斥责赵修，只摆摆手道："那就依诸位将军之意，大军即日南下，速速归京面圣吧。"

郭威早年间在脖子上文了一个飞雀刺青，诨号"郭雀儿"。此刻烛火映照之中，那条青雀似乎滋生獠牙，张开翅膀，看起来阴森悚然，仿佛要一飞冲天似的。

大军开拔之际，军中开始流传一则秘闻，说小皇帝不仅要杀郭威，更下令将邺都军营将校全部杀光，有人言之凿凿，声称看到了这份密诏。传言的源头和真假无法确证，但传言的效果是确定的，从高级将领到下层士兵，大伙儿愤恨朝廷、拥戴郭威之心更加坚固夯实。有了全军上下的鼎力支持，郭威才有底气跟京城里不知天高地厚的小皇帝叫板。

一路上很顺利，澶州的李洪义和王殷、滑州的义成军节度使宋延渥纷纷表态支持郭威，大军几乎没有遇到什么阻碍，直逼汴梁。

在滑州时，郭威打开地方府库，以财物慰劳将士，并且告谕全军将士："我听说，圣上已诏命侯益侯令公督统诸军，自南而来。我军若与王师相遇，该如何是好？与王师交战，并非我入朝本意；倘若不与其交战，坐以待毙，则我全军将士将为其所屠也。思来想去，我想要保全尔等功名，诸位不如奉行圣上先前诏旨，取了郭某性命，吾死不恨！"

将士们哪里肯依，群情激奋，都替郭威抱不平："是国家辜负了明公，明公不负国家！全军上下万人奋勇争先，如同各报私仇一样，同仇敌忾，侯益之辈能有什么作为？将军不必担忧！"

这一出，又是以退为进、凝聚军心的戏码。可有人不像郭威这么隐晦含蓄绕弯子。大军停驻滑州（今河南滑县）时，监军王峻向将士们允诺："我得公处分，俟克京日，听诸军旬日剽掠。"

一旦攻克京城，将任凭将士们为所欲为，放肆劫掠十天。王峻称，这一处分决定，他已经得到了郭威的许可。将士们自然欢呼雀跃，迫不及待想要早日入京。

十一月二十日，郭威兵临京都，与后汉朝廷军在汴梁北郊刘子陂开战。战事并不激烈，朝廷军许多兵将临阵倒戈，没怎么抵抗就溃败了。

二十二日，后汉隐帝刘承祐出城亲赴前线，可皇帝上场也不顶用，朝廷军依然一败涂地。混乱之中，刘承祐仓皇避难于北郊村舍，身边一位宦官翰林茶酒使郭允明见大势已去，一剑刺死刘承祐，原想以此讨好郭威，没想到很快朝廷亲兵前来救驾，郭允明走投无路，自杀身亡。刘承祐死得仓促荒唐，就像他这二十多年仓促荒唐的人生一样。

尔后，郭威入主京城，把持朝政。

刘承祐的丧事怎么办，成为郭威入京后的第一件大事。有人建议：

"可依照曹魏高贵乡公先例，依公爵之礼安葬。"

高贵乡公曹髦是魏国最后一任皇帝，十九岁时被篡权野心路人皆知的司马昭所杀，死后被褫夺皇帝称号，仅以"高贵乡公"的公爵之礼下葬。今日刘承祐与郭威的境况，的确和曹髦与司马昭颇为相似。

但是，郭威毕竟不是司马昭。

"在颠沛混乱之中，我没能护卫圣上，以至于到了这步田地，如果再降低丧礼规格，世人将把我郭威看成什么人？"

郭威摆出为人臣子的低姿态，素服发丧。刘承祐丧葬事宜，一切如帝王礼。

皇宫内君王之丧悲悲戚戚，皇宫外百姓之殇才真的是惨绝人寰。

遵照此前的承诺，郭威放纵士兵烧杀抢掠，大军入城当晚，京都烟火四起，那是一片燃烧着罪恶之火的海洋，彻夜不止。这些年来，每一次迎来新的君主，汴梁城就要遭遇一场浩劫，当真是"兴，百姓苦；亡，百姓苦"。

郭威对此睁一只眼闭一只眼，但有人不愿当睁眼瞎。眼见动乱越发不可收拾，第二天，郭崇威、王殷紧急求见郭威，劝谏道："倘若再不制止剽掠，到了今晚，就只剩下一座空城了！"

郭威于是下令禁止士兵暴行，派出监察队巡城平乱，违令者当场处斩。可是已经被煽动起来的暴乱哪有那么容易平息，一直到当日晡时（下午3点到5点），局面才稍稍得以控制。

刘承祐已经安葬，郭威原以为，接下来他将受到文武百官拥戴，顺理成章地坐上龙椅。但很快他发现，事情并没有那么简单。

太师冯道率领百官前来谒见。很好，这阵势必定是百官劝进了！郭威心中窃喜，表面上不露声色，如往常一样向冯道行礼，毕竟这时候他还是汉国的枢密使、侍中。不论实权只论官衔，他还比太师冯道低一级呢。

冯道昂首伫立，不卑不亢，坦然接受郭威拜礼，冷冷吐出一句："侍中此行不易！"

您这一趟来得可真不容易呀，兴师动众的，连皇帝都给害死了。这潜台词里的讥诮讽刺之意，郭威怎会听不出来。

冯道这把老骨头，先后服侍过后唐、后晋、后汉三朝皇帝，郭威原以为他识时务、知变通，是条圆滑世故的老泥鳅，没想到这时候竟彰显出几分不畏强权的忠臣风骨。

聪明敏锐的郭威意识到，自己还没有完全获得朝廷众臣的拥戴与支持，人心尚未归附，改朝换代的时机还不成熟。于是，在成功解除危机之后，郭威迅速开始新一轮谋篇布局。

郭威布局，秘诀在于沉得住气，不急躁冒进。

以郭威此时军事实力上的压倒性优势，大可以凭借武力直接掠夺皇位，但他审时度势，选择暂缓称帝。毋庸讳言，权倾朝野的郭威当然有篡权之意，但他不愿意在丹青史册上留下一个乱臣贼子的骂名。

谋篇布局第一招，请出李太后稳定朝局。李太后是后汉高祖刘知远的皇后，刘承祐已死，由她临朝听政，能够起到安抚朝堂人心的作用。

谋篇布局第二招，费心安排新帝人选。郭威暂不称帝，那么谁来做这个新皇帝，人选提名必须由他说了算。盘算了一圈，郭威提出迎立刘知远的侄子、武宁节度使、徐州刺史刘赟继位，并且派遣冯道即刻启程，前往徐州迎接刘赟入京。

谋篇布局第三招，也就是最后一招，"郭雀儿"巧借外力，以一场著名的兵变开创了新局面。

十一月二十七日，郭威入主京都五天之后，镇州、邢州突然传来紧急军报："契丹数万大军入寇，攻打内丘，五日不克，死伤甚重，戍卫兵五百人叛变，策应契丹，引其入城。契丹军屠城劫掠，又攻陷饶阳。"（司马光《资治通鉴》二百八十九卷）

军政大权在郭威手上，李太后只能下诏命郭威出征迎敌。

十二月一日，郭威大军浩浩荡荡出城，就像不久前浩浩荡荡入城那般。

十二月四日，大军抵达滑州。与此同时，刘赟正在赶往汴梁的途中，听说郭威大军出征的消息，派遣使者快马加鞭来到滑州，以未来皇帝的姿态向全军将士表示慰问犒劳。

奇异的一幕发生了。受宣之时，将士们你看看我、我看看你，没有人下跪拜谢，现场弥漫着尴尬又诡谲的氛围。

郭威隐身幕后，并没有责罚这些无礼的部下。

大约从那时候开始，军中关于刘赟即将入京继位的议论越来越多，人心浮动，惶惶不安。

"谁也别装蒜！大伙儿攻破京都的时候，连日剽掠，真要追究起来，全军上下谁脱得了干系？诸位试想，如果刘氏复立为天子，登基之后必然兴师问罪，秋后算账，到那时，我等离断子绝孙可不远喽！"

这是兵将群体中最具代表的舆论，传到郭威那儿，郭威做出愕然之态，没有多说什么，只是下令速速行军不要耽搁。

十二月十六日，大军抵达澶州（今河南濮阳）。军中盛传，许多人瞧见日出时天边飘来一股紫气，烟波袅袅，正对着郭威宝马头上。

众所周知，紫气东来，乃是帝王之兆。

十二月二十日早晨，就在大军即将拔营离开澶州之际，军变爆发。

喧嚣扰攘，人声鼎沸，打破了清晨的宁静。诸军将士高声鼓噪，一窝蜂似的涌向驿馆，就像是一堵可移动的人墙向前推进。他们的目标，是驿馆内的主帅郭威。

郭威下令紧闭驿馆大门，拒绝将士入内。可一扇门扉而已，哪里拦得住已经被煽动起来的狂热？哪里熄得灭燎原的大火？将士们有的翻过墙头，有的爬上屋顶，各显神通，纷纷闯入馆内。

乱军集结，人山人海，小小驿馆更加拥挤促狭。将士们众星捧月，围拢在郭威身边，左右推搡，挤成一团。

"尔等这是作甚？"郭威从容若定，面色如常。

"今日国中无主，我等从侍中征战，即便立得功劳，又有谁会可怜我等？大伙儿前日屠陷京城，与刘氏结为仇敌，如今万万不可策立刘氏，天子之位须得侍中来坐！"

话音未落，不知是谁把军营里的黄色旗子撕下来，披在郭威身上。天子着黄袍，这一举动具有拥立天子的象征意味。

将士们群起下拜，山呼万岁，震天动地。

郭威虽尽力抑制内心的波涛汹涌，但脸上的志得意满还是掩藏不住。

众将士簇拥郭威南行，刚刚离京远征的大军掉转方向，又杀回了京城。

十二月二十七日，郭威回到汴梁，二度入京，这一次摆明了不再退让。形势已然如此，李太后别无选择，颁布诏令请郭威监国。诏书云：

"枢密使、侍中郭威，以英武之才，兼内外之任，剪除祸乱，宏济艰难，功业格天，人望冠世。今则军民爱戴，朝野推崇，宜总万机，以允群议，可即监国，中外庶事，并取监国处分，特此通告。"（《旧五代史·周书·太祖纪》）

其后，文武百官、内外将帅、藩臣郡守等相继上表劝进，请郭威践祚称帝。

新年很快到了，广顺元年（951年）正月初一，郭威登上崇元殿，即皇帝位。他自称是先秦周朝姬氏后裔、虢叔子孙，以"周"为国号，史称"后周"，仍以汴梁为都城。

只存在了四年的后汉如昙花一现。那位正在赶来准备登基的刘赟，先是被郭威派人软禁在宋州，废为湘阴公。后来，刘赟父亲、河东节度使刘崇在太原称帝，建立北汉国，与郭威相持对抗。郭威担忧刘赟活着遗患无穷，命人将其毒死。

郭威开局，秘诀在于顺人心、兴舆论、造时势。

郭威处心积虑布下这么复杂烦琐的一个局，从京都到澶州，再从澶州回到京都，被将士胁迫、被时势所逼，"心不甘情不愿"地当上了皇帝，开创大周王国的新局面，五代就此进入最后一个王朝。

赵匡胤亲历了澶州兵变的全过程，可是开了眼。原来成为九五之尊，赢得至高无上的权力，并不一定需要巧取豪夺、惨烈厮杀，还可以这么玩儿！在舆论与人心的拥戴支持下，顺水推舟，半推半就，看似被逼着坐上了那把龙椅。

这时候赵匡胤还只是一员小兵，无足轻重，但十年之后，他如法炮制，照着郭威的剧本，重演"黄旗加身"这一幕，建立了属于他的辉煌帝国。赵匡胤从郭威身上学习吸收，获得诸多灵感和创意，初出茅庐的他逐渐开始领悟，原来权谋与韬略、王道与人心、君威与军威，是这么一回事。

但是，在这场看似完美的连环局中，赵匡胤仍有心怀不满的地方——初入京城的那场浩劫，在他看来，是郭威最大的败笔，抹不去的污点。

起初，监军王峻代替郭威向士兵们允诺入京后劫掠十日，这么大的事儿，王峻必定事先得到了郭威的授权。暴行开始之后，郭威起初也默许纵容了，最终发现局面失控，眼见汴梁就要成为空城，才紧急出手制止暴乱。但为时已晚，百姓已经受到重创。

这样的事情，赵匡胤并不陌生。唐末五代，每一次改朝换代，攻破京城之后任由士兵肆意抢劫作为奖赏，似乎成为一种潜规则。这样的暴行，竟然还有一个厚颜无耻的名号叫作"靖市"。"靖"是平定、安定之意，不受管束的军队就这样举着"平定市场"的旗号搅乱街市。而另一个名称"夯市"——打砸为"夯"——道出了此举"抢劫街市"的丑陋本质。

士兵军官转身就成了土匪强盗，乱世中哪有什么是安定可靠的，许多人从军的动力就是得胜后那一番肆无忌惮的"夯市""剽掠"。军阀们则以"夯市"作为交易的筹码，换取士兵军官对他们登上大位的鼎力支持。

很多人对此司空见惯，"恶"见得多了，渐渐习以为常，将"恶"视为理所当然。赵匡胤不同，每一次他都愤懑不平，也深感自己尚且渺小无力。有一点他心里十万分坚定：倘若我处在郭威那个位置上，一定不会让这样的惨剧再次发生。

一鸣惊人，高平之战挽狂澜

在澶州兵变的过程中，赵匡胤作为军中一员，积极拥立郭威，从龙有功，后周建立后，被任命为东西班行首。"东西班"是禁军的一支部队，"行首"即领班、头领之意。赵匡胤由此进入中央禁军，虽然还只是下级军官，但毕竟从一员普通士兵，正式迈入武官行列。

更加幸运的是，在这一时期，赵匡胤遇见了柴荣——改变他人生命运的贵人。

柴荣是郭威的内侄兼养子，郭威正妻、圣穆皇后柴氏是他的姑母。他自幼由姑母抚养，柴氏无子，对这个聪明伶俐的侄儿视如己出。早年间，郭家困顿，柴荣曾外出做茶叶生意贴补家用，走南闯北，广泛接触三教九流，了解民间疾苦，深知乱世积弊。成年后的柴荣器貌英奇，性情稳重，沉默寡言。郭威长年外出闯荡，柴荣当家，将家业打理得井井有条。郭威很赏识柴荣，将他收为养子。

在澶州兵变中，郭威在汴梁的家人全都被刘承祐杀害，包括妾氏所生的两个儿子，他刚当上皇帝，就真的成了孤家寡人。所幸他还有柴荣。论亲属关系，柴荣是郭威的内侄兼养子；论才能德行，柴荣雄才大略，精明强干。毫无疑问，柴荣是后周帝国的头号储君人选。

柴荣比赵匡胤年长六岁，这两位将来的帝王风云际会之时，可都还是意气风发的年轻人。由于史籍记载的缺失，后人已无从知晓二人初次相遇究竟是怎样一番场景。兴许是在邺都军营，或是在京城大内，不论何时，赵匡胤身边总是围拢着一帮兄弟。柴荣一定慧眼如炬，在一群年轻军官中间，一眼就发现了鹤立鸡群、卓尔不凡的赵匡胤。身为储君的他，正在积极网罗能人异士，为自己积蓄力量、组建班底。可以肯定的是，赵匡胤给他留下了深刻的印象。

广顺三年（953年），赵匡胤原本被升任为兴顺军副指挥使，即将外派滑州。就在这时，一直在澶州节度藩镇的柴荣回到京城，当年三月，被封为开封府尹、晋王，成为毋庸置疑的皇位继承人。柴荣没有忘记那位气度不凡的年轻军官，听说赵匡胤即将外派地方，便上奏朝廷，将他调进开封府，担任开封府马直军使，管理京师骑兵部队。

在外界看来，这只不过是一个下级军官的普通调动，并没有什么特别，但它对于赵匡胤意义重大。赵匡胤自此正式加入柴荣阵营，得到柴荣的赏识是他发迹崛起、前程锦绣的关键一步。

显德元年（954年），后周太祖郭威驾崩，享年五十一岁。柴荣在郭威灵柩前继位，是为周世宗。柴荣登基后，赵匡胤追随新皇帝离开开封府，再次进入禁军，负责柴荣的贴身护卫。

新皇登基、权力嬗递之时，正是人心动荡的危险时刻。柴荣的龙椅还没坐热乎，就有人要将他拉下皇位来。

显德元年二月，潞州（今山西长治）传来紧急军报：北汉国刘崇与契丹将军杨衮举兵南下来犯。

北汉与后周的冤仇还得追溯到澶州兵变之时。

刘崇是后汉高祖刘知远的弟弟，坐镇河东（今山西西南部），任太原尹。当初，郭威发动澶州兵变之前，曾一度假意拥立刘赟为帝，刘赟正是刘崇之子。郭威称帝后，命人毒死刘赟，刘崇与郭威结下杀子之仇，自此势不两立。他以河东十二州为地盘，建立割据政权。就在郭威登基后的第十天，刘崇在太原称帝，仍以"汉"为国号，史称"北汉"。

北汉地盘不大，实力屡弱，刘崇效仿石敬瑭依附辽国，称契丹国主为叔父，自称"侄皇帝"。在契丹支持下，北汉时常侵扰后周北部边境，但都以失败告终。郭威在时，刘崇没有尝到什么好果子。此时突然传来郭威驾崩的消息，刘崇抓住这一天赐良机，趁后周国丧之际，联合契丹军南下，试图一举推翻后周政权。

二月，在太平驿（今山西襄垣县西南）北部，汉、周两军初次遭遇，展开激战。契丹大军由将军杨衮统领，兵力在一万左右，号称十万；刘崇的北汉军兵力则在三万左右。联军声势浩大，兵力上占据绝对优势。太平驿首战，周军将士死伤千余人，出师不利，昭义节度使李筠溃逃潞州（今山西长治），闭门自守，急忙传书向朝廷求援。

前线军报八百里加急，传到京都汴梁。初战失利，朝堂上弥漫着一股紧张慌乱的气氛。雄武的郭威一直是这个国家的主心骨，如今主心骨不在了，年轻的新皇帝能否应对危局，文武群臣都在心里打鼓。

"北境危局，如何破解？"柴荣召集众臣商议对策，他面色冷峻，看起来并不仓皇焦急。

以太师冯道为代表，执政大臣们意见一致："当年刘崇自平阳奔遁之后，势弱气夺，恐怕难以复振。窃以为，此番入寇，或为虚张声势，刘崇未必亲自前来。今陛下嗣位之初，先帝安葬大事就在眼前，人心易摇，不宜轻举妄动。臣等以为，陛下当委命大将北上御寇，观望局势，相机而动。"

所谓"平阳奔遁"，说的是郭威登基那年，刘崇曾率北汉军围攻晋州，最终灰溜溜惨败而归。

"哼！刘崇不敢亲来吗？恐怕未必。刘贼听闻朕新立，国朝大丧，以为此乃良便之机，谓神器可图、天下可取，必发狂谋，此番必亲来袭我，断无疑耳！"柴荣扫视群臣，以平静口吻道出震惊朝堂之语，"用兵之道，出其不意，攻其不备。朕欲御驾亲征，荡平贼汉。"

柴荣穿上这身龙袍还不满一个月就亲赴战场，实在出人意料。

"陛下方登大位，先帝陵寝未安，人心浮动，危机四伏之际，陛下不宜贸然亲征，遣能征善战者领军御敌足矣！"

"刘崇老儿，欺我国丧，欺朕年轻，意在与朕一争天下。唐朝初年，天下草寇蜂起，唐太宗凡有征伐，靡不亲征，终平定天下。太宗英武如此，朕怎敢偷安，又有什么可忌惮！"

众臣见柴荣心意坚决，都不吭声了。老臣冯道突然冷冷冒出一句："不知道陛下能不能比得上唐太宗？"

瞬间，朝堂鸦雀无声，静得令人心颤。

柴荣怒气上涌："刘崇乌合之众，只不过仰赖契丹，狐假虎威而已。沙场之上，苟遇王师，以我强军猛将，破刘贼如泰山压卵！"

冯道又是一盆冷水浇下："不知道陛下能不能做得泰山？"

"冯道，何相少也！"（冯道，你也太小看我了。）

柴荣大为不悦，甩下这一句气话，中止了这场朝议，拂袖而去。

冯道年逾古稀，自号"长乐老"，在五代乱世中是个奇人，自从后唐明宗时官拜宰相，历经后唐、后晋、后汉、后周四朝，三入中书省任职，先后侍奉过十位君王，任由天子如走马灯轮流转，他却始终屹立不倒。这个官场"老滑头"，竟然语带讥讽当面反驳柴荣，固然有倚老卖老轻视新皇帝的因素在，但也反映出当时朝堂的主流意见，希望柴荣不要轻率冒险，行事稳妥一些为好。

寻求稳妥、理性的群臣，没有料到他们的新君主是一位卓尔不凡、不按常理出牌的冒险家。新君初立，人心动荡，正因如此，柴荣才急需一场辉煌的胜利，来树立他的权威，迅速安稳朝局。

最终，柴荣力排众议，坚持亲征。显德元年三月十一日，大军从汴梁出发，赵匡胤作为禁军殿前司一员随军出征。

在泽州东北部的高平（今山西晋城东北），两军相遇，临军对垒。

高平，古称长平，战国时秦国与赵国那场著名的长平之战就发生在这里，这里曾经埋葬了四十万赵军将士的枯骨遗骸，这一次，又将埋葬谁呢？

巍峨险峻的巴公原上，两军排兵布阵，剑拔弩张，即将决一死战。

以力量对比而论，刘崇北汉军与契丹联军总计四万，来到高平的周军仅有一万兵马，河阳节度使刘词率一支大部队还正在赶来援助的途中。以兵力论，北汉占据优势。

天公也不作美，巴公原上狂风呼啸，正呼呼刮着北风。这对于北汉军是顺风，对周军却极为不利，因为他们要逆风作战。

刘崇见周军兵力这么少，满心后悔请来契丹援兵，毕竟请神容易送神难，此战倘若得胜，胜利的果实少不了得让契丹分一半。

刘崇对身边将领道："我威武雄师足以灭周，何须契丹！诸位瞧好了，今日不仅要打得周军满地找牙，更要让契丹人对我刮目相看！"

说曹操曹操到。话音刚落，契丹主帅杨衮策马前来，提醒刘崇："我看周军军容整肃，恐为劲敌，不容小觑，切莫轻敌大意！"

"仗还没开打，杨将军何苦长他人志气，灭自己威风！"刘崇撇嘴道，"依朕看，不必劳动贵国大军，杨将军且在一旁歇息，作壁上观即可，且看我军如何力战破敌，杀他个屁滚尿流！"

面对胜券在握又贪功好胜的刘崇，杨衮默然。他代表的可是辽国，刘崇一直卑躬屈膝地称契丹主为叔父，此刻竟如此傲慢狂妄，杨衮怫然不悦，勒马退回己方阵中，决定先按兵不动观望局势，且看刘崇如何作死。

另一边，杨衮眼中军容整肃的周军蓄势待发，柴荣排出左中右三军阵，万余名将士兵分三路：

左军由侍卫亲军马步军都虞候李重进、义成军节度使白重赞统领。

右军由侍卫马军都指挥使樊爱能、侍卫步军都指挥使何徽统领。

中军由柴荣躬擐甲胄亲自坐镇，赵匡胤在殿前都指挥使张永德麾下，肩负护卫柴荣安全之责。

北风猎猎，金鼓齐鸣，隆隆鼓声响彻巴公原。

旌旗卷舒之中，汉军先发制人，骑兵先锋主动强攻周军右翼。两军眼看就要有一番厮杀，风云突变，出现惊人一幕。

"撤军！"周军右翼主将樊爱能高呼一声，竟然带着骑兵团临阵脱逃、望风而退。马军瞬间乱成一团，纷纷掉头后撤。

右翼另一位主将何徽率领步兵列阵在后，没等来敌军，眼前乌泱泱地自家马军如浪潮般涌来，步军团与马军团冲撞在一起，人仰马翻，不战而溃。

樊爱能、何徽两位主帅扔下大部队，一溜烟跑得远远的。上行下效，士兵们丢盔弃甲，抱头鼠窜。一些跑得慢没能成功逃脱的士兵缴械投降，竟然朝着北汉军高呼"万岁"，场面荒诞滑稽。

刘崇哈哈大笑，得意扬扬。这大好时机哪能轻易放过，汉军兵锋不断向前迫近，仿佛乘着北风呼啸而来，眼看就要一举击溃周军右翼战线。

柴荣自然笑不出来，连忙派出近臣策马奔赴前线，找到樊、何二将，宣谕皇帝圣旨："切勿溃退，重整旗鼓，整军再战！"

樊、何二人对视一眼，目露凶光，利剑一挥，杀死传旨使者。行凶之后，二人脚底抹油继续往南逃窜，途中还向不知情的将士散布谣言："官军大败，余众已卸甲矣。"

形势急转直下，柴荣的心不住地往下沉。他统领禁卫亲军，冒着箭矢，将战线往前推进。皇帝亲上前线督战，期望以此来鼓舞全军士气。可是如何挽救眼前败局，除了勇敢无畏和一腔热血，柴荣似乎也没有更好的办法。

此时，赵匡胤作为皇帝贴身侍卫，和柴荣同在山坡高处，居高临下，如雄鹰般锐利的眼神俯瞰战场上的瞬息万变。赵匡胤见顷刻之间，右军溃散，右翼战线露出一个大窟窿，北汉军占据绝对上风，眼看就要大获全胜，对周军来说，这是生死存亡的紧要关头。

他再扭头一瞧，柴荣两道剑眉死死拧在一起，嘴里呼呼喘着粗气，像是要吐出心里所有的焦躁忧惧。赵匡胤意识到，他乖乖站在这儿，能够护卫皇帝肉身的安全，却护卫不了他内心的安全。

赵匡胤急思扭转败局之良策。危如丝发的时刻，最能迸发出无畏的勇气、果敢的决断与超绝的智慧。

"驸马呢？驸马何在？"赵匡胤突然火急火燎地在人群中寻找张永德。

张永德是周太祖郭威的乘龙快婿，时任禁军殿前司都指挥使，是赵匡胤的顶头上司。他见赵匡胤冒冒失失跑来，不悦道："情势如此危急，你不在陛下身边，怎敢擅离值守？"

"正因战事危急，我辈岂能坐以待毙？"赵匡胤顾不得上下级礼数，单刀直入道，"贼人看似气焰嚣张，实则不足为惧，力战可破也！狭路相逢勇者胜，此刻正是我殿前司为陛下分忧之时。将军麾下将士善于射箭，神射手众多，请引兵登高而上，从左翼远射抵御敌军兵锋，末将领兵从右翼杀入，杀他个片甲不留！将军，国家安危，在此一举！"

张永德意味深长地看了赵匡胤一眼。虽然赵匡胤比张永德还要大一岁，但论资历、威望都在张永德之下。他原来只知道这位年轻军官颇受柴荣赏识，没想到竟是个敢想敢干的主儿。他和赵匡胤的分内职责是保卫皇帝安全，上前线杀敌并不是他们的第一任务。但沙场之上，决策只在须臾之间，容不得片刻优柔寡断。

张永德咬咬牙，心一横，喝道："好！就依你之计，杀他个片甲不留！"

混乱之中，顾不得向柴荣请示汇报，殿前军兵分两路，各两千精锐，相互配合接应。一支由张永德统领，抢占山坡制高点，以密集博发的箭矢进攻敌军。利箭如倾盆大雨，铺天盖地而来，挡住北汉军一直向前逼近的兵锋。

另一支由赵匡胤统领。但见他雄赳赳、威凛凛，披袍擐甲，横枪跃马，向麾下将士们高喊道："养兵千日，用兵一时。君危臣死，我等拼死效忠的时候到了！"

赵匡胤率领两千骑兵，如猛虎出匣、大坝泄洪，目标明确，径直朝溃散的右翼方向杀来。赵匡胤一马当先，冲在最前线，将士们士气高昂，皆夺命争先，拼死力战。

也许冥冥之中自有天命，此时风向陡然逆转！北风转向，强劲地刮起南风，周军顺风进攻，有如神助，战场形势也和劲吹的疾风一起，逐渐倒向周军一边。

赵匡胤的"胆大妄为"，精准地抓住了转败为胜的关键节点，及时填补樊、何溃逃之后右翼的大窟窿，避免局势恶化一泻千里。他在千钧一发之际，挽狂澜于既倒，成功扭转战局。

柴荣紧锁的眉头渐渐舒展，他还一直留着最后一张王牌没有出，看来是时候了。一直按兵不动的左翼军正式投入战斗，李重进、白重赞领军杀入。

黄昏时分，前来支援的大部队在河阳节度使刘词的带领下，终于赶到高平战场，周军兵力翻倍，如虎添翼，北汉再也没有翻身的机会。

胜败转易往往只在瞬息之间，方才还春风满面的刘崇，此刻面对汉军尸体堆积满山满谷，丢弃辎重器械不可胜数，心如死灰。这一战，北汉三万大军损失殆尽，刘崇灰溜溜逃回太原时，只剩下百余骑兵。

契丹将领杨衮始终在一旁坐山观虎斗，见大势不妙，并没有支援北汉，而是下令撤军。这一万契丹军，只是来高平走一遭，当了回观众，就打道回府了。

高平大胜之后，柴荣乘胜追击，继续往北进军，一度杀到北汉国都太原，试图借此大好时机，一举灭亡北汉。

在攻城战役中，赵匡胤勇武无畏，身先士卒，攻打城门时左臂被流矢射中，血流如注。轻伤不下火线，他本欲裹上纱布，再上前线，一道圣旨传来，柴荣制止了赵匡胤的冒险，但从此愈发欣赏赵匡胤的勇敢与胆略。

攻势虽猛，怎奈太原城固若金汤，久攻不下。后来，天降暴雨，河水暴涨，周军长途远来，士卒疲敝，军中更添疫病流行。种种不利因素叠加，柴荣也不恋战贪功，勒令退兵，班师回朝。

北汉国主刘崇经受高平一战重大打击，几个月后，在悔恨忧愤中死去。

高平之战，也称巴公原之战，这场战事不同凡响，仅仅就战场上"三龙会聚"——同时出现三位帝王（周世宗柴荣，汉世祖刘崇，宋太祖赵匡胤）这一点，就极为少见。这场战事规模并不大，双方投入兵力总计不过五万，但它之于柴荣、之于赵匡胤、之于那个时代意义重大。

对于柴荣而言，高平之战是他新君初立的高光时刻。

三十三岁的柴荣方登帝位，以一场不同寻常的亲征名动天下，解除了北境危局，更威慑后周群臣，成功稳住了政权交接时期人心动荡的政局。经此一役，满朝文武何人敢像先前冯道那样，小觑这位年轻的新君？

对于赵匡胤而言，高平之战是他登上历史舞台的第一次精彩亮相。他不鸣则已，一鸣惊人，展现了卓尔不凡的才华与能力。

首先，是当仁不让的勇气。

前线樊爱能、何徽溃逃，原本与赵匡胤无关，他只要谨守岗位就好。但是，关键时刻他却挺身而出、奋勇当先，以大局为重，主动想办法解决危机，体现出一名将帅的责任与担当。要知道，他毕竟冒着失败的风险，倘若不成功，他就会与樊、何一样成为国家的罪人。

其次，是当机立断的决策。

危机时刻，生死存亡就在一瞬之间。危局之中的决断与日常决策有着根本性的区别：一是时间紧迫，分秒必争，机会稍纵即逝，没有留给决策者充足的思考时间；二是危机正在发生，存在巨大的不确定性，局中人想要看清楚形势十分困难。因此，危机决策最是考验领导者的智慧与决断力。赵匡胤在鱼游沸鼎、鸟覆危巢之时，杀伐决断，没有片刻犹豫，抓住良机，迅速制定反攻战略，成功力挽狂澜，也因此一战成名。

再次，事急从权的"僭越"。

天地尊卑，各有职分。所谓"僭越"，就是超越了自己的地位、本分，以下犯上。赵匡胤作为殿前司军官，他的第一职责不是去上阵杀敌，而是护卫皇帝安全。主动投身战场，这是第一层僭越；他作为张永德下属，竟然自作主张替上司排兵布阵，让张永德领军远射配合自己，这是第二层僭越。赵匡胤胆大妄为的"僭越"，却赢得满堂彩，因为事急从权，十万火急的时刻，顾不了那么多尊卑职分、等级次序、繁文缛节。尤其是在战场上，要以最终的胜利为最高目的、第一准则。

大战之后，论功行赏。禁军两大主帅，以李重进为忠武节度使，张永德为武信节度使。对于此役中表现突出的赵匡胤，张永德大加赞赏，向柴荣道："举贤不避亲，殿前司将领赵匡胤，其智其勇冠群将校！巴公原一役，堪称首功！"

柴荣抚掌称善，擢升赵匡胤为殿前都虞候，领严州刺史，一跃跻身禁军高级将领序列。这一年，赵匡胤二十七岁。

后世史家拉长时间的维度，以更宏大长远的视角看待这场战役的深远影响。"太祖皇帝自此肇基皇业。"司马光在《资治通鉴》里留下这样一句论断。高平之战被视为赵匡胤宏图大业的发端，此后那些伟大与崇高，都起始于显德元年疾风猎猎的高平巴公原。

整顿禁军，结义社羽翼渐丰

高平之战大获全胜，柴荣心里却埋下一道阴影。

当初高平战事刚结束，大军驻扎于上党（今山西长治），准备进攻太原。一日，柴荣卧躺在军帐里，凝神沉思，有件事他一直举棋不定，越想越头痛，便召来张永德商议。

"前日高平之战，樊、何二人临阵脱逃，险些误我大事！如今二人皆已被俘，正待处置。朕思虑再三，樊爱能以下诸将，当以军法论处；至于何徽，终究守卫平阳有功，朕姑且饶他一命，将功抵罪，以观后效，驸马以为如何？"

张永德是周太祖郭威的女婿，柴荣、赵匡胤等人在非正式场合，习惯称呼他为"驸马"。张永德明白柴荣的犹豫，战事还在进行中，如何处置逃兵叛将，当宽还是当严，的确颇费思量。

"陛下之志，如若只是固守封疆而已，大可以赦免叛将，以示宽仁。陛下若欲开拓疆宇、威加四海，则樊、何二将不杀不足以立君威！军法如山，非同儿戏，臣以为，樊、何及其下属军校、士卒有叛逃者，宜当严惩不贷，以儆效尤！"

柴荣思忖片刻，将手边枕头掷于地上，大呼称善："就依驸马之言！"

第二天，柴荣下令，将樊爱能、何徽在内七十多名军官以及一千多名临阵脱逃的士卒全部处决，雷霆之怒、帝王君威震慑全军。

攻打太原失利后回到京都，柴荣心里的阴影并没有消退，反而愈加深重。面对李重进、张永德、赵匡胤等禁军将领，柴荣一吐胸中块垒：

"高平一战旗开得胜，扬我国威，将刘崇老贼赶回太原，本该欢欣雀跃才是。朕归京之后，却终日惶惶不安。昨夜一梦，又见高平战场，将士丢盔弃甲、四散逃窜之景重演。朕急寻张卿、赵卿，连声呼唤，可环视左右，两位将军不见踪影，最终全军溃败，朕面前，尸积如山，枯骨遍野……"

柴荣越说越沉郁，众将劝慰道："一场梦而已，陛下何必当真。"

"一场梦不必当真，高平战场上骄兵悍将临阵溃逃，难道也只是一场梦，也不必当真？请问诸位，这样一支禁军，将来如何助朕征伐天下？"

众将默然，无言以对。柴荣提出的问题一针见血，直指五代军队的积弊沉疴。唐末五代以来，藩镇割据，军阀混战，权力混乱失序，逐渐形成兵骄将悍的局面。当兵的拥立军阀当皇帝，不过是为了一己私利，今天可以拥戴你，明天扭头就可以拥戴别人，搞兵变如同儿戏，只要给够赏赐就行，给的不够就胁迫主帅君上。那个时代军纪松弛，军队将士没有军人应有的忠诚，不听命，难管控，又见利忘义，贪生怕死。打起仗来，保不齐一见势头不对就逃跑，甚至临阵倒戈，对自己人反戈一击也是常事。樊爱能、何徽就是活生生的例子，这二位可是禁军侍卫司主管马军、步军的高级将领。他们尚且如此，上梁不正下梁歪，普通士兵的状况可想而知。

高平之战令柴荣亲眼看到，他所拥有的军队就像个一身顽疾、行将就木的病人。一口气处决七十多名军官、一千多名士卒，固然一时军威大振，但柴荣明白这治标不治本，要想从根本上改变军队的作风习气，必须进行一场大刀阔斧的改革。

柴荣对诸将道："正所谓：猛药去疴，重典治乱。整顿禁兵，裁汰冗员，扩建新军，势在必行。为朕，为大周，编练一支战无不胜、攻无不克的威武之师，诸位将军，谁能担此大任？"

这提议来得突然，诸将面面相觑，一时无人应答。柴荣显然早有筹谋，他环视众人的目光没有片刻犹疑，最后落在了一位年轻将军身上。

"殿前都虞侯赵匡胤，可担此重任否？"

赵匡胤出班拜谢，郑重其事道："臣自当尽心竭力，当仁不让，不负圣命！"

"好一个'当仁不让'！朕给你三个月时间，三月后朕将亲临校场检阅新军，能否不辱使命，届时见分晓！"

由资历尚浅的赵匡胤负责整顿禁军，看似意料之外，也在情理之中。柴荣一向赏识赵匡胤，登基之前就将他安排在开封府任职。说起来赵匡胤可算是当今皇帝的"潜邸旧人"。高平之战赵匡胤的卓越表现证明柴荣没有看错人，战后跻身禁军高级将领之列毫无争议，紧接着主持禁军整顿也就顺理成章。

这一轮禁军大整顿，柴荣、赵匡胤干了三件大事。

第一件事是"除旧"：裁撤老弱，淘汰冗员。

历史原因，历朝累积下来，堂堂中央禁军之中竟然有许多老弱病残滥竽充数。这些既得利益者捞油水、领俸禄、占名额，却不能干活，尽是些派不上用场的老兵油子。改革禁军首先必须拿他们开刀，淘汰老弱，清除冗兵，由朝廷提供遣散费，将他们全部发还原籍。

改革自然不会一帆风顺，很快朝堂上就有了反对的声音："臣等听闻，军中有言，陛下大简禁军，这有违历朝之规、先帝之制，还望陛下三思！"

对这其中的是非曲直，柴荣看得很清楚，决心很坚决："因累朝相承，害怕有伤人情，于是禁军中赢弱年长者居多，而且骄横跋扈，不听军令，每遇大敌，不逃即降。今春高平之战，朕始知其中之弊。如今一百个农夫辛勤劳作，也未必养得起一名士兵，怎能用百姓膏血去养活这些没用东西！强健、懦弱不加以区分，如何激励将士？众卿谨记，王者之师，贵精不贵多！此事无须再议！"

王者之师，贵精不贵多！这样的治军理念，对初掌禁军的赵匡胤影响深远。

第二件事是"纳新"：招募壮士，编练新军。

柴荣下诏，招募天下豪杰，选拔骁勇之士，全都送到汴梁来。精兵强将云集京师，赵匡胤再从中优中选优，精挑体格强壮、武艺超绝的士兵，组成"殿前诸班"——禁军殿前司下辖精锐部队，旗下名号包括散员、散指挥使、内殿直、散都头、铁骑、控鹤等。

强兵集结，接下来就是训练新军。赵匡胤在军营中长大，耳濡目染之下，对如何练兵再熟悉不过。小时候他可就常领着夹马营的娃娃们排兵布阵打仗玩儿。只不过，如今不再是小男孩的游戏，此刻他操练的是一支真正的帝国精兵。

"殿前诸班"，从兵员挑选、队伍组建再到操演训练，全都由赵匡胤一手操办。他事必躬亲，与将士们同甘共苦、打成一片。这支精锐部队与他渊源深厚，此时名义上是后周禁军，却从一开始就不知不觉地埋下了"赵家军"的基因，成为日后赵匡胤南征北战、纵横四海的核心力量。

第三件事是"平衡"：抬升殿前司，制衡侍卫司。

禁军分为侍卫司和殿前司两大机构。两司之下，再各自下分步军（番号"虎捷"）和马军（番号"龙捷"）。一直以来，两司之间的力量对比并不均衡。

侍卫司，全称"侍卫亲军司"，由侍卫亲军都指挥使李重进统领，在这个位置上，李重进就是当之无愧的禁军头号人物。侍卫司总兵数在七八万左右。

殿前司，比侍卫司建制略晚，张永德作为殿前司一把手，官阶却要低于李重进。作为后设部门，殿前司的实力难与侍卫司相提并论，下辖兵力两万人。

在高平之战中，张永德、赵匡胤所在的殿前司力挽狂澜，出尽风头。反倒是侍卫司，因为樊、何两员逃将丢了大面子，暴露出骄兵悍将种种弊病，触发了此轮禁军整顿。

一根扁担两头挑，二司一强一弱、一重一轻，必将失去平衡，乱了秩序。柴荣深谙权力制衡之道，他需要两司势均力敌，互相牵制，避免一家独大。

柴荣授命赵匡胤组建新军，编练"殿前诸班"，增强殿前司力量的目的不言自明。殿前司经过这一轮扩张，增加到五六万人。补充的新军集中在殿前司，裁汰的冗员则多在侍卫司，该司早就被诟病"老少相半，强懦不分"，经过精简裁撤，兵力锐减。最终的结果，原本较为弱小的殿前司快速壮大，逐渐能够与侍卫司分庭抗礼。

柴荣平衡二司的举措，意外地为赵匡胤带来扩张势力的大好机会。因为打从进入禁军系统的第一天起，他就一直在殿前司任职。高平之战后，赵匡胤被擢升为殿前都虞侯，作为张永德副手，高居殿前司二把手。抬升殿前司的实力，也就意味着抬升了赵匡胤的实力。在殿前司这个看似不大的一亩三分地，赵匡胤广撒网、多播种、精耕耘，积蓄力量，凝聚人脉。

说起人脉，不得不提到"义社十兄弟"。

从邺都投军开始，赵匡胤就十分注意在军中结交朋友。他生性豪气干云，大碗喝酒、大口吃肉，豁达爽朗不拘小节，不论走到哪里，身边总是聚拢着一群至交好友。在群体中，他是自然而然的领袖，这与地位高低无关，哪怕身居下僚，他也会是乞丐们的头头、绿林好汉的山大王。

在动荡的乱世，一个人独木难支无法成事，需要组团作战。五代时，武将拜把子蔚然成风。郭威称帝之前，就与十名武将结为兄弟，歃血为盟，号称"十军主"，结拜誓言称："凡我十人，龙蛇混合，异日富贵无相忘。苟渝此言，神降之罚。"（《宋史·李琼传》）

赵匡胤有样学样，在禁军中广泛结交各级将领，尤其是中下级军官。他与九名武将义结金兰，以"义社十兄弟"为名号。这九人分别是李继勋、石守信、王审琦、韩重赟、刘廷让、杨光义、刘庆义、刘守忠、王政忠。

"与众共之曰义，义仓、义社、义田、义学、义役、义井之类是也。"（洪迈《容斋随笔》）以"义社"之名，大伙儿凝聚在一起，共闯天下，共谋功名富贵。

十兄弟中，以李、石、王三人最为重要。

第一位，李继勋。李继勋作战勇猛，乃一员虎将，在军中颇有威名。

虽然"义社十兄弟"以赵匡胤为绝对核心，但论官爵，初期却是李继勋最高。显德初年，他就先后担任昭武军节度使、殿前都虞侯、侍卫步军都指挥使等职，军衔职位不在赵匡胤之下。

第二位，石守信。高平之战中，他与赵匡胤一起奋勇杀敌，力破北汉军，战后被擢升为亲卫左第一军都校。石守信和王审琦一直是赵匡胤的铁杆追随者，他与赵匡胤关系尤为密切，多年以后，石家与赵家结为儿女亲家，石守信之子迎娶了赵匡胤二女儿。

第三位，王审琦。他性格醇厚，恭顺严慎，参军后颇受郭威器重，随郭威平定三镇之乱，随柴荣征讨北汉，功勋卓著。王审琦以射艺高超闻名于世。有一次，柴荣设宴，在禁苑中宴请禁军将校，诸将比试射艺，王审琦百步穿杨、连发连中，技惊四座，赢得满堂彩。周世宗显德年间，王审琦任勤州刺史。赵匡胤与王审琦交好，称王为他的"布衣之交"。

"义社十兄弟"作为赵匡胤的重要人脉，自有不同凡响之处。

泛泛而论，拓展人脉有两种方式。第一种叫作"持禄养交"，语出《管子·明法》："小臣持禄养交，不以官为事，故官失其能。"通过巴结权贵保持自己的职位俸禄，这是向上拓展人脉关系。

另一种方式叫作"杵臼之交"，语出《后汉书·吴祐传》。"杵"是舂米的木棒，"臼"是舂米的石器，愿意与舂米的杂工结交，不在意贫富悬殊、地位差距。与"持禄养交"思路相反，这是向下拓展人脉。

"义社十兄弟"，可视为"杵臼之交"的典范。

除了李继勋，其余八人和赵匡胤拜把子的时候，可都还是地位低微的基层军官。聪明的赵匡胤知道，兄弟同心，其利断金，将来要干大事，需要培植自己的势力，组建自己的团队。目光必须向下，英雄惺惺相惜，不论出身。义社兄弟中好几位和赵匡胤一起，快速成长为独当一面的禁军高级武将。而草根时期就结为兄弟的特殊情谊，生发出不可撼动的忠诚，让他们对赵匡胤格外死心塌地。

"义社十兄弟"这个小集团，大约从赵匡胤投奔郭威后开始萌芽，到周世宗柴荣时期已经基本成形。在受命整顿禁军的过程中，赵匡胤更利用这一大好机会，笼络人心，扩张势力，他本人成为迅速崛起的军界少壮派代表。

孤零零一头雄狮并不可怕，可当雄狮身旁，猛虎群豹环卫，形成声势浩大的野兽军团，那就另当别论了。

显德元年十月，一场盛大恢宏的阅兵仪式在京郊宫苑举行。柴荣亲临校场，检阅整顿禁军的成果。

那日，阳光明媚，熠熠生辉。广阔的校场上，"殿前诸班"列阵而来，军容齐整，新兵们阔步昂首，英姿勃发。将士风华正茂，帝国蒸蒸日上。

"这才是王者之师！帝国气象！"柴荣喜不自胜。

史家这样评价这支军队："诸军士伍，无不精当。兵甲之盛，近代无比！"（《旧五代史·周书·世宗纪》）这支新军被认为是整个五代时期战斗力最强的一支部队，它由赵匡胤在柴荣授命之下亲手创立。不论是柴荣还是赵匡胤，他们后来的伟业成就，都离不开这支虎狼之师、威武之师、精锐之师。

校场中央，赵匡胤指挥若定，秉旄仗钺，挥斥方遒。他是这场阅兵式万众瞩目的绝对主角。

在校场角落里，一位老将默默注视，心中翻江倒海，感慨万千，他就是赵弘殷。在后周，赵氏父子同在禁军任职，史称二人"分典禁军，一时荣之。"（《宋史·太祖本纪》）只不过，赵匡胤青出于蓝而胜于蓝，职位早已在父亲之上。

烈日之下，恍惚之间，赵弘殷穿越时光帷幕，仿佛回到二十年前的洛阳夹马营。那时候，赵匡胤也像现在这样，带领娃娃兵们"行军打仗"，穿梭于大街小巷。赵弘殷认得儿子那眼神，斗转星移，不论今时往昔，那眼神中的坚毅果敢，一点儿也没有改变。

三征南唐，巧用兵屡建奇功

高平之战后，北方稍安，柴荣将目光转向南方。

天下版图依然四分五裂，北方有后周、北汉、辽国，南方分布着十来个大大小小的割据政权，其中论疆域最广、声名最盛、国力最强者，首推南唐。

南唐由唐烈祖李昪于后晋天福二年（937年）建立，定都金陵（今江苏南京），占据江淮之地，广袤千里，富庶殷实，是当之无愧的南方第一大国，与北方的后周分庭抗礼。周世宗在位时，南唐皇帝是李昪长子唐元宗李璟。

柴荣素有一统天下之志，显德二年（955年）十一月至显德五年（958年）三月，先后三次亲征南唐。这场周唐之战，以淮南为主战场，历时两年五个月。如果说，高平之战赵匡胤只是小试身手、初露锋芒，那么在淮南之战中，他卓越的军事才华得以淋漓尽致地展现。

"将者，智、信、仁、勇、严也。"（《孙子兵法·计篇第一》）

兵家认为，作为将帅，绝非一介赳赳武夫，而是需要具备多方面的综合素质：足智多谋，赏罚有信，仁爱部下，勇敢果决，军纪严明，这是为将"五德"。

宋代诗人梅尧臣对于"五德"解读精辟："智能发谋，信能赏罚，仁能附众，勇能果断，严能立威。"（《十一家注孙子》）

宋代学者王皙进一步阐释："智者，先见而不惑，能谋虑、通权变。信者，号令一也。仁者，惠附恻隐，得人心也。勇者，徇义不惧，能果毅也。严者，以威严肃众心也。五者相须，缺一不可。"（《十一家注孙子》）

在三征南唐的过程中，赵匡胤屡立战功，全方位展示了作为将帅的智、信、仁、勇、严。

"智"与"勇",一体两面,相辅相成。

有勇而无谋,那是鲁夫莽汉。有智而无勇,不能上阵杀敌,无法面对沙场上的腥风血雨。智勇双全,有勇有谋,才是一军将帅的真本色。

后周大军第一次征讨南唐,淮南军事重镇寿州(今安徽寿县)成为战火纷飞的中心战场。寿州城控扼淮河,是南唐北境门户,抵御北人来犯的第一道防线。此时南唐名将、清淮军节度使刘仁瞻镇守于此。

显德三年(956年)一月下旬,柴荣率军渡过淮河,抵达寿州城下,在淝水北岸安营扎寨,数万大军里三层外三层将寿州围得水泄不通。周军制造云梯、填堑陷壁,柴荣亲上前线督战,昼夜攻城不息。

然而,战事却陷入胶着。

寿州城内,刘仁瞻坚壁高垒,死守不降;城外,周军久攻不下,就是破不了寿州城大门。与此同时,南唐多路援军纷至沓来,从北面和西面对周军形成反包围,形势对周军越来越不利。

不知不觉百余天过去了,要如何打破僵局?柴荣想到了赵匡胤。

柴荣迅速调整战略部署,派遣赵匡胤、韩令坤等将领前去外围打援,分兵进攻长江以北诸州,试图突破唐军在其外部形成的包围圈。若能顺利攻占江北诸州,固若金汤的寿州将成为一座孤岛。

赵匡胤领命,他的任务是攻下滁州。

进发滁州的路上,重重难关摆在他面前。第一道坎儿在涂山(今安徽蚌埠西郊),一支万人兵力的唐军停泊于淮水下游,在涂山脚下安营扎寨声援寿州;第二道坎儿在清流关,南唐名将皇甫晖坐镇于此,据险固守,以逸待劳。

更大的难题还在于兵力不足。柴荣只划拨了几千兵马,而他即将遭遇的两支敌军都有万余人。赵匡胤明白,敌众我寡,不能硬拼蛮干,只能智取。

在向涂山进军途中,赵匡胤发布军令:挑选百名骑兵,组成一支先锋部队。

"末将领命,必定优中选优,严选精锐!"

"不！不要精兵强将，越老越好，越弱越好。"赵匡胤嘿嘿笑道。

"这……"部将摸不着头脑，带着一肚子狐疑领命而去。

百名骑兵集结完毕，赵匡胤亲来前来检阅。他在士兵中间来回踱步，频频点头，看起来对这支弱旅很是满意。

老弱残兵们你瞅瞅我、我瞧瞧你，都心下暗暗纳罕。有胆大的老兵冲主帅嚷道："将军可是要俺们做前锋，杀到最前面？"

赵匡胤微笑着点点头。

老兵有点不好意思，红着脸道："指望俺们杀敌……俺们可还有活路？"

"谁说要你们杀敌了？"赵匡胤笑道，"诸位嗓子亮不亮？骂人会不会？腿脚灵不灵便？逃跑会不会？"

"骂人？逃跑？这……"

老弱残兵们这才知道，原来骂人和逃跑，也是当兵的重要技能。

依照赵匡胤的部署，百余骑兵主动来到唐军涂山大营，在营前高声骂阵，什么难听骂什么，污言秽语一字字一句句传到营寨里。

"欺人太甚！是可忍，孰不可忍！"

南唐兵马都监何延锡咬牙切齿，终于按捺不住，领军出营来战。

要嘴皮子果然奏效了，接下来就看腿脚功夫。面对来势汹汹的唐军，百余弱骑先是抵抗一阵，很快便佯装不敌——准确地说，确实也打不过——不再恋战，抛戈弃甲，哗啦啦作鸟兽散，马儿脚下生风，逃兵溜之大吉。

赵匡胤之所以选择由骑兵而不是步兵前来叫阵诱敌，自然也有骑兵速度快、有利于逃跑的考虑。

"快给我追！全歼贼兵！一个也不放过！"

何延锡正在气头上，怒火吞噬了理智，率领大军死命追击，一直追到涂山西边的涡口（今安徽怀远东北），山谷中忽然鼓声震天，杀出一支伏兵。

圈套早已布好，请君入瓮，只等接下来这一出"瓮中捉鳖"的好戏。

镌刻着"周"字的大旗迎风飘扬，赵匡胤披坚执锐，一马当先引军来战。这些士兵可不像那些羸弱骑兵，各个骁勇强悍，如猛虎扑羊般袭来。

　　唐军突然遭遇埋伏，猝不及防迎来一轮狂风骤雨般的猛攻。两千周军击败近万唐军，斩杀南唐兵马都监何延锡，缴获停泊水岸的战船五十余艘。

　　兵法有云："凡与敌战，其将愚而不知变，可诱之以利，彼贪利而不知害，可设伏兵以击之，其军可败。"（刘基《百战奇略·利战》）

　　涡口一战，虽然只是一场小规模战役，却完美展现了赵匡胤的用兵智慧。先是诱敌出营，引蛇出洞；尔后佯败惑敌，诱之以利；再则设伏突袭，打敌人一个措手不及；最终以少胜多，赢得漂亮的"开门红"。

　　这一战，不仅赢得漂亮，更赢得极有战略价值。涂山大营一破，撕开了寿州北面包围圈的一道口子，对于正在苦苦攻城的柴荣大军，无疑是利好消息。

　　首战告捷，赵匡胤马不停蹄，星夜兼程奔赴下一个目标——清流关。

　　南唐江州节度使皇甫晖驻守于此，对外号称大军十五万，实则兵力在一万五千人左右。不仅敌方兵力占优，清流关成为横亘在赵匡胤面前比雄兵百万更难跨越的障碍。

　　清流关位于滁州城西北，地势险要，易守难攻。关口两侧皆是悬崖峭壁，巍峨陡峭，仅有一条狭窄的小路可以行军通过，一夫当关万夫莫开。清流关是出入金陵的必经之路，号称"金陵锁钥"，自古以来只要扼守清流关，就守住了金陵宝地。

　　赵匡胤尝试攻关，在关下与唐军打了一场小规模遭遇战，兵力、地形都处于劣势，果然铩羽而归，只得暂退关外。

　　唐军将领皇甫晖志得意满，留下重兵把守关口，自己则率众回到滁州城下扎营，歇息一夜，准备来日再战。

　　赵匡胤明白，强攻肯定不行，仍然需要用智。

　　"孙子曰：地形有通者，有挂者，有支者，有隘者，有险者，有远者。……隘形者，我先居之，必盈之以待敌；若敌先居之，盈而勿从，不

盈而从之。"（《孙子兵法·地形篇》）

《孙子兵法》总结了"通、挂、支、隘、险、远"六种地形，其中一种正是赵匡胤现在所面临的，叫作"隘"。面对"隘"，应当抢占先机，先去占领它，并且用重兵堵塞封锁住隘口，守株待兔，安然等待敌人的到来。如果敌人已经抢先占据隘口，并以重兵把守，那么就不要再冒险进击；如果敌人尚且没有以重兵据守，那么就应当抓住时机迅速攻占它。

显然，赵匡胤失去了先机，如何破局？

第二天，晨雾刚刚消散，东升的旭日还躲在云层里半遮半掩。

喧闹声震天响，睡梦中的皇甫晖惊醒，一出营帐，眼前景象令他难以置信：赵匡胤竟然神兵天降，杀到滁州城下！

周军究竟是如何一夜之间闯过清流关？皇甫晖百思不得其解。

原来，正当他呼呼大睡、美梦香甜的时候，赵匡胤夜访村民，探知到有一条山间小路能够绕开清流关而直通大山背后的滁州城。

赵匡胤兵分两路：一路人马，虽然人数稀少，但是摇旗鼓噪，虚张声势，在清流关口闹出很大动静，迷惑隘口守军；另一路主力人马，由赵匡胤亲自率领，以当地村民为向导，星夜急行军，强渡西涧（上马河，今安徽滁州西北）。

天亮了，周军就这样神鬼不觉地兵临滁州城下。

唐军大营霎时间乱作一团，兵相骈藉，不可胜数。皇甫晖还沉浸在万分惊诧之中，他别无选择，领军匆忙撤回滁州城内。唐军大部队惶惶然如丧家之犬，往城内急撤。彼竭我盈，周军攻势越发凌厉，死咬在后穷追不舍。

皇甫晖跑得快，一溜烟抢先入城，在城头上往下瞧，眼看周军紧随其后就要追入城中，顾不得还有许多自家兵士正在死命往里赶，便高声下令：

"拉起吊桥！关闭城门！"

护城河上原有一座吊桥，只有过了桥，才能入城。此刻桥上乌泱泱密麻麻挤满人与马，两军将士正争先恐后涌上吊桥。皇甫晖试图断桥自守，将敌军拦阻在城门外。

吊桥将断之际，说时迟，那时快，只见一人一骑如箭如电，马蹄高高抬起，单骑迎风腾飞于半空。此人正是赵匡胤，他纵马一跃，飞过护城河，直逼城门而来。主帅在前，身后骑兵也纷纷蹚水而过。吊桥断或不断，已然无关紧要了。

皇甫晖越看心里越慌，冲赵匡胤高声喊话："赵将军！人各为其主！容我布阵成列，以决胜负，休得欺人太甚！"

赵匡胤悬缰止辔，朗声大笑："我便在此恭候，待你列阵，又有何妨！"

皇甫晖整顿军队，在众将士拥护下，骑马出城，在城门外摆开阵势。赵匡胤自信满满，静静地瞧着对手排兵布阵。

阵势已列，两军对垒，赵匡胤先声夺人，单骑猛然冲出阵列，风驰电掣杀来。御风急速之中，赵匡胤俯身紧紧环抱着马脖子，向敌军将士厉声呼喝："吾只取皇甫一人，他人非吾敌也！都闪开，可免一死！"

刹那之间，电光火石，一切发生得太过突然，皇甫晖大惊失色，还没回过神来已被赵匡胤一剑击中头部，人仰马翻，惨叫一声重重坠下马来。

擒贼先擒王，主帅一落马，唐军摧枯拉朽，溃不成军。赵匡胤领周军迅速攻破江北重镇滁州，破敌军一万五千人，俘获南唐江州节度使皇甫晖。

文能运筹帷幄、用兵如神，武能横刀跃马、临阵斩将。赵匡胤的智与勇，不仅折服了自家将士，就连敌人也心服口服。战后，皇甫晖被柴荣下令释放，他对滁州城下那惊人一幕仍然心有余悸，不禁对柴荣感叹道："吾昔日屡与契丹作战，未尝见兵精如此者，亦未尝见如赵将军如此英武者！"

滁州之战，这是赵匡胤第一次作为将帅独立带兵指挥的战役，他已然成长为可以独当一面的大将军。这一年，赵匡胤三十而立，一战而名震江南。

赵匡胤每一次身临战场，总是喜欢身披铠甲，以红缨装饰战马，威风凛凛，也极为引人注目。身边曾有人劝道："将军铠甲、马饰鲜明，沙场之上，极易被敌人认出，招致危险，不如穿上寻常将士甲胄，隐遁于军中，更为安全。"

"何必多此一举！要叫本将军做缩头乌龟吗？"赵匡胤大笑道，"我就是要让敌军，让天下人都认识认识本将军！哈哈！"

智勇之外，为将者当坚守"信"与"仁"。

这看似与血腥残酷的战争并不相干，但其实是真正的将帅必须具备的品格。

赵匡胤在淮南之战中表现出的"信"与"仁"，与他在滁州邂逅的两位重要人物有关。

攻下滁州之后，赵匡胤领军入城驻守。一天夜里，城门楼下马蹄声声，星火点点，迎来一队人马。

"开门！快开城门！"

"赵将军有令，夜间不得开门，且等天亮验明身份再说。"

"大胆！你知道我家将军是谁吗？"

对方亮明身份，守城戍卫一惊，不敢擅自做主，火速赶到赵匡胤下榻府邸通报。

"来者百余人，细看旗帜、军服，确实是自己人……"

赵匡胤打断道："不管是不是自己人，陛下三令五申，大战之时，夜间封锁城门，不论敌我一律不得进！"

"可是，可是……"

"可是什么可是，天王老子来了也不开！"

"那个……对方说，领军的是令尊赵大人……"

赵匡胤先是一怔，二话不说急往城门楼赶去，登楼遥望，马上之人果然是他的父亲赵弘殷。此番征讨南唐，赵弘殷也随军出征。赵匡胤远远瞧着，感觉父亲苍老了许多。

天底下哪有儿子闭门不让老子进城的道理？赵匡胤亲自前来，守城将士都以为城门即将打开。

"属下这就开门，迎接赵老将军入城……"

"且慢！"赵匡胤沉吟片刻，道，"传我命令，再次向来者申明军纪，请他们在城外扎营歇息一夜，明日再做理会。天亮之后，按规矩办，查验旗帜、通关令符，一切无误之后，再开门放行。"

"可是……"

"军法如山，可是什么可是！"

不开城门的消息传达出去，赵弘殷面露诧异之色，抬头往城楼上瞥了一眼，若有所悟，脸上露出一丝笑容，没有多说什么，下令将士们就地扎营露宿。

城门楼上，赵匡胤一直默默注视着这一切。虽然大门紧闭，但他命人寻来被褥、干粮，从城门楼上扔下去，给赵弘殷及将士们御寒充饥。

正是寒冬时节，冷风萧瑟。赵弘殷本就患病在身，在外冻了一夜，病情愈发严重。

翌日，赵匡胤亲自打开城门，恭恭敬敬地迎接父亲入城。

赵匡胤跪地叩首，恭谨肃然道："父子虽是天伦至亲，但城门守备乃王事也，儿子不敢徇私开门，望父亲见谅。"

"国事重于家事，君命重于私情。你既是我的儿，更是君上的臣子。尽忠王事，严守军纪，秉持大节，没有因私废公，胤儿啊，你没做错什么。"

"不管怎样，让父亲受寒风露宿之苦，是为大不孝！还请父亲责罚。"

赵弘殷笑道："不敢不敢！我哪有职权，责罚你这个殿前司都虞候呀？"

广顺末年，赵弘殷任右厢都指挥使，领岳州防御使。如今赵匡胤在禁军中的职位可远高于他的父亲。儿子比老子了不起，做父亲的嘴上不说，心里却是无比欣慰。经过这一番折腾，赵弘殷病情加重，自此一病不起，一直留在滁州休养。

赵匡胤瞧着父亲两鬓斑白、憔悴孱弱的模样，愈发自责，深切体会到了什么叫"忠孝难以两全"。不给父亲开城门这则逸事，被史官记录下来，它体现出赵匡胤对君王的"信"，信守承诺，不轻易破坏规则。

"信者，号令一也。"唯有如此，才能统一全军号令。

赵匡胤声名日隆，震动江南，引起南唐中主李璟的注意。李璟亲笔修书一封，馈赠白金三千两，试图收买赵匡胤。即便收买不成，此举或许也能起到离间柴荣与赵匡胤君臣关系的作用。赵匡胤胸襟坦荡，应对自如，原原本本将此事向柴荣上报，白金全数上交国库。他经受住了考验，柴荣也很满意，君臣二人之间的"信"愈加深厚。

除了"信"，还有"仁"。

"仁"，看似与凶险残酷的战争风马牛不相及，但将"仁"列为"为将五德"之一，体现出军事家孙武的远见卓识。兵戎之事，固然需要杀伐决断，但《孙子兵法》并不鼓励滥杀嗜杀。得道多助，失道寡助。王者之师，当是仁义之师。

赵匡胤在淮南战争中的仁义之举，与赵普有关。

赵普，字则平，幽州蓟城（今北京）人。赵匡胤与赵普风云际会，相遇于滁州。滁州被周军攻占之后，根据宰相范质奏请，赵普被任命为滁州军事判官，前来辅佐赵匡胤处理军政事务。

赵普比赵匡胤年长五岁，乍看起来文质彬彬，却与寻常书生不同，透着一股精明强干、洞察世事的劲头，一看就不是那种埋头在书卷中的书呆子。事实上，赵普也没读过多少书，并不以学问见长，但他在人世中沉浮，把五代乱世这部大书读透了。未来，他将成为赵匡胤最为重要的辅弼大臣。

滁州刚刚攻陷的时候，治安混乱，匪盗群出，趁着政权交替之际，当地流民群氓大肆抢劫掳掠，兴风作浪。赵匡胤雷厉风行，下令抓捕盗贼，结果吓了他一跳，抓回来的囚犯乌泱泱一片，竟有百余人之多。

百余匪盗如何处置，一向处事果决的赵匡胤陷入两难。赵普似乎看懂了赵匡胤的犹豫，主动请缨办理此事。

"赵判官打算如何处置？"赵匡胤似乎还有顾虑。

"依法，依理，依德。"赵普气定神闲。

"好！本将军拭目以待。"

有意思的是，审讯厅堂被搬到街市广场上，城民们都跑来瞧热闹。当着全城百姓的面，赵普没有一丝遮掩，公开审理百余盗匪。

盗匪一个挨着一个被押上来，赵普详加问讯，逐一核查。依据罪行的不同，嫌犯们被分门别类，百余人被分成了泾渭分明的三拨，等待赵匡胤的最终裁决。

赵普对赵匡胤道："将军请看，百余盗匪一分为三。这第一拨，皆为杀人暴乱者，应当弃市处斩；第二拨，抢掠偷盗者，应当收监入狱；第三波，无辜被捕者，自当无罪释放。"

在一旁目睹了赵普审讯全过程的赵匡胤，心中暗暗称奇。审查中发现，不少良民百姓被误抓，这在混乱的战争时期屡见不鲜，也是赵匡胤起初的犹豫迟疑所在。赵匡胤略微一瞅，被赵普划拉出来需要释放的多达数十人。

"收监，释放？本将军听闻，盛世施仁政，乱世用重典。眼下滁州城刚破，人心不稳。这些匪徒伺机作乱，不以雷霆手段尽数杀之，如何立威？如何服众？如何治民？"赵匡胤目光灼灼，盯着赵普。

赵普从容应答："臣也听闻一语，《中庸》有云，'柔远人则四方归之，怀诸侯则天下畏之'。不分是非对错，赶尽杀绝，杀人以立威，不过狐假虎威而已。百姓纵然归服，也是表面畏服，而非内心敬服。窃以为，治军当严，治民却当以宽以柔。圣贤之道，在于怀柔远人。乱世战时，更当如此。"

柔，安也。怀，来也。善待远客则四方百姓归顺；安抚诸侯则天下人对你心存敬畏。这是儒家"王道"的政治智慧。

"怀柔远人……"赵匡胤念叨着这魔咒般的四个字，想起年少时辛文悦教导的"柔弱胜刚强"的道理，圣贤之道触类旁通，聪敏的赵匡胤豁然顿悟。

最后，赵匡胤听从赵普建议，依罪行不同分类处置嫌犯，释放无辜者。原本很可能被弃市处斩的百余人，最终活下来的十有七八。

在滁州时期，赵匡胤时常与赵普长谈，极为欣赏他的才华见识，将他收揽在身边，作为麾下第一幕僚。

赵匡胤在戎马倥偬之余，养成了喜好读书的习惯，也和他身边聚集了赵普这样的文士密切相关。

征讨南唐期间，将士们发现，这位勇猛强悍的武将军，竟然四处搜罗经史子集，一有闲暇就在军帐中埋头研读，手不释卷。

柴荣听闻常有马车运载着大箱子送入赵匡胤帐内，一度怀疑里面是金银财物，认为赵匡胤趁战时中饱私囊，于是派遣使者查验。一开箱，里面满满当当的全是书籍卷册。

听了使者的回报，柴荣大为惊奇，当面问赵匡胤："卿为将帅，应以治戎装、磨刀剑为正事，怎么读起书来了？"

"臣愚钝，没有奇谋良策，却受陛下恩遇，在军中担当重任，常常感到力不从心，故而多学多闻，开阔眼界，增长见识，为的是不负陛下厚望重托。"

赵匡胤回答得妥帖恰当，没有半点破绽。柴荣点点头："善。"

如果说，独具慧眼发现了赵匡胤才华的柴荣，有什么误判的话，那就是赵匡胤的志向与抱负，并不满足于只当一名武将。他眼中的"正事"，绝不仅是柴荣所说的"治戎装、磨刀剑"。

赵匡胤虽然不是读书人，并不精通文章辞赋，但他的阅读涉猎广泛，除了兵书，经史子集无所不包。他明白，打天下靠武力军事，但治天下则不同。诸如"怀柔远人"这样的治国大道，都藏在圣贤书里。这些年来他的许多困惑，诸如乱世根由何在？如何勘平乱世？何为霸道？何为王道？何为圣贤之道？答案都要在圣贤书中去寻找。

另有逸闻一则，让世人窥见勇武的赵匡胤也有柔软的恻隐心肠。

那是显德五年，柴荣第三次亲征南唐，攻打楚州的时候，遭遇守城军民殊死抵抗，虽然最终顺利破城，但周军同样伤亡惨重。柴荣雷嗔电怒，下令屠城作为报复。

赵匡胤行走在炼狱般的城市，途经一条小巷，惊人一幕陡然闯入眼帘。

巷口，一具无头女尸靠墙瘫坐，被砍下的头颅落在离身子不远处。女尸怀中躺着一个小婴孩，安安静静地，正在吮吸死去母亲的乳汁，不时发出低喃的嘤嘤声。

虽然早已见多了战场上的血腥残酷，但面对这令人心颤的一幕，赵匡胤的内心仍受到巨大冲击。他呆立在那儿，半晌说不出一句话。他面色恻然，在将士簇拥下离开，却怎么也忘不掉这个场景，回营没多久又动身前往那个巷口，万幸小婴儿还在。

赵匡胤将婴孩轻轻抱起，命部下安葬其母，在巷子里寻得一名老妇，施予钱财，让老人家好生鞠养这个不知姓名的遗孤。

巷子里的人家，因为这位将军的庇护，都幸免于难。这条巷子后来就被叫作"因子巷"，大约是因子得福之意。

孟子说："恻隐之心，仁之端也。"（《孟子·公孙丑上》）所谓"仁"，就是从见人受苦而心中不忍的那一点点恻隐之心开始萌发的。

赵匡胤作为一员武将，身上却没有那个年代寻常武将的杀伐暴戾之气，始终保有一念恻隐、一颗仁心，这是他难能可贵、与众不同之处。

"严"，为将五德中最后一项不可或缺的品质。

军令如山，令出必行。"严"主要针对治军而论，只有"严"，才能立威，才能统一全军行动。在六合之战中，世人见识了赵匡胤的治军之严。

攻陷滁州之后，周军又接连占领扬州、泰州等地。南唐中主李璟任命他的弟弟齐王李景达为诸道兵马元帅，北上御敌，援军来势汹汹，形成反攻之势。

两万大军直逼扬州而来，后周大将韩令坤攻取扬州后一直驻守于此，见唐军势大，心中恐慌，萌生放弃扬州、退军自保的念头。

战场上的形势瞬息万变，柴荣当机立断，派遣张永德领军救援扬州；与此同时，正在滁州的赵匡胤再次临危受命，领本部两千兵马向六合进发。张永德、赵匡胤两军形成犄角之势护卫扬州。

韩令坤一度弃城而走，没跑多远，得知张、赵前来支援，才再度回到城内。

屯兵六合之后，赵匡胤得知韩令坤有撤离之意，发布一条军令：

"扬州兵敢有过六合者，断其足！"

这句话的意思是：兄弟们，只要扬州士兵里有胆敢越过六合边境逃跑的孬种，我们就砍断他的双腿！

这条军令有趣之处在于，表面上它是赵匡胤下达给自己麾下两千兵将的命令，实际上它是在向扬州城内的守军公开喊话。掷地有声，不容挑战，对守军兄弟，既是威吓震慑，更是鼓舞打气，也以这样特殊的方式彰显赵匡胤誓死保卫扬州的决心。

赵匡胤言出必行，令行禁止，已在周军中颇有威名。扬州守军明白，这句军令绝不只是吓唬人说说而已。投之亡地然后存，陷之死地然后生。守城将士受到鼓舞，士气复振，韩令坤也坚定了固守拒敌之志。

就像当初高平之战一样，赵匡胤又一次以过人胆识做出"僭越"之举。扬州守军虽然与他同属周军，但并非他的部众，他以一句如山军令，向本不属于他的军队发号施令，挽救危局。

"令者，一众心也。"（《尉缭子·战威第四》）军令最根本的作用是凝聚将士们的心、统一全军的意志。赵匡胤这一则军令有如及时雨，将扬州将士的心拧在了一起。

受此鼓舞，韩令坤主动领军出城，与唐军在扬州城东打了一场遭遇战，竟然大胜而归，局势向有利于周军的方向逆转。

对于赵匡胤而言，还有一场硬仗要打。

李景达两万大军从瓜步（今江苏六和东南）渡江，驻扎于距离六合三十余里处，进攻势头暂时停下来。

赵匡胤麾下有将领心浮气躁，冒进又轻敌，想要主动出击，被主帅否决了。

"将军素来勇武，为何不战？难不成怕了他们？"

"我问你，唐军兵力在我军之上，却起栅栏，扎营寨，并不来叫战，为何？"

"那必定是唐人懦弱，怕了呗！"

"不然。"赵匡胤摇头道，"唐军安营扎寨，为的是观望局势，只因他们尚不了解我军兵力虚实，摸不清底细，不敢轻举妄动。敌方的审慎之心，正好可以为我所用。"

诸将纷纷请教有何妙计。

"我军只有两千人，敌众我寡，兵力悬殊，若出动出击，岂不将弱势暴露无遗。唐军一见我军人少，必定信心大增。士气一起，则战力必增，如此我军必败矣。"赵匡胤先是进行一番沙盘推演，陈述主动进击的后果，继而道出胸中谋略，"此战关键，在于虚虚实实，真真假假。上上之策，当以静制动，以逸待劳，敌不动我不动。敌动，我才伺机而动……"

诸将听得一头雾水，赵匡胤如此这般详细部署之后，才大呼神妙。

赵匡胤一直坚守营垒，按兵不动。几天之后，李景达终于按捺不住，主动发起进攻。

一切准备就绪，赵匡胤下令打开营门迎敌。营外山谷各处早已埋伏少量兵卒，高擂战鼓，摇旗呐喊，山谷回声震天响。唐军难辨虚实，十分茫然，闹不清周军究竟有多少兵力，虽不见其人，但听这架势，似乎有数万兵马埋伏在山间，于是唐军将士人人胆怯自危，锐气大减。

唐军败给了他们想象中的强大敌人。赵匡胤领兵出战，奋勇杀敌，一举将心理脆弱的敌军击溃。以两千兵马大败两万敌军，再一次上演了以少胜多的神奇戏法。

六合之战，南唐折戟沉沙，损伤近五千人，史称"唐之精卒尽矣"，精锐部队元气大伤。残军尚有万余人，落荒而逃，在渡江时因争抢舟船而落水者不计其数，领兵的南唐齐王李景达单骑逃遁。这一战，赵匡胤成功解除扬州之围，遏制住南唐反扑势头，超额完成了柴荣交给他的任务。

《孙子兵法》中关于用兵虚实之道的一段话，可以用来剖析此战以少胜多的奥秘。

故形人而我无形，则我专而敌分。我专为一，敌分为十，是以十攻其一也，则我众敌寡。能以众击寡者，则吾之所与战者约矣。（《孙子兵法·虚实篇》）

要诱使敌军暴露形迹，而让我军处于"无形"的隐蔽状态。这样，我军的兵力就可以集中，再用计使敌军兵力分散。我把兵力集中于一点，而敌人分散在十处，就相当于我们以十倍于敌人的兵力攻打他，从而出现我众敌寡的神奇逆转。兵力明明不足却能够做到以众击寡，是因为我军直接交战的敌军变少了。

面对敌强我弱的不利局面，赵匡胤有定力沉得住气，不贸然行动，不轻易暴露己方弱势，使我军始终隐匿于"无形"。他先故弄玄虚迷惑对手，与敌人玩心理战，最终决战时再突然亮相一招制敌。六合之战赢得高明、赢得漂亮。

而赵匡胤治军之"严"，在六合战后令全军将士大开眼界。

战后第二天一大早，梦乡中的将士被隆隆的军鼓声吵醒，全军集结，纵横交错排成数列纵队。

主帅来了，不见胜利的喜悦，只见神色严峻，凛若冰霜。赵匡胤兀自在阵列中来回穿行，缄口不言，踱步声踢嗒踢嗒清晰可闻。

气氛越来越凝重，将士们敛容屏息，大气都不敢出，都在纳罕主帅究竟想要干什么。

忽然，踢嗒的节奏戛然而止，赵匡胤停下脚步，手指着其中一位士兵，冷冷道："你，出列。"语气虽平和，却冷得像冰。

士兵哪敢有二话，虽然一头雾水，也只能迈着忐忑的步伐走出阵列，在众将士前面孤零零站着，不知是福是祸。

踢嗒声又起，巡游还在继续，士兵们的目光悄然随着赵匡胤的身影移动。又停下了，赵匡胤拍了拍背对他的那名士兵的肩膀，依旧轻声冷语："出列。"

就这样，总计几十名士兵被选中，歪歪扭扭站成一排，你瞅瞅我，我瞧瞧你，全都不明所以。

赵匡胤声色俱厉："昨日一战，诸位可都奋勇杀敌，冲锋在前？"

"是啊，是啊。""确是不假。""那是自然……"七嘴八舌之中，听得出有人底气不足，声音渐渐弱下来。有人似乎意识到了什么，把头低低埋下，愈发踟蹰不安。

赵匡胤冷笑一声，扯下其中一名士兵背后的皮笠，重重扔在地上。

"把你们的皮笠都取下来，让全军将士瞧瞧！"

皮笠？大家伙更蒙了，取下一瞧，这些士兵的皮笠上全都有一道明显的划痕。

"这是什么？"赵匡胤目光如电，厉声喝问。

"想必……想必是昨日作战时为敌军所刺……"

"刺破皮笠的，不是敌军，是我！"赵匡胤语出惊人，"这些划痕，便是尔等作为一名战士，耻辱的印记！"

昨日，赵匡胤亲上前线督战，每发现一位不尽力作战、躲在队伍后部，甚至临阵脱逃见大军得胜又悄然复归的士兵，就用剑在这些兵油子的皮笠上划下一道，作为记号。现在，到了严明军纪、秋后算账的时候了。

赵匡胤问道："依军法，沙场之上不尽力杀敌、怯懦畏战、临阵脱逃者，当如何？"

数十人的心同时咯噔一下，汗如雨下，无人敢应答。

"当如何？"

"当……当斩……"

赵匡胤依军法处置这数十位士兵。

古典军法有云："将之所以为威者，号令也。""故将无还令，赏罚必信。""赏罚明，则将威行。"（《三略》）赵匡胤剑砍懒兵皮笠之事一经传开，赵帅治军之严声名远播，威名大振，其麾下之兵自此人人奋勇当先，无人敢不尽力死战。

显德三年（956年）五月，柴荣围攻寿州已经四个多月，寿州城固若金汤，成了块难啃的硬骨头。柴荣留下淮南招讨使李重进继续围城，领军返回汴京，结束第一次亲征南唐。

当年十月，赵匡胤凭借在滁州、六合等战役中的煊赫功勋，被晋升为匡国军节度使，拜殿前都指挥使。柴荣新设"殿前都点检"一职，张永德作为殿前军最高统帅，被擢升为第一任殿前都点检。赵匡胤顺理成章地接替张永德"殿前都指挥使"的位置。

显德四年（957年）二月，柴荣第二次亲征南唐。

回师休整之际，柴荣也没闲着，针对周军水战薄弱环节的问题对症下药，在京城西汴河之畔铸造战舰，从俘虏的南唐水兵中挑选数百人，与周军不习水性的北方将士一同训练水战。数月时间成功打造一支水师。他们追风逐浪，纵横出没，战力丝毫不逊色于长江沿岸的南唐军。

数百艘战船自蔡河出发，沿颍水入淮河，再次直逼寿州。南唐人见此浩荡水军，大为惊骇。

三月，柴荣大军渡过淮河，抵达寿州城下，大营驻扎于紫金山（今安徽寿县八公山），与围城已经一年多的李重进前线部队会合。

南唐方面，寿州城内军民誓死固守，城外援兵在紫金山一带扎下十八座营寨，层层叠叠，鳞次栉比，蔚为壮观。城内外以烽火为信号，相互接应声援。

那战备严整的南唐十八寨联营怎么破，成为此战关键。

关键时刻还需要关键人物。柴荣命张永德、赵匡胤率先出战，他们的任务是攻拔十八寨中最靠前的先锋寨。

张永德与赵匡胤这对老搭档，再现高平之战最终时刻的默契配合。

经过勘察地形，他们发现敌人营垒西侧有一座高岗，登其上可清楚地俯瞰营中动向。

赵匡胤对张永德道："地形者，山势高峻、居高临下谓之'险'。兵法云：'险形者，我先居之，必居高阳以待敌。'"

赵匡胤细陈奇兵巧计，张永德大喜，依计行事，挑选劲弓强弩之精锐，暗中埋伏于山岗上，密切关注敌方营寨情况。

准备就绪，赵匡胤登场，亲率部众直攻唐军先锋寨，装模作样攻打一阵，佯装不敌，引军后撤。唐军不知是计，倾巢而出，空寨出门来追。

引蛇出洞，敌营空虚，时机正好。高岗上的伏兵如山涧瀑布般飞流而下，张永德趁机不费吹灰之力攻占敌营。

唐军大本营已失，进退失据，在赵匡胤回师猛攻之下，旗靡辙乱，溃散逃亡。

第二日，张永德、赵匡胤乘胜出击，鼓噪而进，又攻下第二寨。赢得"开门红"之后，十八营寨一个接着一个被攻破，寿州城外援军与城内守军之间的联系被切断，首尾不能相救。

唐军残兵败将沿着淮河，往东逃散。一场猫捉老鼠的大逃杀上演，柴荣亲自领兵，沿淮河北岸追敌，赵匡胤也在其列。大军奔驰两百多里，斩杀俘虏数千人，夺取战舰粮船数百艘，钱帛器仗不可胜数。

紫金山之战，南唐军总计死伤近四万人，这是具有决定性意义的一战。城外南唐援军消亡殆尽，寿州成为一座孤岛，弹尽粮绝，庶民饥馑，再无起死回生的希望。

终于，坚守一年零四个月之后，守将刘仁瞻打开寿州城门，向柴荣上表乞降。

显德四年四月，柴荣再度回京休整。

因紫金山战功，赵匡胤拜义成军节度使，加授检校太保，仍然担任殿前都指挥使。

当年十月，柴荣第三次亲征。

寿州既克，接下来的事情就好办了。此次征战，一切都水到渠成，周军接连攻克濠州、泗州、楚州，南唐长江以北重镇全线失守。

显德五年（958年）三月，柴荣亲临长江口，赵匡胤乘战船驶入长江，与唐军展开激烈水战，大败长江南岸南唐水师，焚烧其岸边营寨，大获全胜而归。

周军气势如虹锐不可当，一旦渡过长江，威胁的可就是南唐国都金陵。

大势已去，挣扎无益。南唐中主李璟派遣使者奉表渡江，向柴荣表示愿意去帝号，改称"江南国主"，奉大周为正朔，以长江为界，割让江北十四州，并送上大量金银财物。

柴荣志得意满，班师回朝，结束了持续两年五个月的周唐淮南之战。经此一战，原本的南方第一大国南唐失去近半国土，成为后周的附属。后周夺得十四州六十县，共二十二万六千余户，疆域延展，国力大增。

战后，赵匡胤因军功拜忠武军节度使，仍为殿前都指挥使。

"夫将者，国之辅也。辅周则国必强，辅隙则国必弱。"（《孙子兵法·谋攻篇第三》）为将者，是国君的重要辅佐。辅佐得周密圆满，国家必强。兼具智、信、仁、勇、严的赵匡胤就是这样的将辅之才。三征南唐之后，这位高平之战时的新秀，已然成长为独当一面的统帅，赵匡胤在禁军中的威名声望达到顶峰。

北伐契丹，"点检作"谜影重重

夺得南唐江北全境之后，为政勤勉的柴荣没有躺在功劳簿上，而是趁热打铁继续推进统一全国的宏图大业。

当年后晋高祖石敬瑭将燕云十六州拱手割让于契丹，自毁城墙，如同拆掉了中原王朝北大门。此后，契丹时时南下侵扰，肆虐河北，畅通无阻。自家大门洞开，猛虎卧榻于侧，燕云十六州成为中原王朝一大隐痛。

显德六年（959年）三月，结束淮南战争还不到一年，柴荣再次亲征，举兵北伐契丹，目标很明确：收复幽燕之地。

比起三征南唐的艰难，北伐战事一开始极为顺利。

四月中旬，后周大军抵达乾宁军（地名，今河北青县），辽国宁州刺史王洪开城投降。

四月二十六日，益津关（今河北霸州）守将放弃抵抗。

四月二十八日，瓦桥关（今河北雄县）守将倒戈献城。

四月二十九日，辽国莫州刺史刘楚信遣使来降。

五月一日，辽国瀛洲刺史高彦晖举城献降。

后周大军开拔一个多月，不战而屈人之兵，契丹城池、关隘望风披靡，破三关（益津关、瓦桥关、淤口关），收三州（宁州、莫州、瀛洲），共得十七县、一万八千余户。幽燕百姓无不心系中原，纷纷捧着酒食迎接后周王师。

柴荣任命韩通为陆路都部署、赵匡胤为水路都部署，水陆并进。柴荣乘龙舟沿流而北，舳舻相连数十里，旗鼓相望，浩浩荡荡。

形势一片大好，谁能想到，苍黄翻覆，白云苍狗，世事变幻难以捉摸。

五月二日午间，在瓦桥关行营，柴荣大宴诸军将领，商议下一步如何攻取幽州（今河北北部、北京一带）。

"唐人诗云：黄沙百战穿金甲，不破楼兰终不还！此保境戍边壮志也，与诸卿共勉！现如今，我军势如破竹，只要幽州一破，收复燕云十六州指日可待！"

柴荣踌躇满志、意气风发，却没有得到积极的回应，将军们欲言又止，一个个似乎面有难色。

"攻取幽州，诸卿有何良策？"

"陛下离京四十二日，兵不血刃收燕南之地，此乃不世之功。今契丹虏骑齐聚幽州之北，若我军草率进击，恐不敌契丹精锐。臣等以为，攻幽州当从长计议，不宜贸然深入。"

燕南之地，本就是中原领土、汉人故地。契丹侵占后在这里的守备力量并不强，而且守将大多起用的是汉人，周军一来几乎都是不战而降。开局虽然顺利，但接下来的幽州才是真正的难关。有军报称，辽穆宗耶律璟已经将行营从上京（今内蒙古巴林左旗）迁至幽州附近，契丹精锐部队正在幽州一带集结，后周将领们的谨慎和担忧不无道理。

积极进取的热情被众将泼了冷水，柴荣大为不快："乘胜长驱，正如破竹之势，大好局面，怎可中辍！"

宴会不欢而散，柴荣起身离开，营寨中悠然飘来一阵歌声：

> 凉风吹夜雨，萧瑟动寒林。
> 正有高堂宴，能忘迟暮心。
> 军中宜剑舞，塞上重笳音。
> 不作边城将，谁知恩遇深。

这是唐代诗人张说的边塞诗作《幽州夜饮》，诗中描绘了军营宴舞的场面，与此时此刻颇为应景，一些将士围拢在一起，和着军鼓节拍浅斟低唱。虽然这首诗最后表达了边关将士感念帝王君恩之意，但掩不住整首诗浓浓的凄凉愁怨，又是"凉风夜雨"，又是"萧瑟寒林"，更有"迟暮之心"，实在颓然丧气。柴荣在宴会上原就憋了一肚子火，这时候被火上浇油，不由得愤然作色。

"散了！全都散了！传朕令，营中再有悲歌乱我军心者，杖责五十！"

北伐的进程并没有因为诸将的劝谏而停滞，反而更加快速地向前推进。当天，柴荣就派出一支先锋部队，前去攻占距离幽州仅一百多里的固安；同时，他动身前往安阳水畔，下令架设桥梁以备大军渡河。柴荣在岸边亲自监工，直到日落时分才回瓦桥关行营。

回营后，闷闷不乐的心情稍稍缓解，柴荣一时兴起，登上关外一座小土山，眺望夕阳暮色中苍茫的北国风光。

当地父老听说大周皇帝来了，百余人手持牛肉、卮酒，前来拜献。

柴荣心情大好，随口问道："此地何名？"

领头的乡绅老者回答："回禀圣上，历代相传，此地谓之'病龙台'。"

病龙台！说者无心，听者有意。柴荣骤然变色，拉长了脸，又怏怏不乐起来，兴致锐减，匆匆下山归去。

就在这一天夜里，柴荣突然身体不适，毫无征兆地病倒了。

古时候医学水平有限，对于帝王染病更是讳莫如深，后人已无从知晓柴荣当时究竟得了什么病。这病来得猝不及防，看似偶然，但偶然中也许潜藏着某种必然。柴荣登基四年多，在军事上，先后五次亲征，戎马倥偬，南征北战；在政事上，事必躬亲，埋首于文书奏章，案牍劳形，琐碎小事也都亲自过问。他就像一台永不停歇的机器，像一直在炙热燃烧的烈火。然而，没有谁的生命能够永不停歇，可以经得起无止息的燃烧，大火熊熊总有燃尽的一刻。一边是大周帝国欣欣向荣、显现中兴盛景，另一边柴荣的身体却悄无声息地日渐衰颓，终于在北伐途中被疾病压垮。

柴荣五月二日发病。五月七日，病情急剧恶化，已经卧床难起的柴荣别无选择，做出痛苦的决定：终止北伐，退兵还师。当日，后周大军就开拔撤离瓦桥关。

大军行至澶州（今河南濮阳），突然停了下来。柴荣把自己关在行营里，门扉紧闭，谁也不见。

停军澶州，与一场诡谲恶梦、一块神秘木牌有关。

瑶池宫阙，云阶月地。对柴荣来说，眼前的一切那么虚幻朦胧，却又似曾相识。烟波缥缈之中，老神仙白衣如雪，腾云驾雾而来。

"老仙翁，一别经年，别来无恙？"柴荣恭谨有礼。

"还来吧，还来吧……"仙风道骨的老者似乎没有要和柴荣寒暄的意思。

"还……还何物？"

"帝君何必明知故问？老道当年所赠之物，如今到了物归原主的时候。"

"这……仙翁莫不是在说笑，赠人之物，岂有再讨回去的道理？"

"赠予，是天命；收回，亦是天命。"

"天命？朕为天子，天命所归，为何……"

话音未落，老神仙摇摇头，大笑三声，手中拂尘一挥。柴荣宽大的衣袖里狂风云卷，两件物事从袖中乘风飞出：一把色如郁金的大伞，一卷《道经》。两物飘飘忽忽来到仙人手中，倏忽云雾骤起……

"仙翁且留步，究竟何意，还请明示！"

"天道有常，命有所归，运数皆有尽时……"

老神仙消融于缭绕迷雾中，只留下迷幻不吉的谶语，余音袅袅，有如魔咒。柴荣正要追寻仙人，密密云层之上，猛然一脚踏空，霎时间身体失重，坠入万丈深渊……

柴荣惊醒，吓出一身冷汗，那是只有他自己才能体悟的恐惧。还是储君时，他曾梦见一位老神仙赠予大伞与道经。没过多久，他就继承了皇位。如今，旧梦有了续章，却不再是美梦。

柴荣喃喃自语："吾梦不祥，岂非天命将去耶！"

梦中怪诞景象，无非是内心深处隐忧恐惧的投射。比起虚幻的梦魇，一块真实存在的木牌，更令柴荣惶惶不安。

北伐途中，驻军瓦桥关行营的某一天，柴荣像往常一样阅览四方文书。卷册堆积，一只来历不明的韦囊（皮革袋子）冒出头来。柴荣将它拾起，重量还不轻呢。他禁不住好奇，打开袋口，露出一块木牌，只见其三尺有余，看起来平平无奇。等等，上面模模糊糊好像刻着几个字符。柴荣眯着眼，凑近细瞧，心中一凛。

点检作天子！

（关于木牌题字，史书记载略有不同。《宋史》记载，三尺木题云"点检作天子"。《旧五代史》记载，木牌从地下挖出，刻有"点检做"三字。）

帐外吹来嗖嗖凉风，烛火随之暗淡。柴荣心里翻江倒海，神色都不变，下意识抬头环顾四周，好在行营军帐之内，除了摇曳烛光、习习晚风作陪，并无他人。

一块神秘木牌，引出一连串的谜题：这诡异的五个字是谁写的？究竟是什么意思？木牌又是怎么进到柴荣的四方文书里？制作这木牌的人想要表达什么？为什么要让柴荣瞧见？这背后究竟潜藏着什么阴谋？

唯一可以解答的问题是，所谓"点检作天子"，字面上的意思再清楚不过，"点检"的指向很明确，正是柴荣不久前刚刚设立的禁军新职位"殿前都点检"。这五个字被包装成一则谶语，关于天命的预言——做过"点检"的人将来要当天子。照此逻辑，此时担任殿前都点检的张永德，难道有谋反篡位之心？

柴荣不能确定，此事绝对没有这么简单，还有太多的疑团需要他去破解。发现韦囊时正在北伐途中，战事在即，木牌疑云被暂时搁置。但那五字谶语，就像是他心里长出的一个疙瘩、埋下的一道阴影，再也没有消去。

染病回京途中，柴荣重新开始思索"点检作天子"这道谜题。他不相信这是什么天命预警，十分笃定木牌的出现绝非偶然，且事关重大，牵连着大周帝国的命运。

病情每况愈下，柴荣不愿意承认，却不得不承认，他或许真的时日无多了。停军澶州，是因为在回到京城之前，他需要停下来，一个人艰难地思考，既要破解"点检作"之谜，更要考虑如何安排身后事——尤其是他龙驭宾天之后辅政大臣的人选名单。这两件事看似风马牛不相及，但柴荣敏锐地意识到，它们互相勾连，息息相关。

让一个人去想象自己的死亡，痛苦而残忍。身为帝王，柴荣不得不去想，他此时的思考与抉择，关系着帝国的命运、历史的走向。重病沉疴中的柴荣，形容枯槁，孱弱的病体由一股强大的精神力量支撑着，又虚弱又清醒。柴荣感觉到，他在与天地对话，在向天命求索。

那块神秘的木牌，究竟是谁在搞鬼？

一号嫌疑人：张永德。

一直以来，身为殿前司一把手的张永德，官衔上比身为侍卫司一把手的李重进要低一些。为了提升殿前司的地位，与侍卫司相制衡，柴荣设立"殿前都点检"一职，张永德作为第一任点检，与李重进平起平坐。

"点检作天子"，直接指向的无疑就是这位驸马爷。难道说，张永德有心篡位，搞出了这神秘木牌，四处散播谶言，以此替自己营造舆论声势？张永德有这样的心思并不稀奇，他可是后周太祖郭威的女婿，曾经也是继承大周帝位的热门人选。柴荣作为郭威养子可以做皇帝，他张驸马又有什么做不得？

仔细想想，柴荣又觉得不对，倘若张永德真有异心，明目张胆这么干，不等于早早将野心暴露？张驸马虽然谈不上精明睿智，却也不至于这么愚蠢。有人借这木牌谶语构陷张永德，给他泼脏水，似乎是更顺理成章的推论。

二号嫌疑人：李重进。

张永德最大的对头是谁？答案不言自明。张、李之争背后，更牵扯禁军殿前司与侍卫司之争。

李重进，归德军节度使，兼侍卫亲军马步军都指挥使。在三征南唐的过程中，作为淮南招讨使，亦即前线总指挥，李重进一直坚守战场第一线。他面色黝黑，沙场上威风凛凛，令人望而生畏，南唐将士给他起了个诨号"黑大王"，透露出敌人对这员虎将又敬又畏。

和张永德一样，李重进也是皇亲国戚，他是郭威妹妹福庆长公主的儿子。郭威临终前，安排外甥李重进执掌侍卫司，女婿张永德执掌殿前司，共同辅佐柴荣，自然也有令二人分权制衡、互相牵制的考量。

结果，自柴荣登基以来，这两位时时争功，明争暗斗。李、张不合，人尽皆知。征淮南时，张永德曾在宴会上借酒撒泼，对李重进破口大骂，甚至上书柴荣，控告李重进密谋造反，柴荣没有理会这毫无实据的指控。面对张永德的咄咄逼人，李重进倒是显露君子风范，策马单骑前来拜会，造访张永德军帐，为老对头斟上一杯酒，以肺腑之言道："吾与公皆国家肺腑，相与戮力，同奖王室，公何疑我之深也！"赤诚如此，据说当时张永德颇受感动，二位将帅的嫌隙这才稍有消解，紧张的关系一度缓和。

但终究一山不容二虎，突然冒出来的木牌，会不会是李重进干的好事，只为诬陷嫁祸他的政敌，令柴荣对张永德有所猜忌，进而疏远甚至罢黜他，最终李重进坐收渔利？以动机做此推论，似乎顺理成章，不无这样的可能。某种程度上，李重进的嫌疑比张永德还要大。可如此工于心计，又不像"黑大王"的风格，对于李重进努力与张永德消弭矛盾的大度胸襟，柴荣一直颇为欣赏，难道一切都是做戏？

正当柴荣的思索陷入困局的时候，张永德求见。一场看似普通的会面，意外地影响了柴荣的判断与最终决策。

停军澶州，柴荣谁也不见。张永德仗着皇亲国戚的尊贵身份，贸贸然来见柴荣，他有话要说，不吐不快。

"陛下！如今天下尚未安定，京师空虚，四方诸侯观望局势，虎视眈眈，澶州距京师不远，陛下为何停军于此止步不前，臣等大为不解。若不速归京师，以安天下人心，万一发生不可讳之事，宗庙社稷当如何？"

不可讳？好一个"不可讳"！这是在诅咒我死啊！柴荣压抑腾然而起的怒火，憔悴苍白的面色愈发冷峻："这些话，谁教你这么说的？"

张永德一怔，回道："这是众臣的意思，自然也是我的意思。"

柴荣倚在榻上，衰弱无神的双眼紧紧盯着张永德，瞅了许久，一言不发，盯得张永德心里发毛。

"陛下……"

"……朕就知道，是有人教你这么说……你怎么就不明白朕的意思？哼！我看你这个穷薄相，未来怎能当此富贵！退下吧，无召不要来见！"

柴荣说出这看似没头没脑的一段话，张永德被斥责一通，却稀里糊涂，不明其意。

然而，柴荣的话却大有深意，绝非病中胡言乱语。张永德在这个柴荣正在考虑身后事的关键时刻贸然闯来，柴荣对此无疑是失望的。这位驸马爷没有一点心机城府，头脑简单，如此容易受人摆布，如此毫不避讳地谈论皇帝之"不可讳"，这样的人如何委以重任。"穷薄相"之语，讽刺张永德没有福气大富大贵，无异于宣判了张永德政治生命的终结。

这一闹，柴荣意识到：张永德必须拿掉！不管那块木牌是不是他搞的鬼，此人都必须从"殿前都点检"这一重要位置下来。他不仅担不起托孤辅政的重任，更可能是即将继位的小皇帝的潜在威胁。

柴荣面前摆着几块方形木牌，上面分别写着"张""李""赵""韩"等字样。他拾起那块"张"字牌，扔进取暖的火炉里，目光移向"李"字牌。

拿掉张永德，李重进可就没了对手。他已经是侍卫司一把手，再掌控殿前司的话，大周禁军岂不成了"李家军"？

柴荣忽然忆起旧事，发出一声冷笑。当年郭威还在世时，李重进和柴荣都是继承者人选。论血缘，李重进这位太祖外甥可比养子柴荣还要亲近。只不过，郭威最终钦定了柴荣，因为他知道，李重进心里未必服气，为防生变，郭威临终前特地召来李重进，逼他低下高昂的头，向柴荣行君臣大礼，以定君臣之分。那一幕，柴荣怎会忘记？

托孤大事，看来李重进也并非合适人选。

想到这儿，柴荣突然发现，神秘木牌一度扰乱他的心智，木牌的炮制者究竟是谁已然无从查证，事实上，答案一点儿都不重要。不论是谁，为了大周帝国将来的安宁稳定，张、李二人都不能再重用。

"李"字牌也被扔进火炉里，与燃烧殆尽的"张"字牌紧挨着，一起接受被焚弃的命运。

下一个问题就是，李、张二人空出来的位置，由谁来接替呢？柴荣的目光不自觉地瞥向最边上的"赵"字牌，原本严峻忧愁的神色渐渐柔和起来。

赵匡胤与前两位不同，他和郭威非亲非故，虽然这些年在禁军中迅速崛起，但论出身、职位、资历与威望，终究还是比不上树大根深的李、张。

赵匡胤由柴荣一手提拔，他也没有令伯乐失望，从高平之战到三征南唐，总是浴血奋战，冲锋在前，更有勇有谋，立下赫赫功勋，军中人人敬服。

另一块"韩"字牌所代表的大将韩通，也和赵匡胤一样属于备受瞩目的禁军新贵。

柴荣原本凌乱的思路渐渐清晰，顾命大臣的人选尘埃落定。他拾起"赵"字牌，久久凝视……不知过了多久，所有字牌统统被抛入火炉，静谧的火星噌的一下熊熊燃起。病天子用尽最后的气力，低声下令：

"启程，归京！"

显德六年五月三十日，柴荣回到汴京，自知时日无多，开始布局身后事。

天雄军节度使、魏王符彦卿之女符氏被立为皇后，年仅二十岁。

皇长子柴宗训被任命为特进（官名，位同三公）、左卫上将军，封梁王，确立其继承人的地位。柴荣共有七个儿子，前三子在后汉隐帝刘承祐诛杀郭威在京家眷时罹难，如今年岁最大的第四子柴宗训，也只不过是个七岁的孩童。

柴荣似乎别无选择，留下这样一个孤儿寡母的局面，埋下了此后历史走向巨大的不确定性的隐患。他所能做的努力，就是精心排布一张最理想最稳妥的顾命大臣名单。

宰执团队由三人搭班，范质、王溥、魏仁浦三位宰相共同辅弼新君。文臣方面，柴荣很是放心，一介儒生掀不起什么浪来，真正麻烦的是那些手握重兵的武将。

张永德，被免去殿前都点检职位，加授检校太尉、同平章事。柴荣果断地将他排除出禁军高级将领之列，只领虚衔。

李重进，仍担任侍卫亲军马步军都指挥使，禁军职位虽然没有变化，但柴荣回京之前，就已调遣李重进奔赴河东抗击北汉，而后又南下驻守淮南，令其领军在外，远离朝廷权力中枢。

韩通，原本担任侍卫都虞侯，被擢升为侍卫亲军副都指挥使，加授检校太尉、同平章事，同时肩负戍卫京城的重要职责。因李重进不在京，韩通作为副使，成为事实上的侍卫司一把手。

赵匡胤，接替张永德出任殿前都点检，加授检校太傅，仍为忠武军节度使。经此调整，赵匡胤蹿升为殿前司主帅。张永德、李重进鹬蚌相争，赵匡胤意外渔翁得利。

以赵代张，以韩代李，柴荣在临终前完成了禁军二司主帅的代际更迭。张永德免职，李重进出京，以两位资历威望稍浅的将领替代，赵匡胤掌殿前司，韩通掌侍卫司兼京城防务，二人相互牵制。这样的人事布局，柴荣可谓煞费苦心。

六月二日，柴荣爱女夭折，噩耗如晴天霹雳，对于沉疴中的皇帝无疑是雪上加霜，病情急遽恶化。

六月十八日，柴荣驾崩于万岁殿，时年三十九，谥号"睿武孝文皇帝"，庙号"世宗"。

六月十九日，柴宗训在灵柩前即皇帝位，是为后周恭帝，符太后垂帘主政。

柴荣五月初病症初现，五月三十日回到汴梁，六月十八日逝世，一个多月时间，后周王朝猝不及防遭遇惊变。

柴荣正值春秋盛年，雄心勃发，立志一统天下。然而，五代乱世，不仅王朝短命，帝王也大多短命。柴荣内心或许潜藏着隐秘的不安，他曾问精通阴阳术数的大臣王朴："不知朕可享国几年？"

王朴答道："臣固陋，辄以所学推之，三十年后非所知也。"

王朴没有正面回答，只是说以他生平所学推演，三十年后的事情他不能知晓。

柴荣喜不自胜："若如卿所言，可享国三十年，朕当以十年开拓天下，十年养百姓，十年致太平，足矣！"

关于王朴的三十年之论，后人更有一番奇异荒诞的宿命论解读。柴荣在皇帝龙椅上坐了整整五年六个月，五六相乘正好三十。原来柴荣的英年早逝，早已潜藏在王朴那隐晦含糊的谶语里，命中注定。

柴荣在位短短五年，励精图治，文治武功，史称"五代第一明君"。

在《旧五代史》中，史家高度评价柴荣功业："世宗顷在仄微，尤务韬晦。及天命有属，嗣守鸿业，不日破高平之阵，逾年复秦、凤之封，江北、燕南，取之如拾芥，神武雄略，乃一代之英主也。"（《旧五代史·周书·世宗柴荣》）

司马光在《资治通鉴》里也赞誉柴荣："《书》曰：无偏无党，王道荡荡。又曰大邦畏其力，小邦怀其德，世宗近之矣。"《尚书》里所说的那种不偏私不结党的圣贤王道，世宗皇帝可以说接近这样的境界了。

柴荣大帝先后五次领兵亲征，破北汉，平淮南，收关南。帝国蒸蒸日上，雄主意气风华，正欲宏图大展。世人都以为，分裂许久的天下将要归于一统，谁料天地不仁，柴荣壮志未酬，猝然长逝。可惜天不假年，上天并没有借给他三十年，让他去平天下、养百姓、致太平。

以更宏大的视野来看，柴荣之死成为大历史的拐点，混乱的五代行将终结，在新时代的起点上，站着赵匡胤。

柴荣年长赵匡胤六岁，二人于乱世中风云际会，对赵匡胤而言，世宗皇帝既是伯乐，更是榜样。从他的身上，赵匡胤潜移默化地学到了明君雄主的文韬武略、帝王气象。

而今，柴荣突然驾崩，留下一个孤儿寡母、主少国疑的局面。如果说，朝堂权力是一座天平，左端是皇帝，右端是禁军与藩镇。柴荣在时，皇权强大，尚可维持平衡与均势；柴荣一死，七岁娃娃继位，皇权一端的重量乍然抽离，右端武将的砝码加重直坠下来，天平陡然失去平衡。

而失衡，正是剧变的前兆。

为了防止失衡与剧变，柴荣在托孤大事上煞费苦心。接下来的历史演进表明，如果说，柴荣周密的托孤布局有什么疏漏的话，那就是千算万算，在赵匡胤这个关键变量上出现了误判，低估了赵匡胤的野心、能力、人望与格局。

"天子，兵强马壮者为之，宁有种耶？"后晋大将安重荣的这句话，说出了那个时代许多英雄豪杰的心声。

　　柴荣死后，赵匡胤时常想起当年在高辛庙的那个夜晚，酒醉之中，他问道："难不成我将来还能做天子？"两片筊杯坠地，一正一反，一阴一阳，大吉之兆。

　　当时，神明已经给出了答案。

　　此刻，站在历史拐点处的赵匡胤，将何去何从？

史籍掠影

（郭威）即集三军将校谕之曰：“予从微至著，辅佐国家，先皇登遐，亲受顾托，与杨、史诸公，弹压经谋，忘寝与食，一旦无状，尽已诛夷。今有诏来取予首级，尔等宜奉行诏旨，断予首以报天子，各图功业，且不累诸君也。”郭崇威等诸将校泣于前，言曰：“此事必非圣意。”

——宋·薛居正《旧五代史·周书·太祖郭威》

（乾祐三年十二月）二十日，诸军将士大噪趋驿，如墙而进，帝（郭威）闭门拒之。军士登墙越屋而入，请帝为天子。乱军山积，登阶匝陛，扶抱拥迫，或有裂黄旗以被帝体，以代赭袍，山呼震地。

——宋·薛居正《旧五代史·周书·太祖郭威》

冯道等以帝（柴荣）锐于亲征，因固诤之。帝曰：“昔唐太宗之创业，靡不亲征，朕何惮焉？”（冯）道曰：“陛下未可便学太宗。”帝又曰：“刘崇乌合之众，苟遇王师，必如山压卵耳。”道曰：“不知陛下作得山否？”帝不悦而罢。

——宋·薛居正《旧五代史·周书·世宗柴荣》

太祖皇帝（赵匡胤）时为宿卫将，谓同列曰：“主危如此，吾属何得不致死！”又谓张永德曰：“贼气骄，力战可破也！公麾下多能左射者，请引兵乘高出为左翼，我引兵为右翼以击之，国家安危，在此一举！”永德从之，各将二千人进战。太祖皇帝身先士卒，驰犯其锋，士卒死战，无不一当百，北汉兵披靡。

——宋·司马光·《资治通鉴》卷二九一

帝（柴荣）自高平之役，睹诸军未甚严整，遂有退却。至是命今上（赵匡胤）一概简阅，选武艺超绝者，署为殿前诸班，因是有散员、散指挥使、内殿直、散都头、铁骑、控鹤之号。复命总戎者，自龙捷、虎捷以降，一一选之，老弱羸小者去之，诸军士伍，无不精当。由是兵甲之盛，近代无比，且减冗食之费焉。

——宋·薛居正《旧五代史·周书·世宗柴荣》

南唐节度皇甫晖、姚凤众号十五万，塞清流关，击走之。追至城下，（皇甫）晖曰："人各为其主，愿成列以决胜负。"太祖（赵匡胤）笑而许之。晖整阵出，太祖拥马项直入，手刃晖中脑，并姚凤禽之。

——元·脱脱《宋史·太祖本纪》

宣祖（赵弘殷）率兵夜半至城下，传呼开门，太祖（赵匡胤）曰："父子固亲，启闭，王事也。"诘旦，乃得入。

——元·脱脱《宋史·太祖本纪》

太祖（赵匡胤）尝与（赵普）语，奇之。时获盗百余，当弃市。（赵）普疑有无辜者，启太祖讯鞫之，获全活者众。

——元·脱脱《宋史·赵普传》

太祖皇帝（赵匡胤）从周世宗（柴荣）取楚州，州人力抗周师，逾时不下。既克，世宗命其屠城。太祖至此巷，适见一妇人断首在道外，而身下儿犹持其乳吮之。太祖恻然为反，命收其儿，置乳媪鞠养。巷中居人因此获免，乃号"因子巷"。

——宋·朱弁《曲洧旧闻》

韩令坤平扬州，南唐来援，令坤议退，世宗（柴荣）命太祖率兵二千趋六合。太祖下令曰："扬州兵敢有过六合者，断其足！"令坤始固守。太祖寻败齐王（李）景达于六合东，斩首万余级。

——元·脱脱《宋史·太祖本纪》

是战也，士卒有不致力者。太祖皇帝阳为督战，以剑斫其皮笠。明日，遍阅其皮笠，有剑迹者数十人，皆斩之，由是部兵莫敢不尽死。

——宋·司马光《资治通鉴》卷二百九十三

太祖与（张）永德领前军至紫金山，吴人列十八寨，战备严整。敌垒西偏有高陇，下瞰其营中，永德选劲弓强弩伏陇旁，太祖麾兵直攻第一砦，战佯不胜，淮人果空寨出门，永德亟登陇，发伏驰入据之，敌众散走。

——元·脱脱《宋史·张永德传》

先是，世宗（柴荣）之在民间也，常梦神人以大伞见遗，色如郁金，加《道经》一卷，其后遂有天下。及瓦桥不豫之际，复梦向之神人来索伞与经，梦中还之而惊起，谓近侍曰："吾梦不祥，岂非天命将去耶！"遂召大臣，戒以后事。

——宋·薛居正《旧五代史·周书·世宗柴荣》

世宗在道，阅四方文书，得韦囊，中有木三尺余，题云"点检作天子"，异之。时张永德为点检。世宗不豫，还京师，拜太祖（赵匡胤）检校太傅、殿前都点检，以代（张）永德。

——元·脱脱《宋史·太祖本纪》

帝（柴荣）之北征也，凡供军之物，皆令自京递送行在。一日，忽于地中得一木，长二三尺，如人之揭物者，其上卦全题云"点检做"，观者莫测何物也。至是，今上（赵匡胤）始受点检之命，明年春，果自此职以副人望，则"点检做"之言乃神符也。

——宋·薛居正《旧五代史·周书·世宗柴荣》

周世宗（柴荣）既定三关，遇疾而退，至澶渊迟留不行，虽宰辅近臣问疾者皆莫得见，中外汹惧。……于是群臣因（张）永德言曰："天下未定，根本空虚，四方诸侯唯幸京师之有变。今澶、汴相去甚迩，不速归以安人情，顾惮旦夕之劳而迟回于此，如有不可讳，奈宗庙何！"永德然之，乘间为世宗言如群臣旨，世宗问："谁使汝为此言？"永德对以君臣之意皆愿为此，世宗熟思久之，叹曰："吾固知汝必为人所教，独不喻吾意哉！然观汝之穷薄，恶足当此！"即日趣驾归京师。

——宋·徐度《却扫编》

第三章

黄袍加身：识人心者得天下

后周主少国疑，人心浮动，眼看大厦将倾，世人呼唤雄主明君的出现。赵匡胤巧借舆论，顺天应时，发动陈桥兵变，兵不血刃开创了大宋王朝……

时机将至，北寇压境临危受命

显德七年（960年），正月初一，辛丑。

除夕，大雪纷纷扬扬下了一整晚。天一亮，汴梁城银装素裹，笼罩在一片鹅毛白雪中。雪笼寒都雾笼街，也笼罩着人们将醒未醒的梦。

大内皇城，依照惯例举行元旦朝会，大周君臣齐聚一堂同庆新年。今年不似往昔，看似一切如常，但本该喜气洋洋的朝会，气氛却有些说不出的怪异。世宗皇帝半年前龙驭归天，如今万岁殿龙椅上坐着那过年刚满七岁的小孩儿。大周朝堂像是没了主心骨，文武百官心里空落落的，只能强颜欢笑。

皇城外，一骑扬鞭快马正踏雪疾驰，溅起翻飞雪花，径直冲向皇宫大内。

"报！镇州、定州急报！八百里加急！"

一则边境军报打破了元旦的祥和安宁，朝会典礼戛然而止，文武百官不欢而散。

契丹人又来了！这一次攻打的是镇州（今河北石家庄正定县）、定

105

州（今河北定州市）。先是契丹军入寇，很快后周的老对头北汉积极响应，自土门关（今河北石家庄鹿泉区）东下，与契丹合兵一处，联军进逼北境。

这一幕多少有些似曾相识。当年后周太祖郭威驾崩，世宗柴荣继位，龙椅还没坐热，北汉国主刘崇便联合契丹来犯，才有了后来载入史册的高平之战。如今距离柴荣驾崩、少主继位刚刚过去半年，契丹、北汉故伎重演，再一次乘人之危。

危机猝然而至，符太后替周恭帝柴宗训传令，召集范质、王溥等顾命大臣召开御前会议，商讨应对之策。

根据柴荣生前的安排，柴宗训登基后，范质加官开府仪同三司，封萧国公；王溥加官尚书右仆射；魏仁浦加官刑部尚书。三位宰相共执朝政，以范质为首相，王、魏为辅助。

龙椅上的小皇帝因无知懵懂而恣意欢乐，不知忧愁是何滋味，好像眼前的危机和他没有一点关系。垂帘幕后的符太后则愁容满面，不知所措。说起来，她也年纪尚轻，不谙世事。她的姐姐宣懿皇后既有勇略又有见识，深受柴荣敬重，可惜因病早逝。柴荣临终前托孤顾命，一直空着的皇后位置需要有人坐上去，这才册立小符氏为皇后。

显然，这对孤儿寡母正承载着他们无法负荷的重担。

"北境军情，当如何是好，还请范相、王相决断。"

符太后的话像一支脱靶射空的箭，久久没有回音。

范质、王溥虽然兼理枢密院，名义上执掌国家军政，可二相终究是书生文臣，对兵戎之事一窍不通。大敌当前，还得依靠能够统领千军大杀四方的将帅。

王溥扭头瞥一眼范质，试探着提议："要不，请太尉入朝？"

"也只有倚仗太尉了。"范质点点头。

太尉是对高级军事长官的尊称。此时后周朝堂上提到"太尉"，没有别人，都是特指殿前都点检赵匡胤。

或许，当时范质在脑海中翻牌子似的快速浏览军中大将名单：张永德半年前已被削职，贸然起用，岂不是违背先帝意愿？李重进如今驻守扬州，远在千里之外；人在京都的禁军高官还有韩通。根据柴荣的安排，韩通兼任在京巡检，肩负守卫京都的重要职责，不宜贸然外派，而且论起打仗的本事，韩通远不及赵匡胤。这样算下来，赵太尉成为临危受命的最佳人选，甚至可以说是唯一合适人选。

接到传旨，赵匡胤入朝。

符太后道："镇、定二州军情有急，特命太尉领军挂帅，为国出征。"

"臣必当不负使命，荡平贼寇，绝不让契丹人染指中原！"赵匡胤面色庄严、目光炯炯。

当日，符太后以周恭帝名义下诏，命归德军节度使、殿前都点检赵匡胤率军北上，抵御契丹、北汉入侵。

望着赵匡胤离去的背影，范质忽然想起不久前收到的一封密函。

这些年来，赵匡胤在朝中声望日隆，虽然一直韬光养晦、不事张扬。但枪打出头鸟，他终究难免引人侧目、遭人猜忌。中侍御史郑起曾上书范质，直言赵匡胤手握重兵，在军中深得人心，不加抑制，对朝廷将是极大威胁。范质把信搁在一边，对这番言论没有理会。

看破赵匡胤野心的后周官员，不止郑起一人。

柴荣在世时，右拾遗杨徽之曾献谏言："赵匡胤颇具人望，不宜典掌禁兵，当解除军职为善。"柴荣向来赏识偏爱赵匡胤，也没有将杨徽之的警告放在心上。

另一个目光如炬识破赵匡胤宏图雄心的人，更是位奇葩。

与赵匡胤同掌禁军的韩通，刚愎自用，性情暴躁，一言不合就对人颐指气使、瞋目怒视，人送绰号"韩瞪眼"。他的儿子韩微小时候生了一场大病，落下严重的驼背，被称为"橐驼儿"。此人相貌丑陋，却聪慧机敏、足智多谋。他曾多次提醒韩通："赵点检权倾朝野，位尊势重。须知，金鳞岂是池中物，待其幻化成龙，我辈休矣！父亲如今执掌京城戍卫，不如寻机除之，免生后患。"

"韩瞠眼"回道："一无陛下诏命，二无真凭实据，仅凭诛心猜忌，便诛杀国之大将，终究不是人臣所为。今日杀了赵太尉，明日还会有李太尉、张太尉，难道都一一杀光？"

"橐驼儿"一声叹息，幽幽道："点检一日不除，韩家人终将为阶下囚矣！"

从郑起、杨徽之到韩微，几位"敲钟人"对赵匡胤的猜忌并非毫无根据、信口开河。只不过他们敲响的警钟，并没有引起柴荣、范质等当权者的足够重视。

柴荣驾崩后这半年里，赵匡胤迅速成为禁军头号实权人物。

殿前司方面，这里本就是赵匡胤发迹之地，他替代张永德成为殿前司老大，并安插慕容延钊担任殿前副都点检、石守信担任殿前都指挥使、王审琦担任殿前都虞候。石、王是"义社十兄弟"成员，慕容延钊也与赵匡胤交好，于是殿前司系统高级将领全都替换上赵匡胤的人，称之为"赵家军"也不为过。

侍卫司方面，侍卫马步军都虞候韩令坤是赵匡胤发小，侍卫马军都指挥使高怀德、侍卫步军都指挥使张令铎二人那时正与赵家过从甚密，后来他们都如愿与赵家结为姻亲。如此，在侍卫司五大核心将领中，有三位（韩、高、张）归属于赵匡胤阵营，其余就只剩下正、副主帅李重进与韩通，二人向来与赵匡胤较为疏远。侍卫司名义上的一把手李重进被柴荣临终前外调，此时驻军在外，对京城事务鞭长莫及。这么算下来，赵匡胤唯一需要顾忌的人，就只剩下侍卫司真正的掌权者韩通了。

在这样的背景下，赵匡胤经过审慎考量，着手调兵遣将、排兵布阵。驻守濮阳的殿前司副点检、镇宁军节度使慕容延钊，作为先锋军奔赴北境前线御敌。赵匡胤亲领大军，整顿军备，不日即将动身。太尉点将，指名高怀德、张令铎作为副将随他出征。一则，此二人和其交情深厚、越走越近，可以信赖；二则，从侍卫司调走两位核心将领，这无疑削弱了侍卫司的势力。老赵大军一走，在京的侍卫司主将只剩下韩通一人。不知不觉间，"韩瞠眼"成了光杆司令。

更值得注意的是，殿前司的石守信、王审琦，这两位赵匡胤的直属部下、左膀右臂、得力干将，竟然不在出征大将名单里，反而以高、张这两位与赵匡胤相对疏远的侍卫司将领代之。赵匡胤将两名亲信留在京城，其中的蹊跷，最应该发现不对劲的韩通浑然不觉。待他领悟其中深意的时候，一切都晚了。

舆论鼎沸，流言四起人心异动

正月初二，壬寅。

从昨天开始，契丹、北汉入侵边境的消息不胫而走，从宫内传到宫外，一传十、十传百，有如瘟疫蔓延，虽然看不见摸不着，却潜滋暗长，不可遏止。

消息散播过程中，伴随着人们的评议解读、七嘴八舌、添油加醋，滋生出种种流言蜚语，让人真假难辨。进入新年第二天，京城街头巷尾已然谣言四起，闹得满城风雨、人心惶惶。

"听说了吗，北边契丹人又打来啦！"

"真的假的？这大过年的，闹的是哪出？"

"咳！契丹蛮族，他们才不管你过什么年呢！就是要趁新年来给你添乱！"

"要是世宗皇帝还在，看他蛮夷还敢不敢进犯中原一步？哼！还不是欺负当今圣上年幼？"

"那不妨事，不是还有太尉在吗？听说，赵太尉马上就要出兵啦！全城都在传：将以出军之日，策点检为天子！"

"什么？什么是点检为天子？"

"装什么傻！禁军殿前都点检大人要做天子——这传言倒不新鲜，去年世宗北伐时就有人这么说了，只是这两日又传得沸沸扬扬。"

"话可不能乱说！当心掉脑袋！"

"怕啥！这年头，'城头变幻大王旗'，万岁殿那把龙椅三天两头换人坐。要我说，世宗皇帝驾崩，如今满朝文武，就属赵太尉赵点检文韬武略，当得天子！"

"谁当天子，又有什么分别？只是那帮当兵的又寻得机会造孽喽！遭殃的还是咱小老百姓啊……"

"谁说不是呢！发现没？今儿城门口熙来攘往，出城的人比往日多得多呀。听说那些富商巨贾、大户人家担心京师有变，连夜收拾金银细软，一大早驾着车，拖家带口出城避祸去喽。"

"哼，有钱人倒是跑得快，平民人家能逃到哪去啊？这一次，不会又像十年前……"

"哎，谁知道呢……"

契丹来犯的消息引出另一则流言：朝廷大军出发那一天，将有兵变发生，殿前都点检将成为天子！

这则传言是前一年"点检作天子"的升级版。如果说，一年前它说的是张永德，那么如今指向了新一任殿前都点检——赵匡胤。

正所谓"曾参杀人，三告投杼"，流言越传越真。抱着"宁可信其有，不可信其无"的心态，许多京城庶民相信，或许真的又要变天了。

过去数十年来，每一次兵变，军队将士拥立新君上位，作为奖赏，入城势必要剽掠一番。烧杀抢掠，打家劫舍，黎民百姓深受其害。远的不提，就说十年前郭威澶州兵变入主汴梁，紧接而来的那场人间浩劫，京城百姓们如今想来仍然心有余悸。这时候，城门口那人头攒动拖家带口的避难人潮，就是民心惊惧的明证。

那么，流言究竟从何而来？

后世有一种观点，认为"将以出军之日，策点检为天子"的说法，来自赵匡胤集团的主动散播，目的在于为其后图谋大事制造舆论、铺垫氛围、动员民众，渲染出赵匡胤天命所归的形象。

然而，一来这样的猜测缺乏直接证据佐证，也仅仅是一种可能性的猜想而已；二来以常理推论，改朝换代如此机密大事，还没开干呢，就忙不迭散布消息闹得满城风雨，把暗中策划的"阴谋"变成路人皆知的"阳谋"，无异于主动向对手暴露自己，将自己陷入被动局面，不可控风险实在太大。

其实，不论是此前柴荣北征途中那块神秘木牌，还是如今大军出征前这一番沸反盈天，流言的源头都难以追溯、无从考证，成为永不可解的千古谜团。比起流言从哪儿来，更加重要的问题是，流言何以产生？应该如何看待和解读它？

流言映射时局态势，舆论背后是人心所向。

> "太祖（赵匡胤）自殿前都虞候再迁都点检，掌军政凡六年，士卒服其恩威，数从世宗征伐，浔立大功，人望固已归之。于是，主少国疑，中外始有推戴之议。"（《续资治通鉴长编》卷一）

这是史家对时局与人心的描述。

七岁小娃儿继位，年轻寡母垂帘在后，是为"主少"。世宗皇帝登遐，朝堂失去支柱，孤儿寡母能治理好国家吗？这潜滋暗涌的普遍疑虑，是为"国疑"。"中外始有推戴之议"，"中"指京都朝廷，"外"是地方上藩镇、州郡势力。中央和地方共同推戴的不是别人，正是"人望固已归之"的赵匡胤。所推戴之事，就是"策点检作天子"。

正因主少国疑，于是中外推戴新主，殷切期盼明君雄主出现。赵匡胤众望所归，被历史所选择。坊间鼎沸的舆论传言，真真假假，虚虚实实，都是社会心理的晴雨表、人心向背的指南针。舆论的本质，是民心民意。

"天矜于民，民之所欲，天必从之。"（《尚书·泰誓上》）以更宏大的视角来看，这正是赵匡胤最终能够成就大事的深厚根基、坚实土壤。

有趣的是，万众瞩目的传言中的主人公，此时却慌得很。

沸沸扬扬的流言不可避免地传到赵匡胤耳朵里。他在殿前司衙署完成战前准备，匆匆赶回家中，关紧门扉，一入厅堂，往座椅上一瘫，喃喃自语道：

"坏了！出事了！这可如何是好？"

赵匡胤寡居的姐姐从厨房探出头来，问道："何事如此惊慌？"

"从府衙回来这一路上，市井街巷议论纷纷，到处都在谈论我的出征，说什么'以出军之日，策点检为……'唉！外间流言汹汹如此，如何是好？"

正在做饭的姐姐闻言，面如铁色，从厨房闯将出来，撸起袖子，手持擀面杖，追着赵匡胤作势要打。

赵匡胤一边闪躲，一边嚷道："大姊，这是作甚？"

赵姐姐高擎擀面杖，像擎着一面大旗，挥舞之间，面粉雪花似的飞扬满屋。赵姐姐大声呵斥："大丈夫临大事，应当自己做决断，你却跑回家里来吓唬我们妇道人家，我才要问你，这是作甚！"

赵匡胤一时默然，无言以对。他心内大赞姐姐将门虎女，颇有母亲杜氏的风采。我赵家女儿尚且这般强悍豪迈，我又有何惧哉！大姐这么一闹，他当下反倒畅快释然许多。

后来，这则轶闻流传开来，赵家女持面杖发豪言的场景，借由史家文人之笔记录下来（此事见司马光所著《涑水纪闻》）。赵匡胤临行前意外流露出的一丝担忧疑虑，也从侧面印证，那满城纷飞的流言并非赵匡胤集团的故意散播。

大军出发前一夜，赵匡胤叫来弟弟赵光义密谈，有重要事情要交待。

刚二十出头的赵光义，显得很是亢奋："二哥，如今满城都在传，将策点检为天子！大好时机，千载难逢啊！"

赵匡胤却冷静得多："哪有什么大好时机？一着不慎，满盘皆输，谈何容易！"

"二哥，我随你出京，助你一臂之力！"

"不，你留下！"

"留下作甚？我要和二哥一起，顺天命，举大事！"

"不止你留下，王审琦、石守信也都留在开封。"

赵光义奇道："两位将军如同二哥的左右手，为何也……"

"举大事，成败与否，真正不见血的战场，不在京外，而在京内。你留在开封，责任甚重。一则，替我守住京都，维持大局稳定；二则，家中母亲、你嫂子的安全，都落在你肩上。若有半点闪失，我拿你是问！"

哥哥突然严厉起来，赵光义撇撇嘴："京都安全得很，有什么可担忧的？"

"你难道忘了前朝郭太祖之祸？"

赵光义不说话了。当年，周太祖郭威发动澶州兵变，局面、境况与此时极为相似。那时候，郭威在京都的家人被杀得一个不剩，后来才以养子柴荣作为继承人。赵匡胤显然不允许类似的事情发生在他身上。

"新年伊始，依照往年惯例，母亲定会前往定力院设斋祝祷，务必派遣亲兵好生把守，确保家人安全无虞！"

"尽管放心吧，我等二哥归来，同饮庆功酒！"

煽动军心，天现二日陈桥兵变

正月初三，癸卯。

晨光破晓，赵匡胤领兵出发，大军从爱景门出城。围观百姓熙熙攘攘，瞧见军队纪律严明、威严整肃、秩序井然地离京而去，许多人松了一口气，点检出兵之日风平浪静，众心稍安。

当日下午，大军抵达陈桥驿（今河南封丘陈桥镇）。

陈桥驿始设于后晋，位于汴梁东北约四十里处，这是从京城出发北上前往燕赵的必经之路。

暮色渐沉，赵匡胤下令，全军夜宿于陈桥驿。

驿站，是行路人停下脚步歇息休整以待重新出发的地方。陈桥驿这个平平无奇的驿站，在那个夜晚上演了一出传奇大戏，成为大时代车轮滚滚向前的重要驿站——历史在这里短暂停下，黎明之后重新出发，开启新的篇章。

传奇大戏从奇异天象开始。

"快看！天上有两个太阳！"

军校苗训仰望苍穹，发出惊人之语。军中人都知道，此人精通占卜方术、星象之学，据说能观天象辨凶吉。

不少将士围拢过来，顺着苗训所指，仰头往天上瞧。正是日暮西沉之时，云层渐厚，日晕模糊，一片朦胧中似有两个大光圈，一大一小，一黄一黯。但阳光刺眼，终究看不真切。

赵匡胤帐下幕僚楚昭辅来到苗训身边，指天问道："苗军校，天上到底是什么呀？"

苗训面色诡谲，目光悚然："日上复有一日，久相摩荡。瞧那二日，正在厮杀搏斗，互相吞噬。一日光耀金黄熠熠生辉，另一日黑光黯然，渐暗渐熄，终将……"

"终将如何？"

"一日克一日，黄日终将战胜黑日。"

楚昭辅道："这奇异天象何解？是凶是吉？"

"天机不可泄露。此天命也！天命不可违，不可言，不可解……"苗训讳莫如深，露出干他们这一行的常见的表情，神秘兮兮。

现在人们知道，那其实是"假日虚像"，类似于海市蜃楼，由于云层折射给人视觉上造成错位，看到两个太阳的幻景。别说"天现二日"了，

"三日同辉"也不稀奇。

当时陈桥驿的将士们自然理解不了这些。苗训、楚昭辅两人一问一答、一唱一和，搭档默契，吸引许多将士聚集围观。奇异天象在军中一传十、十传百，不多一会儿工夫就闹得尽人皆知。

"听说了吗？天上出现了两个太阳！"

"都这么传，究竟真的假的，你可瞧见啦？"

"模模糊糊的，哪里看得真切。苗军校瞧见了，说是两个太阳在打架，黄光盖过黑光，一个太阳吞下另一个。"

"这啥意思呀？"

"这还不清楚吗，改天换日呗！"

太阳代表帝王，这无须多作解释。自古天无二日、国无二君，这也是众所周知的道理。两个太阳相斗，必然一日克一日，新日代旧日。

天现二日，点燃了军中本就躁动不安的情绪，星火一时燎原。日落月升，将士们围拢闲谈，话题从两个太阳逐渐转到大家真正关切的大事上来。

"如今主上幼弱，国家无主。此番出征，我辈拼死出力，奋战沙场，又有谁人知晓，谁人感激？"

"呵呵，皇宫里的七岁娃娃呗！"

"当兵为了啥？脑袋系在裤腰上，刀口上舔血，为的不就是混个好日子？弟兄们说，那七岁娃娃指望得上吗？"

"指望不上，那还能怎的？"

"没听说么，离京之前，京城早就传遍了：出军之日将策点检为天子！"

"这可是要造反啊！"

"不是造反，是顺应天意！天上为啥突然冒出两个太阳，老天爷的意思还不清楚吗？太尉乃盖世英豪，有度量，多智略，屡立战功，军中谁人不服？"

"正是这个理儿！依我看，不如先拥立太尉为天子，然后再行北征也不晚。"

众将士纷纷附和，军心凝聚，群情激昂。

"说干就干，马上去找太尉！"

"听说太尉喝醉了，刚入馆舍歇息……"

一向治军严谨的赵匡胤，那一夜一反常态，竟然喝起酒来。更奇的是，他一个人自斟自饮，似乎醉得特别快，没多久就不胜酒力，早早醉卧驿馆，不省人事。

见不着主帅，有将士提议："那就去找赵书记！"

将士成群结队一拥而入，将赵普狭小的军帐堵得水泄不通。

赵匡胤身兼归德军节度使，赵普在其麾下担任归德军节度掌书记，成为赵匡胤的头号秘书官、幕僚长、军师智囊。

"赵书记，我们要立太尉为天子！"

赵普故作惊诧，斥道："大敌当前，拥逼谋反，大逆不道！太尉赤胆忠心，必定不会轻饶尔等！"

赵普劈头盖脸一番恫吓，诸将面面相觑，有胆小的悄然退去，但更多将士流连不散。积蓄日久的洪水亟待倾泻，燎原的大火已无法熄灭。

"依军规，军中有聚众图谋造反者，将株连九族。现今我等已经定议，挑明拥立太尉之意。太尉若不应允，我辈安肯退而受祸？横竖是个死，赵书记指条明路，我辈当如何？"

赵普环视众人，确认将士们心意坚决，势不可遏，晓谕诸将道："人心思变，六军拥戴，看来大势如此。然策立，大事也！当审慎筹谋、有章有法，尔等怎敢如此放肆狂悖恣意胡来？"

听赵普改了口风，诸将乖乖就座听命："我辈皆莽撞武夫，还请赵书记指教。"

"如今外寇压境，如内乱，谁能挡之？不如依照计划，先行北征，攘却外患，待得胜归来之后，再议此大事？"

"不可！"诸将异口同声道。

将士中有善言辞者详述缘由："方今政出多门，主少国疑，若待外寇退、王师还，事态将如何变化，未可知也。我等愚见，眼前情势，当急入京城，策立太尉。大事既定，六军归心，到那时，再兴王师，徐引而北，破贼不难。倘若当前不立新君，太尉苟不受策，恐怕难使六军再向前行进一步。"

诸将纷纷称是，看来这是大家的一致意见，拥戴新皇即位，箭在弦上，不容耽搁片刻。

赵普沉吟道："兴王易姓，虽云天命，实系人心。前军（指慕容延钊先锋部队）昨日已渡黄河，各州郡节度使盘踞四方，我军若拥立太尉、掉头归京，京城一旦动乱，外寇之乱愈深，加之四方藩镇必转而生变，恐天下大乱，不可收拾。为防患未然，拥立之事既无可奈何，军政军纪须早为约束，太尉才能接受尔等策立。"

"太尉需要我等怎么做，赵书记但说无妨。"

"为保京城太平，我军入京，当严敕军士，勿令剽劫，无犯秋毫。都城人心不摇，则四方自然宁谧。"

涉及切身利益，众将默然。那个年月，许多当兵的热衷于拥立主帅当皇帝，为的就是事成之后巧取豪夺一番。有人直言不讳道："不夺市，不靖市，兄弟们卖命一场，有啥好处？"

赵普笑道："谬矣！一时之富贵，转瞬即逝，何足道哉？前代君王多靖市伤民，丧失民心，国祚不长。太尉素来仁厚柔善，生平最恨劫掠扰民之举。诸位拥立若成，还怕没有优渥赏赐么？何须到市井民间强取豪夺？以长远观之，国家安宁，才可保诸位长久富贵啊！"

诸将一听有理，事已至此，开弓没有回头箭，纷纷表示同意。

"既如此，已经四更天了，黎明将至，诸位移步到太尉馆舍外，静静候着吧。"

在苗训、楚昭辅将军心撩拨起来，全军正躁动亢奋之时，赵普接替登场。他所要做的，是让诸将冷静下来，避免失控。赵普凭借三寸不烂之舌，与诸位将领短短几个来回的言语交锋，劝慰、安抚、晓谕，成功稳住军心。更重要的是，他根据赵匡胤的部署，初步与将士达成契约，立下"勿行劫掠"的规矩。

那个惶惶不安的深夜，谁也没有发现，一骑快马在夜色掩护下，从陈桥驿站飞驰而出，往京师方向奔去。

衙队军使郭延赟受命单骑速速回京，他的任务是找到留守京城的殿前都指挥使石守信、殿前都虞候王审琦，告知他们驿站今夜发生了什么，以及明日即将发生什么……

顺应民意，兵不血刃入主京都

正月初四，甲辰。

五更天，长夜将息，天色将明。赵匡胤的馆舍被将士围得密不透风。将士擐甲执兵，集结于驿门前，等待赵匡胤醒来。一开始众人还小声交谈，生怕搅扰太尉清梦，渐渐地喧哗声越来越大，亢奋、焦躁的情绪难以抑制亟待爆发。

地平线亮了，太阳照常升起，这似乎与往昔任何一个清晨没有什么不同。

然而，陈桥驿鼓噪声四起，声震原野。

赵普来了，在众将士注视之下，步履缓慢地进入馆舍。一进屋，他瞧见赵匡胤衣冠整齐，在床榻边正襟危坐，一脸严峻肃穆。

"明公昨夜睡得可好？"

赵匡胤轻轻"哼"了一声，仿佛在指责赵普明知故问："我如今才知道，什么叫作'长夜漫漫何时旦'！"

话音刚落，馆舍之外，远远传来鸡鸣声。

"明公请听，雄鸡初啼，纵然长夜漫漫，旭日终将升起。天一破晓，光照万物，黑暗驱散，长夜终结。"

赵匡胤目光灼灼："旭日东升，只是不知道，今天升起的，是二日中的哪一日呢？"

"天行有常，不为尧存，不为桀亡。今天升起的，必定是光辉灿烂、照拂百姓的那一日。正如此刻馆外全军将士的殷切期盼一样。"

"我听外头愈发嘈杂，情况如何？"

"将士群情汹涌，枕戈待旦，等候多时，只待明公现身，共举大事！"

"将士们，可都是发自真心？"

"我与将士恳谈一夜，军心所向，民心所向，明公无须怀疑。"

赵普将昨天夜里军中所议及眼前将士拥立之事，向赵匡胤细细陈报。

正当二人密谈之时，外面的将士们望眼欲穿。馆舍内越是悄无声息，馆外越是军心躁动，事情拖得越久越令人不安。热血沸腾的将士们迫不及待，有胆大的领头闯入，露出白晃晃的刀刃，叩响赵匡胤寝室的门，高声嚷道：

"诸将无主，愿策太尉为天子！"

将士们一个接着一个闯入，赵匡胤还没来得及开口说话，就被众人搀扶起来，簇拥着来到馆舍厅堂。方寸促狭之地摩肩接踵人满为患，赵匡胤被围拢在中央，听见呼喊声四起：

"诸将无主，愿策太尉为天子！"

"请太尉领兵回京，登临大宝！"

"点检作天子，人心所向，众望所归！"

混乱之中，不知是谁，将一件黄袍披在赵匡胤身上。

赵匡胤心里咯噔一下，恍惚之间回忆起当年郭威黄旗加身的情景。袍子虽然轻飘飘的，但那一刻他明确地感受到黄袍施加在他肩上的格外厚实的重量。

当年郭威发动澶州兵变，士兵临时撕下军营中的黄旗，以代替龙袍。

这一次陈桥兵变，黄旗进阶为黄袍。从此而后，"黄袍加身"一词就有了特定的含义。

黄袍一旦加之于身，如同某种加冕仪式，众将纷纷后撤几步，退至庭前，跪地罗拜，山呼"万岁"。

将士拥立主帅造反，这样的场面在五代发生过多次。但陈桥兵变不是此前那些兵变的翻版与轮回，自有它与众不同之处。因为这一次兵变的主角，是赵匡胤。

赵匡胤走出馆舍，众将士扶他上马。众将士心急火燎，片刻都不能再等，请太尉领兵回京。

"我有一问，你们为何拥戴我为天子？"一直没有说话的赵匡胤，终于开口了。

"为了天下！""为了百姓！""为了太尉！"……诸将七嘴八舌。

"不，你们是为了荣华富贵！"

此言一出，嘈杂的声音静寂下来。

赵匡胤揽住马辔，环视众人，高声道："汝等自贪富贵，才立我为天子。我有号令，能听从否？如能听我号令，则可。不然，我不能为汝等之主！"

诸将纷纷下马，作揖再拜："唯命是听！"

"我与尔等约法三章：其一，少帝与皇太后，我曾北面事之，汝辈不得惊犯；其二，公卿大臣，皆我朝中比肩共事之人，不得侵凌；其三，近世帝王举兵初入京城时，皆纵兵大掠，抢劫府库、街市，美其名曰'夯市'，今日汝等不得如此，朝廷府库、士庶之家皆不得侵扰！谨遵此三条，事成之后，皆有重赏。若有违令者，必加灭族之罚，定不轻饶！"

赵匡胤说得坦率直白，"汝等自贪富贵"一语道破真相。那个年代屡见不鲜的拥立大戏，其实是士兵与主帅之间的一场买卖——我拥你上位，你分我一杯羹，双方各取所需。今天，赵匡胤要改变这桩生意的游戏规则，十年前澶州兵变时他就对入京后那场浩劫大为不满，如今他是话事人，自然要按照他老赵的规矩来。同样是买卖，赵匡胤改变了交易的筹码，他不允许百姓受到侵扰伤害，在举事前约法三章，对将士恩威并施：通过允诺事后奖赏的方式作为不行劫掠的补偿，这是施恩；以严明的军纪约束这帮躁动的骄兵悍将，这是立威。

"谨遵太尉之命！"

将士们听说事成之后皆有重赏，况且赵匡胤平素治军严明，言出必行。短暂静默后，数万将士叩首齐拜，山呼万岁，欢声雷动。

陈桥兵变，北征军刚走出京城四十里，就杀了个回马枪，调头往回走。

历史的车轮在正月初四清晨的陈桥驿站，也悄然掉转了车头。

当日正午，大军来到汴梁城南门。

"开门！太尉引军还京！快开门！"

"无陛下御令，南门不得开！"

气势汹汹的哗变大军，竟然出师不利吃了闭门羹。

负责戍卫南门的治安部队名为"祗候班"，这天带班的两位卒长，一位姓陆，一位姓乔。他们在城门楼上，瞧见一天前刚刚出师的大军突然杀回，这兵变造反的意思再清楚不过了。面对煌煌大军，祗候班数十名戍卫兵如果想要据守抵抗，无异于以卵击石。但陆、乔二人还是做出了不同凡响的选择：决定坚守他们的岗位职责，拒绝为赵匡胤开门。

城门之外，诸将士呼声扰攘，情绪激动，都跃跃欲试，想要先拿这些不知好歹的戍卫兵开刀。有将士向赵匡胤道："太尉，城门守卫不过数十人而已，不足为惧，不如破门而入，扬我军威！"

赵匡胤仰望高高的城门，沉吟半晌，时间紧迫，他必须马上做出决策。大军破门而入固然不费吹灰之力，但是他心里始终存有一个坚定的信念，就是希望此次政变能够不流一滴血，最大限度减少伤亡。于是，和城门楼上的陆、乔卒长一样，赵匡胤也做出了不同凡响的选择。

"全军掉头，前往封丘门！"

赵匡胤大军绕道，转从北门封丘门入城。数万大军竟然这样被数十名守卫给逼退。确切地说，大军是被祗候班临危不惧的大义凛然所逼退，更是被赵匡胤的一丝善念所逼退。

留守京都的石守信、王审琦，前一天夜里接到郭延赟来自陈桥驿的密报，迅速调动兵力布防，占领京城各处要津，做好万全准备，静候赵匡胤大军归来。

进城后，赵匡胤指挥若定、调兵遣将。

"潘美听令！"

大将潘美作为客省使，先入皇宫，告谕后周王室、朝廷众臣陈桥兵变之事。

"王彦升听令！"

散员都指挥使王彦升受命统领一支先锋部队，先行奔赴皇宫，维护治安，为大军开道。

"楚昭辅听令！"

赵匡胤没忘命楚昭辅引一支亲兵，前去保卫他的母亲杜氏、妻子王氏等家人的安全。

诸位文臣武将各自领命而去，赵匡胤也在将士簇拥下，向皇城大内稳步迈进。

话分两头，王彦升来到皇宫门口时，迎头撞上一人正往宫外跑。

那人见王彦升及背后将士擐甲操戈，面色惶然："尔等领军擅闯皇宫大内，这是要造反吗？"

王彦升没有回答，冷笑一声："韩指挥使这般急迫，是要去哪儿？"

来者正是侍卫马步军副都指挥使韩通，赵匡胤发动政变最大的不确定因素。

赵匡胤领军回城的消息传来，刚下早朝的韩通与满朝文武一样，震惊不已。

"竟然真被我家'橐驼儿'言中！"

韩通悔恨早不听儿子韩微的劝告，警惕赵匡胤的崛起。待他惊醒过来，一切为时晚矣。此刻，京城布防已被殿前司石守信、王审琦控制，赵匡胤大军也已入城，韩通身为京都巡检，却已被孤立架空，有如笼中困兽，毫无胜算。

困兽犹斗，韩通急往自家府邸归奔。他府上尚有一支亲兵武装，看能不能死马当活马医。没想到韩通刚出宫门，迎头就与王彦升狭路相逢。

王彦升其人，善击剑，性残忍，绰号"王剑儿"。"王剑儿"撞上"韩瞠眼"，二位都不是好脾气的主儿，更何况是在这千钧一发的危急时刻。

面对全副武装的兵众，终究寡不敌众，韩通归心如飞，不敢与王彦升正面冲突，跃马而走。韩府离皇宫不远，只要一入府，调动府中亲兵，就还有逆转的希望。

王彦升冷冷瞧着，眼神凌厉，肃杀如刀，大喝一声："追！"

韩通大骇，拼命在前跑，王彦升领骑兵在后紧追不舍，须臾间已至韩府。

"开门！快开门！"韩通用尽浑身最后一丝气力叩门。朱门慢慢开启，他急欲入内，"哎呀"一声，在门槛处绊了一跤。

"韩贼，哪里逃！"

韩通强忍疼痛，挣扎起身，正在门扉就要阖上那一瞬间，电光一闪，一支利箭直刺韩通胸膛，大门再也关不上了。

人未至，箭先到。王彦升最后一刻策马赶来，补上一剑。韩通死不瞑目，眼球凸出，瞪得像两盏灯笼，永远成了"韩瞠眼"。

朱门大开，王彦升闯入韩府，诛杀韩通妻子、儿女，这其中也包括那位早就预料到这一切的"韩橐驼"。韩通及其家眷是这场政变中所有的流血牺牲者。

另一边，赵匡胤带领大部队，从左掖门进入皇宫，登上明德门。

入宫后，赵匡胤的第一站不是万岁殿，而是殿前司衙署。毕竟，至少到此刻为止，他的名分还是后周的禁军殿前都点检。

将士们卸甲归营，等候消息。赵匡胤脱下一身铠甲，以及披在肩上的那件黄袍，静坐于衙署中。他在等人。

在军事上，经过事前周密布局，他已经全面掌控京城兵防。韩通即便还活着，也无力与之抗衡。在政治上，赵匡胤面临的对手并不是那对孤儿寡母，而是诸位托孤大臣，尤其是大周第一名相范质。

在此之前，客省使潘美已经先行来到皇宫，向文武百官宣告赵匡胤兵变回京的消息。当时早朝刚散，举朝震恐。

范质紧紧抓住右仆射王溥的手，一边走下大殿，一边扼腕叹息："仓促遣将，吾辈之罪也！"范质的指甲不自觉地掐入王溥手臂肌肤，几乎要掐出血来。

王溥强忍疼痛，始终噤声不言。此时正深陷悔恨的范质，没有发现王溥意味深长的眼神。

柴宗训继位后，范质作为第一托孤重臣，加开府仪同三司，封萧国公。眼看大周将亡，范质作为群臣领袖，是赵匡胤必须要面对、必须要跨过去的一道坎儿。

杀了这手无缚鸡之力的老者何其容易，但这不是赵匡胤要的。与其他篡位者不同，他要政权平稳交接，更要名正言顺、人心归服。

范质、王溥、魏仁浦等宰执大臣被将士挟持，"请"到了殿前司衙署。

见了赵匡胤，范质并不跪拜，劈头盖脸直言道："先帝养太尉如子，而今圣体未冷，太尉安敢如此？"

范质从周太祖郭威时就位居宰相，为人耿介自持，不称赵匡胤"陛下"，仍称"太尉"，这是守住了作为后周臣子的大义。

赵匡胤起身来迎众宰执，呜咽流涕道："吾受世宗厚恩，如今为六军所迫，一旦至此，惭负天地！将若之何？"

没有像先前那些篡位践祚的五代君王那样耀武扬威，赵匡胤以一场痛哭面对前朝大臣。这"呜咽流涕"的场景被史书记录下来，后世不乏有人借此批评赵匡胤惺惺作态。但感激柴荣厚恩是真，被六军拥戴胁迫也不假，这一场痛哭并非全然在演戏。

此时此刻，赵匡胤明明在武力军事上占据绝对优势，改朝换代大局已定，为什么还要在对他毫无威胁的儒生文臣面前，摆出这样柔性的低姿态？只因为在政变这件事上，赵匡胤有更高远的追求。

他不希望在丹青史册上留下一个凶狠暴戾、面目可憎的篡位者形象。他不仅要让后周大臣口称臣服，更要让他们真心顺服；他不仅要改天换地，更要在伦理道义上不沾一丝污点；他不要暴力攘夺政权，而要合法地完成政权嬗代。赵匡胤没有忘记圣贤大道，他要跟范质等人探讨和解决的，就是新政权的合法性问题。

还没等范质等人回应赵匡胤的呜咽流涕，军校罗彦瓌闯出，手按利剑，厉声道："我辈无主，今日须得天子！"

疾言厉色，简单明了，代表全军将士的内心呼声。这一副耀武扬威的模样，骄兵悍将如此，倒是对赵匡胤"为六军所迫"之语最好的注解。

"莽夫还不退下！"赵匡胤呵斥道，罗彦瓌纹丝不动，毫无退意。

范质什么场面没见过，岂能被一介鲁莽武夫吓住，他高昂着头，梗着脖子，尽力保留作为儒者最后的尊严：死有何惧？失节是大！

暴躁的军官，耿介的书生，流涕的太尉，三人之间出现奇妙的短暂静默，场面在这一刻僵持住了，就好像历史的演进在这紧要关头戛然而止。

关键时刻，一人打破这僵局，满座皆惊。

只见王溥碎步走下台阶，身处于低位，匍匐在地，向赵匡胤叩拜："臣参见新皇陛下，我主万岁万万岁！"

王溥官居宰执，地位仅在范质之下，他这一跪在后周群臣中引起不小震荡，某种程度上，也代表了大多数人的心声。王溥率先垂范，众臣降阶列拜，纷纷表态效忠新朝。

范质见大势已定，别无选择，也向赵匡胤称"万岁"。

范质道："自古以来，圣君帝王有禅位之礼，今可行也。"

是的，禅让！赵匡胤终于等来他要的答案。想要合法地、名正言顺地完成政权交接，唯有禅让这个历史悠久的古法。

赵匡胤喜道："吾闻远古之时，尧禅让于舜，舜禅让于禹，传为千古佳话。今日便行此禅让之礼，善哉！"

范质道："太尉既以礼受禅，当事奉太后如母，养育少帝如子，慎勿有负先帝旧恩。"

"那是自然！"赵匡胤郑重地向范质承诺，也是向已故的柴荣承诺。

当日下午，禅让大典在崇元殿举行。

诏命发布后，直到申时（下午3点至5点）文武百官终于到齐，朝班列定，只等见证历史。

八岁的周恭帝柴宗训依然懵懂，并不清楚此刻意味着什么，就好像不清楚半年前他稀里糊涂地登基意味着什么一样。

依礼，周恭帝三次表示逊位，赵太尉三次辞让不受。三辞三让，这是帝王受禅的固定动作。

而后，众人突然意识到，缺了个重要的东西：周帝禅让的诏书！

尴尬的场面只持续了须臾，翰林承旨陶谷出班，从袖中掏出一纸帛书，恭恭敬敬呈上："禅位制书在此。"

陶谷是翰林学士院的首席，才高八斗。至于这份制书，是他陶谷在典礼开始之前妙笔生花临时写就，还是早早就准备好了，后人不得而知。人们只知道，在这场略显慌乱的仪式中，制书出现得恰到好处，帮了大忙。

礼官宣读以周天子名义颁发的禅位制书，书曰：

> 天生烝民，树之司牧。二帝推公而禅位，三王乘时而革命，其揆一也。惟予小子，遭家不造，人心已去，天命有归。咨尔归德军节度使、殿前都点检兼检校太尉赵匡胤，禀天纵之姿，有神武之略，佐我高祖，格于皇天，逮事世宗，功存纳麓，东征西讨，厥绩隆焉。天地鬼神，享于有德，讴歌讼狱，归于至仁，应天顺人，法

尧禅舜，如释重负，予其作宾。於戏钦哉，畏天之命！

宣读完毕，宣徽使昝居润引导赵匡胤走上龙墀，朝向柴宗训下拜，接受周恭帝的禅让。

柴宗训在礼官搀扶下，从龙椅上起身，离开这个已经不再属于他的位置，小步跳跃走下台阶，走下了他的帝位，向新皇帝北面称臣。

宰相范质扶掖赵匡胤，升临崇元殿，穿衮袍，戴冠冕，缓缓拾级而上，坐定，即皇帝位。

文武群臣下跪贺拜，山呼万岁，呼声响彻殿宇，远远飘往皇宫之外。

皇宫内，改天换地；皇宫外，风平浪静。

楚昭辅在寺庙定力院寻得赵匡胤家眷。当时，赵家太夫人杜氏、夫人王氏正设斋于定力院。兵变消息传来，王夫人心神不宁，坐立难安。赵匡胤的母亲杜氏气定神闲，泰然自若道："慌什么！吾儿平生奇异，人皆言当极富贵，有什么可担忧的？"

担忧的可不止王夫人。起初，京城百姓眼见北征军归来，都如惊弓之鸟，紧闭家门，生怕又是一番浩劫。

没承想，这一回，士兵军纪严整，对城民秋毫无犯。渐渐地，街市上的人多了起来，史称"市不易肆"。街市喧嚣，集贸市场没有关门罢市，火热熙攘的生意照常进行，百姓的日常生活没有受到任何影响，一切如常。

短暂的骚乱还是有的。据官府报告，十几个地痞无赖，以为大军入城必定引发全城骚乱，于是趁火打劫，私闯民宅强抢财物。消息报到赵匡胤这儿，新天子当机立断，下令将这伙小毛贼全数逮捕，斩杀于市曹，让全城人看看妄图作乱的下场。赵匡胤想得周全，令官府仔细核查百姓损失，能追回的物归原主，追不回的损失就由官府出资赔偿。

除了这一小插曲，人们辞旧迎新，放鞭炮，逛市集，走街串巷。显德七年（960年）正月初四这天的汴梁城，安宁如常。

人心所向，改元建隆赵宋立国

正月初五，乙巳。

赵匡胤登基。这一年，他三十四岁。

定国号为"宋"。赵匡胤曾担任归德军节度使，镇府治所在宋州（今河南商丘），国号由此而来。

定年号"建隆"。这是宋朝第一个年号，改后周显德七年为北宋建隆元年（960年）。

选定国都。北宋都城依然选择汴梁，亦称"汴京""东京""开封"。

追尊先考。追尊已逝的父亲赵弘殷为宣祖皇帝。尊奉还在世的母亲南阳郡夫人杜氏为皇太后，立正妻琅琊郡夫人王氏为皇后。

开立太庙。依照惯例，建立祭奠列祖列宗的太庙，祭祀上告天地社稷。

大赦天下。贬官降官者恢复原职，流放发配者得以释放。

宣谕郡国。派遣使者遍告郡国州县：新朝已立，大宋建隆。

论功行赏。赵匡胤没有忘记在陈桥驿对全军将士的承诺，对参与兵变的将士厚加赏赐，答谢拥戴之功，也是对他们遵守约定没有实施劫掠暴行的巨大肯定。在陈桥兵变中发挥重要作用的将领——加官晋爵。

韩令坤被擢升为天平军节度使、侍卫马步军都指挥使。

慕容延钊被擢升为昭化军节度使、殿前都点检。

石守信被擢升为归德军节度使、侍卫马步军副都指挥使。

王审琦被擢升为泰宁军节度使、殿前都指挥使。

高怀德为义成军节度使、殿前副都点检。

张令铎为镇安军节度使、侍卫亲军马步军都虞候。

另有两位赵匡胤最亲近信任的人各自被安插在重要岗位。弟弟赵光义被任命为殿前都虞候，领睦州防御使，因新任殿前都点检慕容延钊驻军在外，赵光义实际掌控殿前司。掌书记赵普升任右谏议大夫、枢密直学士，进入执掌军政大事的枢密院，虽然此时还不是主官枢密使，但赵普从一介幕僚谋士青云直上，作为赵匡胤在枢密院的代理人，开始染指帝国军政。

赵匡胤得知韩通死讯后，嘘唏不已，称赞他"临难不苟，人臣所以全节"，为表彰其忠义，追赠韩通为中书令，以厚礼安葬。

王彦升公然违反赵匡胤的约法三章，造成这次和平政变中唯一的流血事件。如何处置这名悍将，倒成了一道难题。

原本，赵匡胤想要杀了王彦升，以儆效尤。但新朝刚立，正大赦天下，开国之初就诛杀拥戴有功的大将显然不妥，只能姑且饶他一命。

没想到，这个不知轻重的莽夫，被赦免之后依然不知悔改，毫不收敛，竟干出到宰相家里勒索钱财这等事。一天夜里，他闯入王溥私宅，主人惊悸迎接。落座后，王彦升道："此夕巡警困甚，聊就公一醉耳。"声称巡逻中累乏犯困，来王溥处歇息小酌一杯。话虽如此说，不速之客其实意在求财。王溥佯装听不懂，只顾置办酒菜招待，好不容易送走这尊瘟神，第二天向皇帝密奏此事。赵匡胤大怒，加上此前杀害韩通之事，自此越发厌恶王彦升其人。于是，王彦升终其一生再也没有受到重用，史称"终身不加节钺"。

开国大喜之日，一则不愉快的消息传来：南门祗候班陆、乔两位卒长自缢而死，以身殉周。

赵匡胤闻讯愕然，昨日情景还历历在目，那两位不自量力的小卒长，面对大军逼迫竟然拒开城门，让他只得领军绕道而走。

赵匡胤亲自前往南门，最后瞧一眼陆、乔二位壮士。

"真忠义孩儿也！"

赵匡胤的慨叹出人意料。众人原本心想，新皇登基，必定要立威，尤其要惩戒那些胆敢反抗的人。没想到，赵匡胤下令为二人建庙，纪念其忠义大节，赐名"忠义庙"。庙正门用黄色绸缎围护，旁边另开一扇小门供人进出。

陆、乔所在的"祗候班"改名为"孩儿班"。有趣的是，赵匡胤对"孩儿班"的头饰进行了一番特别的设计，在帽子后面垂下两条头巾，粉青色一条，绯红色一条。众人不解何意，赵匡胤解释道："粉青头巾，乃为世宗皇帝（柴荣）服丧守孝；绯红头巾，乃祝贺我大宋开国，岂不美哉？"

小小帽饰头巾，藏着后周、大宋两朝平稳禅代、前后相继的意蕴，彰显赵匡胤有容乃大的胸襟气度。

不多久，镇州守将郭崇向朝廷传去消息：契丹与北汉皆退兵而归。

有记载称，契丹国主听闻赵匡胤登极称帝，惊呼："中国今有英武圣主，吾岂敢以螳螂而御辙耶！"（李攸《宋朝事实》）这一记录虽有夸张矫饰之嫌，未必可信，但从侧面反映出，契丹、北汉方面应该是收到大宋立国的消息，对于中原新政权不明底细，感到局势并不明朗，于是选择撤军。

这场仗还没打起来就不了了之，但契丹入侵的确是触发陈桥兵变进而导致改天换地的导火索。后世有一种流传甚广的观点，认为根本不存在什么"契丹入侵"，赵匡胤集团编造并谎报镇州、定州军情，目的是为发动兵变创造时机。这一带有阴谋论色彩的看法，终究只是一种猜测，缺乏文献佐证、证据支撑。在这里，我们仍以《宋史》《续资治通鉴长编》等史籍记载为准。

后世常以"陈桥兵变""黄袍加身"来指称大宋王朝的建立过程。

这一过程，是一段无法复刻的传奇。赵匡胤像是一位神奇的魔法师，在五天之内奇迹般地完成改天换地，速度之快，效率之高，布局之周密，情节之曲折，过程之传奇，无不令人叹为观止。

这一过程，更是一首仁义、柔善的颂歌，处处彰显理性、文明与人道主义。虽然这出大戏精心布局、步步为营，但每一步都弥足珍贵地闪耀着怀柔、良善的道德光芒，与历史上那些嗜血的政变迥然不同。

复盘赵匡胤黄袍加身的全过程，让我们来试着破译陈桥兵变的十大密码。

其一，及锋而试，紧握机遇，顺天应时。

"来而不可失者，时也；蹈而不可失者，机也。"（苏轼《代侯公说项羽辞》）正月初一北汉、契丹的入侵，这一意外事件为赵匡胤起事创造了大好时机，他没有错失这一机会。站在更宏大的视角来看，当时"主少国疑"的时代背景是发动陈桥兵变的好时机，时局大势如此，天时地利人和，赵匡胤代周建宋的社会条件已然充分完备，只待瓜熟蒂落。

其二，顺应舆论，民心拥戴，众望所归。

不论是"出军日将策点检为天子"的流言，还是"中外始有推戴之议"的舆论，都在证明赵匡胤称帝是人心所向、众望所归。起初，赵匡胤也对满城风雨的流言颇为担忧，所幸被姐姐的擀面杖一棍子打醒。舆论背后是民心，汹涌的舆论无须惧怕，应当因势利导，主动掌控、引导它。正是在"人望固已归之"的夯实民意支持下，赵匡胤披上了他的黄袍。

其三，调兵遣将，精心布局，孤立政敌。

赵匡胤在随军将领的人选上精心筹划，石守信、王审琦两员心腹大将留守京城作为内应，再调走侍卫司几位主将削弱韩通的力量，一步步蚕食韩通的势力范围，使其陷于孤立无援而不自知。经过一番筹谋运作，陈桥兵变时，虽然名分职位上赵匡胤并非禁军最高将领，却是事实上无可争议的军界第一人。入城之际，赵匡胤集团已然全面掌控京城布防，接下来的事情就一帆风顺、水到渠成了。

其四，巧借天象，策动群兵，凝聚军心。

苗训、楚昭辅巧妙利用"天现二日"的奇观，散布谶语，搅动人心，向暗流汹涌、躁动不安的军营里投入一株小火苗，星火于是燎原，一发而不可收拾，最终上演"将士拥戴点检作天子"这出大戏。将士们的激情被煽动，那汇聚在一起喷薄而出的强大力量，如猛虎出笼，推着赵匡胤走向那个终将属于他的位置。

其五，恩威并施，约束悍将，掌控禁军。

虎兕出于柙，伴随着风险与代价，哗变叛乱的士兵向来最不可控，尤其五代兵将凶悍已成常态。点燃炮仗容易，一不小心很可能炸伤自己。赵匡胤既需要军队的鼎力支持，更要牢牢控制住这些骄兵悍将，避免他们作乱误事。首先，他高卧帐中、隐身幕后，由赵普先行出面，晓之以理，约束激昂躁动的兵将。天亮后，赵匡胤现身，直言不讳当面点破将士们"贪求富贵"的心思，与其约法三章，进一步强调"进京不行劫掠"的铁律，同时允诺事成之后论功行赏。既立威，又施恩，刚柔相济完美驭兵，哗变乱军最终竟难能可贵地成为一支威武文明之师。

其六，柔性政变，平稳过渡，周室无虞。

陈桥兵变是极为独特的，赵匡胤"在中国历史上也创立了一种不经过流血而诞生一个主要的朝代之奇迹"（黄仁宇《赫逊河畔谈中国历史·宋太祖赵匡胤》）。大军面对南城门不开选择绕道而行，赵匡胤面对范质的讥讽不仅没有动怒反而泣涕涟涟，在政变全过程中，最强势的赵匡胤却处处保持低姿态，这是他过人的政治智慧。历史上大概再也难找到如此和气平稳的政变了吧，赵匡胤通过一以贯之的柔性风格，最大限度地减少政变可能遭遇的对抗与阻力，最大限度地减少双方的人员伤亡，最大限度地保全了后周王室与文武群臣。

其七，兵不血刃，百姓无犯，仁善之至。

对于赵匡胤登基，北宋文豪苏轼曾有一番评论：

> 予观汉高祖（刘邦）及光武（刘秀）及唐太宗（李世民）及我太祖皇帝（赵匡胤）能一天下者四君，皆以不嗜杀人者致之。……我宋之受命，其应天顺人之举乎！受命之日，市不易肆，仁之至也。（《续资治通鉴长编》引苏轼评论）

不仅后周王室得到善待，大军入城之后，秋毫无所犯，市不易肆，百姓生活如常。这才是王者之师该有的样子。王者之师，不在猛，而在仁，在于爱国保民。毋虐民庶，正是这一点点看似微小的改变，让陈桥兵变、大宋王朝的建立过程，与五代时期所有血腥残酷的改朝换代区别开来。

其八，和平禅让，延续正统，名正言顺。

欧阳修编撰《新五代史》，谈及后梁、后唐、后晋、后汉的终结，要么称"亡"，要么称"灭"，唯独后周不同，称"（周）逊于位，宋兴"。儒家著史，讲究春秋笔法、微言大义。"逊"，即逊位、让位，后周并非被武力灭亡，而是和平禅让，这是完成政权交接的最优选择。

禅让，绝不仅仅是一个外在形式，它关系着王朝正统性这一大问题。

"名不正则言不顺，言不顺则事不成，事不成则礼乐不兴，礼乐不兴则刑罚不中。"（《论语·子路》）对于华夏王朝来说，正统性何其重要。赵匡胤当然可以大杀四方、暴力掠夺后周政权，作为雄才伟略的政治家，他始终没有放弃寻求王朝嬗代的合法性，赵匡胤要他的大宋，名正言顺，彪炳千古。

其九，手握强军，强才能稳，底气十足。

强大的禁军殿前司，无疑是赵匡胤兵变成功的关键力量，是他能够顺利完成改朝换代最大的底气。事实上，陈桥兵变之际，韩通被孤立后，京城中已然没有实力相当的对手可以与之相抗衡。正是因为军事实力的绝对优势，赵匡胤才能够以强大来维稳，实现他不流血政变的既定目标。

其十，优容反臣，表彰忠义，重建价值。

不论是死于王彦升剑下的韩通，还是自杀身亡的"祗候班"二位卒长，对于这些以身殉周、誓死不降大宋的前朝忠臣，赵匡胤非但没有株连九族、严惩立威，反而优厚抚恤，大加表彰，高度肯定他们的忠义大节。新天子通过此举，向世人传递全新的价值观，或者更准确地说，回归传统儒家价值观。过去半个世纪那个道义沦丧、弱肉强食的时代终结了，赵匡胤要改变无道乱世的丛林法则，重建太平盛世应有的伦理价值秩序。

登基之日，赵匡胤独自登上明德门，伫立城楼之上，凭栏远眺。

依稀可以望见芸芸众生，灯火通明，街市熙攘。京师繁华，尽收眼底。

大宋天子心潮澎湃：这就是吾国吾民啊！

代周建宋，平稳嬗代。赵匡胤的宏图伟业，远不止于此。

大宋承接五代乱世，一堆烂摊子摆在眼前：国家四分五裂、藩镇割据、外敌环伺、百废待兴、民生凋敝……一个又一个问题，等待他去解决。他不愿意大宋成为"五代"之后同样短命的"第六代"。他要终结乱世、统一全国，亲手开创一个伟大王朝，为万世开太平。

这是一条漫长且艰难的路，一切才刚刚开始。

史籍掠影

太祖（赵匡胤）自殿前都虞候再迁都点检，掌军政凡六年，士卒服其恩威，数从世宗（柴荣）征伐，洊立大功，人望固已归之。于是，主少国疑，中外始有推戴之议。

——宋·李焘《续资治通鉴长编》卷一

时都下喧言，"将以出军之日，策点检为天子"。士民恐怖，争为逃匿之计，惟内庭晏然不知。

——宋·李焘《续资治通鉴长编》卷一

太祖闻之惧，密以告家人曰："外间汹汹如此，将若之何？"太祖姊面如铁色，方在厨，引面杖逐太祖，曰："大丈夫临大事，可否当自决，乃来家内恐怖妇女，何为邪！"太祖默然而出。

——宋·司马光《涑水纪闻》卷一

七年春，北汉结契丹入寇，命出师御之。次陈桥驿，军中知星者苗训引门吏楚昭辅视日下复有一日，黑光摩荡者久之。夜五鼓，军士集驿门，宣言策点检为天子，或止之，众不听。

——元·脱脱《宋史·太祖本纪》

癸卯，发师，宿陈桥。将士阴相与谋曰："主上幼弱，未能亲政，今我辈出死力为国家破贼，谁则知之？不若先立点检为天子，然后北征，未晚也。"

——宋·司马光《涑水纪闻》卷一

诸将已擐甲执兵，直扣寝门曰："诸将无主，愿策太尉为天子！"太祖惊起披衣，未及酬应，则相与扶出听事，或以黄袍加太祖身，且罗拜庭下称万岁。太祖固拒之，众不可，遂相与扶太祖上马，拥逼南行。

——宋·李焘《续资治通鉴长编》卷一

太祖曰："太后、主上，吾皆北面事之，汝辈不得惊犯；大臣皆我比肩，不得侵凌；朝廷府库、士庶之家，不得侵掠。用令有重赏，违即孥戮汝。"诸将皆载拜，肃队以入。

——元·脱脱《宋史·太祖本纪》

太祖曰："……近世帝王，初举兵入京城，皆纵兵大掠，谓之'夯市'。汝曹今毋得'夯市'及犯府库。事定之日当厚赉汝，不然，当诛汝。如此可乎？"众皆曰："喏。"

——宋·司马光《涑水纪闻》卷一

韩通为京城巡检，刚愎无谋，时人谓之"韩瞠眼"。其子（韩微）少病伛，号"韩橐驼"，颇有智略，以太祖（赵匡胤）得人望，尝劝通为不利，通不以为意。及太祖勒兵入城，通方在内阁，闻变，遑遽奔归。军士王彦升遇之于路，跃马逐之，及于其第，第门不及掩，遂杀之，并其妻子。

——宋·司马光《涑水纪闻》卷一

宰相早朝未退，闻变，范质下殿，执王溥手曰："仓卒遣将，吾辈之罪也。"爪入溥,几出血。溥嗫不能对。

——宋·李焘《续资治通鉴长编》卷一

俄而,将士拥(范)质及宰相王溥、魏仁浦等皆至,太祖(赵匡胤)呜咽流涕曰:"吾受世宗厚恩,今为六军所迫,一旦至此,惭负天地,将若之何?"质等未及对,军校罗彦瓌按剑厉声曰:"我辈无主,今日必得天子!"太祖叱之,不退。质颇诮让太祖,且不肯拜,王溥先拜,质不能已,从之,且称万岁,请诣崇元殿,召百官就列。

——宋·司马光《涑水纪闻》卷一

周帝(柴宗训)内出制书,禅位,太祖就龙墀北面再拜命,宰相扶太祖登殿,易服于东序,还即位,群臣朝贺。

——宋·司马光《涑水纪闻》卷一

召文武百僚,至晡,班定。翰林承旨陶穀出周恭帝(柴宗训)禅位制书于袖中,宣徽使引太祖就庭,北面拜受已,乃掖太祖升崇元殿,服衮冕,即皇帝位。

——元·脱脱《宋史·太祖本纪》

太祖之自陈桥还也,太夫人杜氏,夫人王氏,方设斋于定力院。闻变,王夫人惧,杜太夫人曰:"吾儿平生奇异,人皆言当极富贵,何忧也?"言笑自若。太祖即位,是月,契丹、北汉兵皆自退。

——宋·司马光《涑水纪闻》卷一

国初,天赞贤(契丹国主)遣兵攻镇、定,闻艺祖(赵匡胤)登极,乃惊曰:"中国今有英武圣主,吾岂敢以螳螂而御辙耶!"于是遁去。

——宋·李攸《宋朝事实》卷二十

第四章

治国如用兵：心理战慑服文武

赵匡胤建国后，面对前朝皇室、文臣武将、藩镇节度使等诸多难题，他总能通过揣摩人心，找出智慧的解决方法，不强悍蛮干，更不嗜杀戮，开启了属于他的"王道"……

立碑作誓，善待前朝柴氏子孙

> 柴氏子孙，有罪不得加刑，纵犯谋逆，止于狱中赐尽，不得
> 市曹刑戮，亦不得连坐支属。
>
> ——"太祖誓碑"

新朝初立，赵匡胤面临的头等大事，就是怎么安排逊位的前朝皇帝。

正月初四，周恭帝柴宗训发诏禅位，赵匡胤改封其为郑王，奉符太后为周太后，使其搬离正宫，暂居西宫。不多久，又使母子二人迁居洛阳。

大宋建国，开太庙、立宗祀。原本的后周太庙并没有被拆毁，而是随郑王西迁。建隆元年（960年）五月，赵匡胤下令在西京洛阳建造周太庙，供奉周太祖郭威、周世宗柴荣，给足了周室尊荣。此后逢年过节，赵匡胤还不忘派遣礼官前往祭祀，并对郑王、周太后表示慰问。

柴宗训前朝皇帝的身份终究太过敏感，赵匡胤宅心仁厚，选择保全柴宗训的性命，某种程度上也承担了一定的政治风险。王朝嬗代之际，各方势力尚未完全归附，周恭帝只要还活着，就可能成为前朝拥护者反宋的一

面大旗，不能不加以防范。

建隆三年（962年），柴宗训年满九岁，赵匡胤将他迁居房州（今湖北房县）。后来，柴宗训年纪越来越大，此时需要一位信得过、靠得住的人前往房州。赵匡胤忽然想起一人，那白衣飘飘潇洒俊逸的身影如在眼前。

赵匡胤登基后，将他少年时的授业恩师辛文悦任命为太子中允、判太府寺事。开宝二年（969年）十二月，赵匡胤下诏命辛文悦出知房州，这既是对柴宗训的看护照顾，也是监察防范。赵匡胤考虑得周全，他的这位老恩师有长者风范，深明大义，为人宽厚仁善，既能盯住柴宗训，也必定不会苛待他。

大宋开国十三年，也就是开宝六年（973年），柴宗训病死于房州，享年二十。死讯传到汴梁，赵匡胤在便殿素服发丧，辍朝十日，派遣内官使者前往房州料理丧事。当年十月，他将柴宗训遗体送往其父柴荣的陵墓庆陵（今河南新郑市内）旁边安葬。有司拟定柴宗训谥号为"恭"，他的陵墓称为顺陵。

至于周太后小符氏，她的父亲符彦卿在朝中身居要职，她本人也寿终正寝，一直活到宋太宗淳化四年（993年）。

"事奉太后如母，养育少帝如子，慎勿有负先帝之旧恩。"

赵匡胤总算没有违背当初对范质许下的承诺，也没有辜负柴荣对他的恩情。

但，柴荣留在人世的，可不止郑王一个儿子，后周宗室子弟如何妥善安置？赵匡胤率军进入皇宫的第一天，这道难题就猝不及防地摆在他面前。

那日，太监、宫女纷纷列队前来迎拜。黑压压的人群中，忽然响起尖厉的啼哭声。两名宫女各自怀抱一名幼童，跪拜在队列之间。宫女被勒令出列，正哇哇大哭的两名幼童锦衣华服，看来身份不一般。

"这是谁家娃子？"赵匡胤问道。

"这是先帝幼子，纪王、蕲王……"宫女战战兢兢，头都不敢抬。

"哦……"

柴荣的两个小儿子，也就是柴宗训的弟弟——纪王柴熙谨和蕲王柴熙诲。虽然只是两个小娃娃，可这特殊的身份，如何处置的确颇费思量，赵匡胤向身边亲信征求意见。

赵普上前，在他耳边轻声细语但清晰无误地吐出两个字："去之。"

赵匡胤侧脸瞅了赵普一眼，没有回应。他又何尝不知道，这时候斩草除根最简单最稳妥最无后顾之忧。可他内心深处对此并不满意，除了杀人，难道就没有更好的处理方式？

在场其他人都和赵普意见一致，纷纷附和，唯有部将潘美行为怪异。他远远躲在众人身后，伫立在一根殿柱旁，低头皱眉，双手紧抓柱子，使劲往里掐，青筋暴露，都快抠出血来。这一幕没有逃过赵匡胤的眼睛。

"潘将军，上前来！"

潘美在众目睽睽之下快步来到赵匡胤跟前。

"怎么？"赵匡胤朝俩幼童抬抬下巴，"你以为去之不可？"

潘美头埋得更低了，他明白说什么都是错，只能静默以对。

赵匡胤叹息一声："即人之位，杀人之子，朕不忍为。"

此言一出，众臣皆惊。

潘美的头终于抬起来，深吸一口气，鼓足勇气道："此事陛下自有决断，臣岂敢以为不可！只是臣心中惶恐，于理未安。世宗皇帝，昔日臣与陛下北面事之，劝陛下杀此二子，即辜负世宗；劝陛下不杀，则辜负陛下，因此两难无措。"

赵匡胤点点头，突然上前拉起其中一名幼童的手，把他带到潘美面前，将幼童稚嫩小手递给潘美："世宗之子，不可以做你的儿子，那便做你的侄儿吧。"

这一幕出乎所有人的意料，潘美更是张大了嘴，一时没反应过来。

"怎么，不想要？"赵匡胤微笑道。

"不！不！臣叩谢陛下。"

就这样，潘美将柴熙谨领回家，改名潘惟吉（一说惟正），作为潘家子侄收养。君臣之间似乎达成一种默契，赵匡胤自此再也不和潘美提及此事，好像这桩奇事从来没有发生过。

对另一位宗室子柴熙诲，赵匡胤如法炮制，由荣禄大夫、开国上将军卢琰收养为义子，改名卢璇。

赵匡胤终究没有赶尽杀绝，而是放下屠刀，采用如此独特、充满智慧与仁善的方式，保全了本有杀身之祸的柴荣幼子们。

赵匡胤不仅保全柴宗训母子和柴荣幼子，对后周宗室的怀柔优容更绵延后世，恩及柴氏子孙后裔。

这就不得不提起那座神秘的"太祖誓碑"。

建隆三年（962年），赵匡胤秘密镌刻一座石碑，谓之"誓碑"，立于太庙偏殿的一间夹室中。碑身高七八尺，宽四尺余，镶嵌金线的黄色丝幔遮盖住石碑表面。平日里，夹室门锁紧闭，没有人可以入内。

赵匡胤向他的继承者定下规矩：每当祭祀典礼或新皇登基，大宋天子拜谒太庙时，必须入此密室。

天子入室前，先由一名不识字的小黄门（太监）检验密室封条无误，然后取出钥匙，开启室门。小黄门一人先行入内，焚上一炷香，点上一支蜡烛，揭开笼罩在石碑上的金黄布幔，不得抬头仰视，哪怕他目不识丁，也须得低头快快转身离开。

其后，皇帝才能独自入室，烛光微弱，香气萦绕，皇帝在石碑前恭恭敬敬地跪拜，瞻仰誓词，默诵碑文。

此时，大臣、近侍等其他人只能远远站在室外，不得入内，不得窥探。

许久，皇帝再拜而出。密室由小黄门再一次锁上，一切如初。

除了一代又一代大宋皇帝，没有人知道石碑上究竟刻着什么。北宋末年，靖康之变爆发，金兵攻陷汴京，进入太庙大肆劫掠，将珍贵礼器祭器尽数掳走。经此浩劫石碑得以曝光，世人这才知晓碑文内容。

这碑文，是赵氏祖训，是祖宗家法，是大宋开国皇帝以"太祖"之名，与他的子孙后继者之间的一场约定。

一、柴氏子孙，有罪不得加刑，纵犯谋逆，止于狱中赐尽，不得市曹刑戮，亦不得连坐支属。

二、不得杀士大夫及上书言事人。

三、子孙有渝此誓者，天必殛之。

约定一共三条，第三条是一则毒誓，有实质内容的是前两条。第二条"不杀士大夫"姑且按下不表，容后详谈。且看第一条，正是关于柴氏子孙。赵匡胤告诫他的后继者，将来柴氏子孙犯罪，不能处以死刑。纵然犯了谋逆造反这样的滔天大罪，只能在监狱中赐其自尽，不能在市曹上公开处刑，也不能连坐家属。依照第三条，赵氏子孙如果违背这个誓言，必将受到上天惩罚。

自古以来，新朝创立，前朝皇室难逃厄运，少有能保全者。站在新朝皇帝的立场上，前朝皇室杀之不仁，不杀遗患，是为两难。赵匡胤以他的宽厚仁善和处事智慧，为如何妥善处理前朝皇室问题留下堪称完美的范本。

恩威并施，戡乱二李稳定政权

政宽则民慢，慢则纠之以猛。猛则民残，残则施之以宽。宽以济猛，猛以济宽，政是以和。

——孔子

初生的大宋帝国，表面的宁静祥和之下，暗流涌动，危机四伏。

赵匡胤登基后，第一次出宫巡视京都。

风和日丽，晴空万里。舆辇缓缓驶过御街，登上大溪桥，突然电光一闪，"嗖"的一声，一支利箭从车辇黄伞上方飞掠而过。

"护驾！有刺客！"侍卫高喊，四散搜罗追击。

赵匡胤久经沙场身经百战，从容若定地走下车辇，索性敞开黄袍，朗声大笑："教他射！教他射！"

刺客第一箭射偏，再也没有动静，消失在暗处。

虽然是虚惊一场，但回宫后，禁卫军还是急忙前来领罪，并立下军令状，表态将在全城进行大搜捕，非将刺客绳之以法不可。

"兴师动众，图扰民生。罢了，几个小蟊贼而已，由他去吧。"

"可是……"

"天命在我，岂是几个小蟊贼可以阻碍！"

赵匡胤不再追查，开国之初这场刺杀背后究竟谁是主谋，成为永远不解的谜。

受禅之初，赵匡胤喜欢微服出行，走街串巷体察民情。身边的大臣劝谏他，为安全起见还是减少外出。

"帝王之兴，自有天命。昔日世宗在时，传言方面大耳者有异心，于是世宗见诸将中有方面大耳者，皆杀之。我终日侍奉世宗身侧，不也活下来了吗？"

赵匡胤浑不在意，微服出行不减反增且愈发频繁。

身边人的担心并非没有道理。新朝方立，为了确保政权平稳交接，前朝各级官员悉数留用。即便如此，在表面的归服之下，究竟有多少人持观望态度？有多少人仍然忠于前朝？又有多少人心怀谋乱异心？

立国之初，赵普多次在赵匡胤耳边提及一些人的名字。这些人在赵普贫贱位卑时曾与他发生过龃龉、闹过不愉快，许多人也和赵匡胤有过节。俗话说：不是不报，时候未到。如今赵普因"一人得道"而"鸡犬升天"，就建议皇帝动手收拾这些仇人以绝后患。

"不可！当年又有谁人知晓我将登得大位？若在红尘之中，可以认得出未来的天子、宰相，那么人人都去寻找贵人去了，世上哪有这等事！"

（若尘埃中可识天子、宰相，则人皆物色之矣。——《宋史·赵普传》）

比起赵普睚眦必报的小心眼，赵匡胤胸襟宽广如海纳百川。他并非不重视那些存在作乱风险的政敌，只是有他独到睿智的解决方案。

孔子曾经谈论为政之道："政宽则民慢，慢则纠之以猛。猛则民残，残则施之以宽。宽以济猛，猛以济宽，政是以和。"（《左传·昭公二十年》）

为政之道，宽与严不是一道非此即彼的选择题，而应当相辅相成、互为补充。政策宽厚，民众就有可能怠慢，就要用刚猛的措施来纠正。政策刚猛太甚，民众有可能受到伤害，就需要施予宽厚仁政。以宽厚来中和严厉，以严厉来调剂宽厚，政事因此而和谐。

在政敌问题的处理上，赵匡胤包容、笼络、施恩、震慑、征伐等多措并举，走出一条宽严相济的道路。

先说文臣。

翰林学士王著颇为典型，代表了王朝嬗代之际对新朝新君消极抵抗的前朝旧人。

王著才华横溢，当年柴荣对他极为赏识，每次见面都尊称一声"学士"而不直呼其名。临终前，柴荣嘱托身后事，特意交代范质："王著，朕藩邸故人，朕若不起，当拜为相。"

王著有一个毛病，嗜酒如命，举止散漫，狂放不羁。柴荣生前就多次想要拜王著为相，考虑到他在朝堂中颇受非议，一直没有下定决心。范质在柴荣面前虽然应允下来，出宫后却对另外两名宰相王溥、魏仁浦说道："王著终日遨游醉乡，乃一酒徒，岂堪为宰相！慎毋泄露此言。"

半年后，大宋代周，王著被赵匡胤加官为中书舍人。

建隆二年（961年），全国各地纷纷进献祥瑞之物，为新王朝歌功颂德。王著写了篇应景颂文，字里行间却流露讽刺之意。赵匡胤雅量宽宏，不仅没有问罪，反而对其文采大加赞赏，下诏嘉奖。

又有一次，赵匡胤在广德殿宴请文武群臣。王著酒瘾又犯了，酣饮烂醉，借着酒劲，吵吵嚷嚷，大声喧哗，内侍怎么劝都劝不住。

"快扶学士归去。"赵匡胤微笑道，并未动怒。两名内侍伸手扶他下殿。

"腌臜人，休要碰我！"王著高声呵斥，甩开内侍，摇摇晃晃，在众目睽睽之下踉跄着来到屏风边，突然掩袖失声痛哭起来。

众臣仔细听，才听明白王著在为柴荣痛哭。

赵匡胤依然面不改色，任由他哭个尽兴，再放他回家去。

翌日，御史台上奏弹劾王著："狂徒御前失仪，宫门前恸哭，思念世宗，是为大不敬，当严惩不贷！"

赵匡胤道："他就是个酒徒而已，当初在世宗幕府，朕就了解王学士脾气秉性，忠直耿介狂放不羁，何必与他较真？"

"大殿之上，陛下、百官面前，为前朝君王痛哭，这成何体统？"

"世宗于朕有恩，朕也时常缅怀。一介书生哭一哭世宗，又有什么值得担心的呢？"

虽然赵匡胤一再宽容厚待，但是心在前朝的王著非但没有收敛，反而变本加厉，时常违反禁令，夜宿于娼家妓馆。底下人报告上来，赵匡胤睁一只眼闭一只眼，没有追究。

乾德元年（963年）春天，王著在皇城禁中值夜班，又喝得酩酊大醉，头发垂散，衣冠不整，猛敲滋德殿大门，高声嚷着要见天子。

这一次王著终于如愿以偿将天子惹怒，被罢免翰林学士之职，贬黜为比部员外郎。不过，第二年王著很快又被起用，担任知制诰，负责起草文书。乾德六年（968年），赵匡胤再次任命他为翰林学士，加官兵部郎中。

对于以王著为代表的前朝文臣，赵匡胤优容、忍让、宽恕、厚待，最终赢得多数大臣的衷心归附。

再说武将。

文臣还好对付，最多就是闹闹脾气、哭哭鼻子，手握重兵的武将们可比文臣麻烦得多。

赵匡胤即位后，派遣使者携带诏书告谕四方。忠武军节度使张永德、天雄军节度使符彦卿率先表示归顺。

张永德是赵匡胤在殿前司的老上司，从高平之战起，张驸马就对赵匡胤刮目相看、大为敬服，于公积极举荐提拔，于私更是倾心结交。赵匡胤原配贺氏去世，显德年间准备续弦迎娶名臣王饶之女。他的家境本不优渥，且为官清廉，家中用度并不宽裕。张永德平日里就时常给予赵匡胤经济援助，大婚之时更是慷慨拿出缗钱金帛数千，让赵家婚事办得风风光光。二人交情匪浅，可见一斑。赵匡胤称帝后，仍然延续后周时的习惯，称呼张永德为"驸马"。张永德每次回京觐见，赵匡胤总要邀请他到后苑喝酒叙旧，对张永德的敬重优待，后周旧臣中无人可比。

符彦卿也是当时实力强悍、地位尊贵的皇亲国戚。两个大女儿嫁给周世宗柴荣，即宣懿皇后和周太后；还有一个小女儿许配赵匡胤弟弟赵光义，被封为汝南郡夫人。大宋开国之前，符彦卿就与赵家结为儿女亲家，此时自然坚定不移地拥戴新君。

除了张永德和符彦卿，其他节度使大都没有第一时间明确表态，都持观望态度，以沉默作为回应。毕竟，这年头换个皇帝也不是什么新鲜事，只要手下有兵，龙椅人人可以坐得，能不能坐得稳，能坐多久，才是需要观察的重点。藩镇大将们一个个态度暧昧、模棱两可，既不明确表示效忠，也不贸然与赵匡胤撕破脸。

大宋使者携带诏书前往藩镇，宣谕新皇登基的消息。许多节度使连珠炮似的不停追问："如今宰相其乎谁？""枢密使其乎谁？""禁军其乎谁？"当使者回答，朝中百官任免一切如旧，还和后周时一样，他们才稍稍放心，向新天子下拜。这一细节颇耐人寻味，表露出当时藩镇大员对于"一朝天子一朝臣"的担忧，以及在"反宋还是不反"之间犹疑不定的微妙心态。

对于藩镇武将，赵匡胤的应对手段更为复杂多样：收买笼络、许予官爵、密切监视、武力威慑等，多管齐下，恩威并施，文武相济。但有一个大前提作为基石，就是坚守他一以贯之的柔性策略，不到万不得已，能不动武就不动武。

郭崇，驻守真定府（今河北正定县）的成德节度使，当年曾追随郭威发动澶州兵变建立后周，从军履历可比赵匡胤还要资深得多。宋朝建立后，此人时常追忆郭威、柴荣对自己的恩遇，痛哭流涕。

监军陈思诲向赵匡胤密报："常山（正定县东北的古北岳恒山）邻近契丹，郭崇心怀怨望，宜早日处置。"

赵匡胤回复："我素知郭崇其人，笃于恩义，涕泣之举，感怀世宗恩遇，人之常情，何必苛责深究。"

虽然没有动手处置郭崇，但赵匡胤还是派出使者前来真定府视察。郭崇做贼心虚，慌了心神，忧懑失据，对身边人急道："使者来此，不知得了陛下什么旨意，我该如何应对是好（苟使命不测，将奈何）？"左右无言以对。

观察判官辛仲甫献计："将军当时率先向陛下投诚，平时治军治民也合乎法度，朝廷哪里找得到理由来降罪于您呢？使者到了之后，您一定要率官吏亲迎，礼数周到。就算使者居于此地，但只要您没有造反的实际行为，又何必担心他在暗处监视呢？这样陛下一定能看到您的忠诚。"

郭崇听从其言，以礼妥善接待来使。使者仔细观察郭崇，除了日日与僚佐饮酒赌博之外，并未发现什么图谋不轨之举，归朝后如实禀报。赵匡胤吃了一颗定心丸，大喜道："我就知道郭崇不会反！"

最后，郭崇主动请求入朝觐见，自此忠心归顺大宋。

袁彦，驻守陕州（今河南陕县）的保义节度使，比郭崇更加明目张胆，得知赵匡胤称帝，日夜缮甲治兵，磨刀霍霍。赵匡胤派遣潘美前往晓谕，潘美单骑入城，威风八面，气势汹汹。袁彦慑于其威势，乖乖束装入朝，随潘美回京，当面向新天子表示臣服。赵匡胤事后评论道："潘美不杀袁彦，能够令他前来觐见，成全了我的志愿。"不行杀戮而以威势慑服，这样的处事手段赢得赵匡胤的高度评价。袁彦归附后，被改封为彰信节度使。

杨庭璋，驻守晋州（今山西临汾）的建雄节度使，他的姐姐是郭威的妃子，这位后周皇亲国戚也是心怀异志的可疑人物。赵匡胤"伺察"之法故伎重施，派遣郑州防御使荆罕儒出任晋州兵马钤辖，防范监视杨庭璋。荆罕儒每次出入杨府，故意全副武装，随从挺杖持剑，杀气腾腾。杨庭璋哪敢轻举妄动，最终向大宋俯首称臣。

杨承信，驻守河中府蒲州（今山西永济）的护国节度使，传言此人图谋兴兵反宋。赵匡胤命作坊副使魏丕前往，名义上为庆贺杨承信生辰送礼而来，实则秘密监察他的一举一动。最终，杨承信打消谋反的念头。

大多藩镇武将扬言造反，不过是虚张声势而已。可有两位大将死活不领赵匡胤的情，真刀真枪地与大宋开打，他们是昭义节度使李筠与淮南节度使李重进。

"二李"名震天下，都不是省油的灯。按兵不动、观望局势的各地节度使，都将"二李"反宋成功与否，作为自己是否归顺大宋的重要参考。这一点，赵匡胤看得比谁都明白。新生的大宋王朝想要国祚绵长，建国之初的叛乱者非彻底铲除不可。平定"二李"之乱，成为开国第一年摆在赵匡胤面前的头等大事。

第一个冒出头来向新王朝发起挑战的，是驻军潞州（今山西长治）的李筠。

李筠其人，强悍跋扈，狂傲骄矜，常以老臣、功臣自居。后周时，李筠就奉命镇守潞州，防御北汉入侵。在边境重地一待就是八年，山高皇帝远，渐渐恃勇专恣，招集亡命之徒为己用，还曾经因为私人恩怨擅自囚禁朝廷派来的监军使。当时，柴荣虽然憋了一肚子气，对李筠颇为不满，但因其戍边责任重大，对他尚且有所倚赖，一时无可奈何，只是下诏责备几句草草了事。

赵匡胤对骄横的李筠延续了优容笼络的策略，给他加官晋爵，封其为中书令，派遣使者前往潞州宣谕新皇登基。

面对大宋御使，李筠横眉瞪眼，一副气鼓鼓的模样，怎么也不肯屈膝跪拜称臣。也许那时候他心想：哼！老子清泰年间就从戎闯荡天下，那时候，赵匡胤还是个小娃娃呢！论资历、军功、名望，老子哪一项不如他，哪里轮得到他做天子！

左右幕僚进言劝说，剖析眼前形势，历数利害关系，好说歹说，李筠才勉强下拜接旨。他心里也明白，在没有做好充足准备的情况下，贸然与新朝撕破脸，八成讨不到什么好果子吃。

李筠这一跪，跪得不情不愿。在随后招待使者的宴会上，大厅墙壁挂出一张巨幅画像。众人抬眼一瞧，都吓出一身冷汗。画像上不是别人，正是周世宗柴荣。

众人惊诧之际，李筠缓缓起身，来到画像前，掩面痛哭，一边哭还一边历数陈年往事，回忆柴荣对他的深厚恩德。

这当然只是一出戏。当着新朝使者的面，哭吊前朝皇帝，场面别提有多尴尬难堪。李筠就是要让远道而来的使者尴尬，更是让远在汴京的赵匡胤难堪。

李筠的幕僚赶忙跳出来打圆场，对使者做苍白无力的解释："令公定是醉了，酒后失仪，幸毋见怪。"

使者归京，如实上报。赵匡胤静静听完，"哼"了一声，嘴角挤出一丝冷笑，没有对无礼狂妄的李筠过多责怪。

对付李筠这样的刺头，十分考验赵匡胤的智慧与谋略。不能坐以待毙，必须主动出招、先发制人。赵匡胤下诏，命李筠之子李守节入京都，担任皇城使一职。

这一招的灵感，或许来自春秋战国时期的"质子"制度——将宗室子弟送往他国作为人质，以换取两国邦交互信。在李筠问题上，不到万不得已，赵匡胤并不想硬碰硬，希望通过命李守节入京，让李筠有所顾忌，进而打消反宋的妄念。

而另一边，李筠在送走使者之后，一刻也没闲着，紧锣密鼓地谋划起兵事宜。李守节认为谋反之事难成，多次劝谏，无奈李筠不听。当李守节入京调令下达潞州时，李筠竟然爽快答应。他有自己的小算盘，李守节临行前，他密令儿子借此大好机会，在京城密切查看朝廷军政动向，充当间谍，及时向他报告。李守节摇摇头，叹息一声，满怀无奈地动身出发。

其后，不断有李筠勾连北汉、与李重进结盟的消息传到赵匡胤耳朵里。当李守节风尘仆仆赶赴京都入殿拜见天子时，赵匡胤似笑非笑，劈头盖脸第一句话竟然是：

"太子，汝何故来？"

李守节先是一怔，领会赵匡胤的意思后，蘉然失容，不住以头叩地，磕得噔噔作响："陛下何出此言？必定是有人进谗言，离间臣父也！"

"起来吧。"赵匡胤面色稍缓，"朕听闻，你数次劝谏，乃父却不听，而今更是连儿子性命也不顾惜，一边派你前来，一边密谋造反，这是要借朕的刀杀了你啊！"

李守节的心骤然往下沉，心想今日怕是大难临头，难逃一死了。

但赵匡胤不按常理出牌，一没有杀掉李守节，二没有扣押李守节作为人质，选择了第三条路。

"你回去吧，告诉你父亲，此前我未为天子时，任由他为所欲为。如今，我既为天子，他难道就不能有所收敛、小让于我？"

言辞之间，赵匡胤已然把姿态放得足够低，直到这时候，宅心仁厚的他还没有放弃和平收服李筠的努力。

李守节回到潞州，将皇帝的话原原本本向父亲传达。李筠非但没有收敛，反而加速推进造反行动，索性将原本的密谋筹划全盘公开，摆明了要与大宋决裂。

至此，赵匡胤彻底打消了和平收服李筠的念头，一场大战终究不可避免。

李筠命李守节驻守潞州，自己率三万大军攻取泽州（今山西晋城），杀死泽州刺史张福，抢占先机。

这可是大宋开国第一战，全天下人的目光都盯着呢，关系重大。李筠反宋大旗一举，四方藩镇如狼似虎，蠢蠢欲动。对于大宋而言，此战只能胜，不能败。赵匡胤当机立断，决定像当年刚刚即位的柴荣一样，御驾亲征！

建隆元年（960年）五月，大宋王师从汴梁开拔。

与此同时，前线传来捷报：高平会战，前军主将石守信、高怀德大破三万叛军，斩首三千级，李筠遁入泽州城，闭城自守。

六月初，赵匡胤来到泽州城下，亲自督军攻城。

李筠大为惊惧，怎么也没想到，刚刚登基的赵匡胤会离京远征。潞州的将领也十分意外，认为李筠大势已去，不少人从潞州逃出，临阵倒戈前来投奔宋军。形势对李筠越来越不利，他只能龟缩在泽州城中，依赖高峻坚固的城墙，负隅顽抗，死守不出。

十多天过去，泽州城依然没有被攻破。赵匡胤召来控鹤左厢都指挥使马全义，赐食赐座，问计于这员良将。

马全义道："当前情势，李贼困守孤城，如瓮中之鳖、笼中之雀。宜当加强攻势，全军并力急攻，一鼓作气，一举而下。若缓缓进击，恐生变数。"

赵匡胤点点头，下令诸军奋击，并集火力，昼夜攻城不息。

马全义一马当先，领一支先锋敢死队数十人，如猿猴儿一般攀缘城堞（城墙上的矮墙），守城士兵从城楼高处急射飞箭。箭矢如雨而下，飞矢射中马全义手臂，血流披体。这虎将昂首怒吼，声震城门内外，猛力拔出箭头，继续进击。赵匡胤也亲上前线指挥攻城，皇帝、将领皆毫不惧死，威猛如此，宋军士气大振，终于攻破泽州城门。

烽火连天，大军如潮涌入，李筠见败局已定，仰天长叹三声，投火自焚而死。

泽州既破，宋军马不停蹄转攻潞州。镇守潞州的李守节，本就不支持其父反宋，眼见王师兵临城下，他没有犹豫，开城门献降。

时隔一个多月，李守节与赵匡胤再次见面，境况却与之前迥然不同。

赵匡胤道："我已下令，将汝父尸骨好生安葬。哎，倘若当初他听你劝谏，今日又何至于此？"

李守节再也绷不住了，号啕大哭。

"斯人已逝，逝者已矣。李守节，代替你父亲，入朝做官如何？"

李守节又一次被赦免，被赵匡胤任命为单州团练使。

李筠叛乱平定之后，一系列优容安抚举措迅速落地。赵匡胤发布严令，禁止士兵骚扰剽窃泽州、潞州百姓，并且免去二州当年租赋，壮丁役夫免除三年劳役，抚恤录用阵亡将校后辈子孙。

建隆元年（960年）七月，安国节度使李继勋接替李筠，出任昭义节度使，镇守潞州抵御北汉。

赵匡胤的下一个对手，可比李筠更难对付。

"黑大王"李重进，后周时便坐禁军头把交椅，柴荣临终前为防范李重进篡权，名义上仍然保留他侍卫亲军都指挥使的职务，但将其调离京都，远离朝堂中枢。赵匡胤登基后，一方面改由韩令坤顶替李重进执掌侍卫司，剥夺其禁军职位；另一方面，加官笼络，封李重进为中书令——品阶高，享尊荣，但无实权，明升暗贬。

随后，赵匡胤与李重进之间一场微妙的博弈悄然展开。

李重进先出招，上书表示希望以节度使身份入京觐见，以此试探赵匡胤对他的态度。

同不同意李重进来京？见还是不见？赵匡胤思前想后，终于下定决心，他召来翰林学士李昉。

"李翰林妙笔生花，凤采鸾章，替朕拟一诏书，婉言回绝'黑大王'，让他好生在淮南为朕守边，勿生异心。"

李昉倚马千言，斐然成章，诏书言道：

"君为元首，臣作股肱，虽在远方，还同一体。保君臣之
分，方契永图，修朝觐之仪，何须此日！"

诏书以天子口吻，晓以君臣大义，并且明确拒绝李重进入京的请求。
李重进收到诏书后，内心愈发不安，招集亡命之徒，修缮加固城池，为举
事起兵做准备。

潞州李筠反宋的消息传来后，李重进大喜，书写密信一封，派遣亲吏
翟守珣秘密北上，试图与李筠联盟。但他做梦也没想到，翟守珣中途拐了
弯儿，潜入汴梁。

翟守珣与赵匡胤是旧相识，他将密信呈给赵匡胤。赵匡胤读罢，没有
动怒，平静地沉思许久后，询问翟守珣："我欲赐丹书铁券予重进，他能
相信我吗？"

翟守珣一愣，大感意外。

"丹书铁券"是帝王赐予功勋重臣的特权凭证，具有奖赏与盟约的性
质，最初以朱砂填字，故称"丹书"。持有者可免于死罪，民间俗称"免
死金牌"。

翟守珣回道："陛下胸襟海纳百川，然而以臣愚见，重进终究没有归
顺之意。"

"明白了。"赵匡胤叹了口气，"接下来就有赖翟卿了，归淮南后，
还望翟卿以三寸不烂之舌，劝说重进稍缓其谋，勿令潞州、淮南二凶并
作，分我兵势。"

那时候，处置李筠叛乱是当务之急，若山西与淮南两地同时起兵，将
顾此失彼，难以收拾，必须先将李重进安抚下来。

赵匡胤给予翟守珣优厚赏赐，并许予官位。翟守珣回到扬州，当起双
面间谍，不停给李重进吹耳边风，说什么"养威持重，未可轻发"，劝他
按兵不动，姑且先观望李筠反宋态势如何。

李重进是个优柔寡断没主意的，一听有理也就顺从了，白白错过大好

时机。

很快，赵匡胤亲征潞州，两月之内以迅雷不及掩耳之势解决李筠，而后马上着手经略淮南，转头应对蠢蠢欲动的李重进。一开始，他恩威并施，希望李重进能够回头。

第一招，移镇削权，施加压力。改封李重进为平卢节度使，从淮南移镇青州（今山东益都）。他若接受移镇，表明还有归降大宋之心；若反意已决，必然抗旨不遵，并将有所行动。

第二招，御赐铁券，优容安抚。赵匡胤并不吝啬，"免死金牌"最终还是送了出去。下达移镇诏命的同时，六宅使陈思诲作为皇帝御使，前往扬州赏赐李重进丹书铁券，传达天子口谕，同意李重进先前的请求，即日便可动身入朝。赵匡胤的意思很清楚：即便明知他李重进正图谋造反，只要及时收手，宽仁的天子仍然愿意接纳他。

面对赵匡胤施压与笼络的软硬兼施，李重进又开始踌躇不决，左思右想，一度都已经置办行装打算动身赴京，最终还是被左右僚佐极力劝阻，未能成行。李重进一咬牙，拒绝移镇青州，下令拘禁陈思诲，缮甲治兵，终于还是谋反了。

此前李筠谋反，赵匡胤从他的儿子李守节身上做文章，如今故伎重施，只不过不再需要大老远征召，李重进的两个儿子就在京城担任宿卫。

这一次，赵匡胤没有调侃二人为"太子"，而是单刀直入，呵斥道："可知你们的父亲正在扬州干什么好事？"

李家二子当然早有耳闻，齐刷刷跪下求饶。

"重进谋逆，又是何苦？江南既无精兵，也无良将，又有何人愿意归附于他，追随他行那杀头之事？你二人速乘驿车快马回归江南，替朕转告重进，只要忠心归顺，朕不会杀他。"

赵匡胤没有以李家二子作为人质要挟李重进，他作风正派，不屑于用这种卑鄙手段。不到最后一步，赵匡胤依然不愿意兵戎相向，仍在努力挽回李重进。

李家二子颤颤巍巍起身，拜谢不止，赶忙复归扬州。他们见到父亲时，李重进正在军营辕门前与诸将商议扬州防务。见到风尘仆仆的俩儿子李重进十分惊讶，但听完二子传达赵匡胤的话，却并不领情。

战事已然无可避免。

赵匡胤向众臣咨询："江南这一仗怎么打？当急攻，还是缓攻？"

枢密副使赵普认为："李重进外绝救援，内乏资粮，急攻亦取，缓攻亦取。兵法尚速，不如速取之。"

赵匡胤点头同意，开国乱局不可久拖，越快解决越好。

出征之前，赵匡胤向全军将士作战前动员："朕于周室旧臣之间，并没有什么猜疑嫌隙，但李重进不能体察朕的苦心，图谋造反，统领六师，在野不朝，朕当暂且前往慰抚他们。"

赵匡胤表明他对于前朝旧臣的明确态度。只要你不谋反，我不杀任何一位旧臣，并且全都留任，甚至加官晋爵。闹到征讨扬州这一步，完全是李重进一意孤行不知悔改的结果。他既然统领着"六师"不来归顺，那么我只能亲自前去"慰抚"他们了——这是兴兵讨伐的隐讳修辞。

继显德年间"三征南唐"之后，赵匡胤再次踏上江南的土地。建隆元年（960年）十月，他乘舟顺流东下，亲征扬州。

李重进见宋军来势凶猛，竟然向原本的敌人南唐求救。南唐君臣将眼前局势看得一清二楚，一致认为"李重进想要凭借残破扬州，数千弊卒，抵抗大宋万乘之师，就算韩信、白起复生，也没有成功的道理"。于是断然拒绝施以援手。

王师不日来到宋州，这可是龙兴之地，大宋的国号即源自于此处。赵匡胤原以为将受到宋州军民的热情迎接，却发现不少人愁眉不展、忧心忡忡。一问才知道，城中不少百姓都有儿子在扬州城当兵，如今皇帝兴兵征讨江南，做父母的都惴惴不安。

赵匡胤命令中使安抚城民，申明大宋王师不搞株连九族那一套，执意造反的是李重进，普通将士何罪？只要扬州军早日归降，必定赦免、优待降虏。宋州城民这才稍稍安心，叩谢天恩。

在此之前，侍卫马步军副都指挥使、归德节度使石守信已经领前锋军，先抵扬州围城猛攻。在强大的攻势下，扬州城摇摇欲倾，危若累卵。

赵匡胤大军行至大义（今江苏仪征）驿站时，收到石守信的军报："扬州眼看就要攻下，还请圣上亲临视察，见证破城一刻。"

赵匡胤大喜，快马加鞭杀向扬州。宋军士气高涨，送上致命一击，茫茫暮色中，扬州城与夕阳一起陷落。

李重进的结局与李筠如出一辙，带领家人赴火自焚。

叛乱既平，赵匡胤颁布一系列抚恤善后措施：安抚扬州百姓，开仓赈济粮食，每人发放一斛大米；赐予被李重进抓壮丁强迫从军的城民衣裳，放其归家；被征调的役夫，因战事死于城下的，免除他们家属三年赋税徭役，赐绢三匹；赦免李重进亲属、部下，逃亡者允许自首认罪，既往不咎；城中有尸体骸骨暴露于外的，这些阵亡将士不论王师还是叛军，都安排有司收棺埋葬。

大宋王朝的第一年，就这样有惊无险地过去了。面对危机四伏的复杂局面，赵匡胤亲征南北，如秋风扫落叶，干脆利落地平定"二李"之乱，迅速稳定人心，掌控宋初政局。

御前撤座，一张椅子明君臣之分

> 王者虽以武功克定，终须用文德致治。
>
> ——赵匡胤

赵匡胤和文臣士大夫的关系，得从一把椅子说起。

大宋开国第二天，宰相范质上殿奏事。

依照古已有之的惯例，宰相与天子议政，赐座赐茶，君臣坐而论道，这叫作"坐论之礼"。

范质正准备落座，赵匡胤发话："朕近来眼目昏瞆，范相持奏章，进前来奏事。"

范质移步上前，皇帝正襟危坐，他侍立一旁，恭恭敬敬呈上文书，禀奏政事。赵匡胤一边静静聆听，一边若有所思。

奏报完毕，范质回身，却发现椅子不见了，环视大殿，空空如也。

原来，内侍趁君臣议事之际，已悄然撤掉座椅。除了天子御座，殿堂内再也没有留给臣子的椅子。

范质是聪明人，没有多问，恭谨地站立着，神色如常继续与皇帝交谈。

从那一天起，"坐论之礼"被废止。椅子事小，背后牵连重大。

宰相座椅被撤，从此觐见天子，与文武百官一样只能站着跟皇帝说话。皇帝若给宰相赐座，那是特殊礼遇。表面上撤掉的是一把小小的椅子，实际上撤掉的是宰相过高的权柄。在这里，椅子具有浓厚的象征意味。皇帝坐着，大臣站着，不能平起平坐，以此彰显君臣之分。唐末五代以来，皇权衰微，权臣当道，于是朝政动荡。赵匡胤可不同于五代那些孱弱无能的皇帝，其开国之初就致力于加强皇权。

与皇权此消彼长、紧密相连的，是相权。

宋初三相的阵容——范质、王溥、魏仁浦，从后周延续下来，他们都是前朝旧臣。建隆元年（960年）二月，皇帝诏令，以范质加侍中、王溥加司空、魏仁浦加尚书右仆射。

明眼人都看得出来，赵匡胤最青睐的宰相人选是与他关系更密切的赵普。在陈桥兵变后，赵普先是担任右谏议大夫、枢密直学士，后被擢升为兵部侍郎、枢密副使，并没有马上登临宰相大位。

为了宋初政局的平稳，赵匡胤与赵普之间似乎达成了不言自明的默契，赵匡胤不急着酬谢赵普在陈桥兵变中的拥立之功，赵普也不急着登堂拜相。

建隆二年（961年）七月，范质上书主动请求罢相，称赞端明殿学士吕余庆、枢密副使赵普"富有时才，精通治道"，可为天朝宰辅。当时，开国刚一年多，赵匡胤认为时机还不成熟，没有应允。

到了乾德二年（964年）正月，范质、王溥、魏仁浦屡次请求引退，赵匡胤这才松口，三位来自前朝的宰相同时被免，赵普终于官拜宰相。

史家评述道："（赵普）以一枢密直学士立于新朝数年，待范、王、魏三人罢相，始继其位，太祖不亟于酬功，普不亟于得政。"（《宋史·赵普传》）

撤掉一把椅子，启用亲信担任宰执，这还远远不够。目光长远的赵匡胤从顶层设计上做文章，重构内阁机构设置，奠定了宋朝中央行政制度。

宋朝的中央行政机构，可概括为"二府""三司""台院"。

中书门下，也称"中书省"，掌握行政权。长官就是宰相，官职名为平章事、同平章事。设置宰相一到三名，又设副相参知政事一到三名。宰相办公府衙称政事堂。

枢密院，掌握兵籍、虎符，负责兵戎军事。长官名为枢密使、知枢密院事，副长官为枢密副使。枢密使与中书门下的宰相地位相当。

中书门下与枢密院，合称"二府"，即政府（东府）与枢府（西府），一政一军、一文一武。二府长官互相独立、分班奏事，枢密院与中书门下一先一后御前议政，所言两不相知。

二府之外，还有"三司"。

三司，也称"计省"，掌握财政权。长官名"三司使"，称"计相"。所谓"三司"，指的是盐铁、度支、户部三个经济民生相关部门。

二府、三司属于行政机构，此外还少不了监察机构。

御史台与谏院，掌握监察权。御史台负责监察百官，官员犯错即弹劾；谏院负责监督皇帝，帝王有失则谏诤。

君弱臣强是五代历朝一大通病，权臣祸乱朝纲之事不胜枚举。赵匡胤重构内阁，核心目的就在于加强皇权，使皇帝一人总揽权柄、独制天下。宰相的权力被一分为三，"中书主民，枢密院主兵，三司主财，各不相知"（《宋史·范镇传》），互不统属，都听命于皇帝。相权分割，权柄散落于各府司，再难有哪个大臣能够权倾朝野，乃至于危及皇权。

宋朝官制的独特之处，不仅体现在中央行政制度上，还体现在"官与职的分离"上。

虽然说自古以来公职人员都是"铁饭碗"，可宋朝的官员却一点儿都不稳定。每一位官员身上，都被赋予了三重名头：

"官"——官是品级，官名成为一种等级待遇的标识，只用来表示官位和俸禄的高低，"寓禄秩，序位品"，也称"寄禄官"，这个名头与官员所负责的具体事务毫无关联。

"职"——也称"帖职"，是一种加官、虚衔，诸如"殿阁""待制""学士"等文臣的荣誉称号，不但不代表实际权力，也和官员的职责所在没有关系。

"差遣"——也称"职事官"，这才是官员担任的实际职务，是他们真正要干的事儿。所谓"差遣"，意思是皇帝"差遣"你去干的活儿，具有临时职务的特性，这单活干完了，马上另调他职。名称前头带着"权"字的，大都属于临时差遣，如"权知某军州事""权知开封府""权知贡举"等。

元代学者马端临这样描述宋朝官制："台、省、寺、监，官无定员，无专职，悉皆出入分莅庶务（即皇帝的差遣）。故三省、六曹、二十四司，互以他官典领，虽有正官，非别敕（另有皇帝的命令）不治本司事。"（《文献通考》）

一种奇特的现象出现在北宋朝廷：三省、六曹、二十四司等官衙，虽然都有正式官员，但除非有皇帝特别的诏命，否则并不管自己本司的事务，官职名称与实际职务是分离的。反正有什么事，都由皇帝"分莅庶务"。

比如，尚书省其下设置了兵部，长官为兵部尚书。但兵部尚书只是虚衔，顶着这个名头却并不掌握本该它管的兵权。真正执掌军政的是皇帝

"差遣"的枢密使。

官与职殊，职权分离，名与实混淆不一。这种极为特殊的官制，是赵匡胤煞费苦心想出来的，目的就在于弱化官员权力，强化中央集权。官职名称与实际职务相脱离，一切都是临时"差遣"，官员因为频繁调动，谁都无法集中和强化他手上的权力，因为你刚在一个岗位上凝聚了威望，席不暇暖，就随时可能被调走，"志未伸，行未果，谋未定，而位已离"，去接受皇帝新的"差遣"，从头再来。

赵匡胤和文臣士大夫的关系，还得从两颗牙齿接着说。

有一回，赵匡胤在皇宫后花园弹鸟雀玩儿，正玩得兴起，内侍传报，一位大臣有急事求见。国事不能耽搁，赵匡胤扔下弹弓，即刻接见。一听完那大臣奏报，赵匡胤莫名生出一股火气来：

"朕还以为有什么急切大事，此等鸡毛蒜皮的寻常小事，也来烦朕，坏了朕的好兴头，你该当何罪！"

"臣以为，所奏之事再不急迫，也比陛下在后花园弹鸟雀要急！"

好个牙尖嘴利、口无遮拦的臣子！赵匡胤的火气噌地一下直往上冒，随手操起身边玉斧，往臣子身上扔，斧柄正正打中那人的脸，两颗牙齿掉了下来。

那臣子慢慢蹲下，轻轻拾起两颗染得血红的牙齿，小心翼翼地放在怀里。

"竖子！藏起两颗牙，难不成还准备去起诉控告朕吗？"

"依礼法，臣不能起诉陛下，自当有史官书写此事。"

赵匡胤一怔，登时醒悟，息怒停瞋，上前抚慰道："暴怒失态，这都是朕的过失，赐卿金帛，给卿赔不是了。"

赵匡胤明白，帝王拥有至高无上的皇权，可皇权之上，还有天道大义、千秋史笔、功过评说，为君者当心存敬畏，戒慎恐惧。

诚如那人所言，后来秉笔直书的史官记下了这两颗牙齿的故事，让后人瞧见直言敢谏的臣子，以及知错能改、懂得反省的赵匡胤。

赵匡胤武将出身，脾气暴，虽然时常发火动怒，但拿斧头敲掉大臣牙齿的事并不常见。更多时候，他对臣属给予极大的优容善待。

赵匡胤一次用膳时，美味佳肴一道一道传递上桌，他的目光不自觉地停在其中一道菜肴上。只见碗碟边有一个黑乎乎的异物，凑近仔细一瞧，竟是只虱子在那慢悠悠地爬行。

内侍大惊失色，慌忙撤下碗碟："官家勿恼，臣马上彻查……"

"且慢。"赵匡胤低声道，"不要让掌膳者知道，无须声张。"

"这……"内侍先是疑惑不解，很快明白赵匡胤的良苦用心。掌管御膳房的内廷官员要是知道了，必定会重重责罚今日掌勺的厨子。皇帝心有不忍，大肚能容人过，正如史书中对赵匡胤性情的形容："宽仁而多恕"。

对待一个厨子尚且如此，更不用说对待文官大臣了。

开宝四年（971年），右拾遗梁周翰被任命在皇家织造绫锦的场院作坊担任监工。后来，绫锦院发生生产事故，梁周翰杖责肇事者甚重，差点打出人命，织锦工人于是向朝廷告发，称梁周翰每次杖责工人，打板子比法条规定的还要打得更重更多。

赵匡胤最重法治规章，听闻此事，抓来梁周翰问罪。

"你给场工多打了多少板子，都照数一个不少在你小子身上打回来！"

"不可！"

"有何不可？"

"臣负天下才名，受杖不雅。"

此人的确颇负才名，是宋初古文运动的领军人物。他昂首挺胸的骄矜憨直之态，把赵匡胤给逗乐了，畅快大笑之余，皇帝也体悟到保全士大夫尊荣体面的重要性。于是不打板子，改为罚俸。

上文曾说到，赵匡胤立下一座神秘誓碑，碑文所言，除了庇护柴氏子孙之外，另一条同样意义重大："不得杀士大夫及上书言事之人。"这是赵匡胤为他的继任者立下的"祖宗家法"。

刚刚结束的五代乱世，武人当道，文人备受轻视，朝不保夕，更遑论治理政事。文人势微，于是大道不行。赵匡胤想要拨乱反正，就必须首先保障文臣最基本的生存权，给予士大夫应有的尊严及安全感。

乾德四年（966年），赵匡胤曾与翰林学士承旨陶毂等人谈论历代帝王得失，言道："则天，一代女主，虽刑罚枉滥，然终不杀狄仁杰，所以能享国者，良由此也。"对于前代帝王，赵匡胤尤其不喜欢武则天，批评她启用酷吏，用刑太过严苛，唯一肯定她的一点，就是不杀大臣。

"不杀士大夫"，并不是说文臣犯法就可以免罪，这不符合法治原则。后世有人统计，赵匡胤在位十六年，总共杀了八十八位臣子，其中谋反罪二十二人，坐赃罪二十五人，失职罪三十三人，其他罪八人。这些人大多是谋逆叛乱、贪赃枉法等依法当斩之徒，且多为中下级官吏，不是誓碑中所指的"士大夫"。

所谓"不杀"，准确含义是不轻率杀人，而不是绝对不杀。

宋仁宗时，参知政事范仲淹曾评论道："祖宗（指宋太祖赵匡胤、宋太宗赵光义）以来，未尝轻杀一臣下，此盛德之事！"

宋哲宗时，宰相吕大防以"宽仁"盛赞赵匡胤："前代多深于用刑，大者诛戮，小者远窜，惟本朝用法最轻，臣下有罪，止于罢黜，此宽仁之法也。"

宋神宗时，陕西边境战事不利，皇帝下令斩杀一批负责漕运的官员以儆效尤，宰相蔡确反对："祖宗以来未尝杀士人，臣等不愿从陛下这儿开始破例。"宋神宗恨恨道："那就脸上刺字，发配边疆！"另一位大臣章惇跳出来反对："若如此，还不如杀之。"神宗问其缘由，对曰："士可杀，不可辱。"神宗大怒："朕连一件快意事都不能做吗！"章惇回答："如此快意事，不做得也好。"

可见，赵匡胤立下"不杀士大夫"的规矩，对整个宋朝影响深远。

赵匡胤和文臣士大夫的关系，还要从几个碗碟继续道来。

即位不久，在一次太庙祭祖活动中，赵匡胤瞧见案堂上摆放着一个个形状各异的碗、罐、盆等器物，心生好奇："此何物也？"

礼官答："回禀官家，这是笾、豆、簠、簋……皆为祭祀礼器。"

"礼器？不就是碗碟儿吗？哪来这许多讲究？劳什子玩意儿，我都认不得，我祖宗哪里认得！都撤了！"

见天子怫然不悦，礼官只能遵命。

祭祀典礼开始，赵匡胤叩拜行礼完毕，起身离开，走到太庙门口忽然止步，若有所思，回头对礼官道："古礼不可废。方才那些碗碟儿，都取回来摆上，让后面的大臣、儒生行礼祭拜。"

礼器这件小事，极为典型地显露出赵匡胤身上矛盾复杂的思想与性情：一方面，他武将出身，豪爽洒脱，不拘小节。不就是个碗儿吗，竟然还有笾、豆、簠、簋这么多区分，让人头都大了。就以他的本性来说，最是厌烦这些繁文缛节。但另一方面，敏锐聪慧的赵匡胤又能够很快意识到，祭祀礼器绝不仅仅是几个碗碟这么简单。礼者，国家之纲常。礼器代表使用者的身份、等级与地位，代表尊卑有序、远近有别的伦理秩序，断不可废弃。乱世百年，正是需要重建礼乐秩序的时候。

建隆元年（960年）某日，翰林学士窦仪入宫接受天子口谕以起草诏令，来到后苑，在苑门口远远往里一瞧，只见赵匡胤未穿朝服，只着宽袍大袖的便装，松松垮垮，跣足（赤脚）盘腿而坐。时值夏夜，天气炎热，几案上摆满各色瓜果、佳酿，内侍在旁轻摇蒲扇，送来习习清风，赵匡胤悠哉恣意，正在消暑纳凉。

窦仪眉头微皱，停下脚步，敛容伫立，一动不动。

"窦学士，窦大人？"合门使负责官员接引，见窦仪闭着眼，像根柱子似的杵在那儿，怎么叫唤也不理会，只能入苑来向皇帝报告。

赵匡胤扭头往门口一瞥，再低头瞧瞧自己的穿着，马上领会窦仪的意思。

"哈！窦学士好似一株苍松傲立宫门！且让苍松再立一会儿……"

赵匡胤大笑着，起身入寝殿。不多久，穿戴整齐归来，命人撤掉瓜果杯酒，正襟危坐，准备妥当，这才由合门使传唤窦仪觐见。

"苍松"来了，还没等赵匡胤开口，就抢先道："陛下创业垂统，宜以礼示天下。臣虽不才，不足以劳驾圣顾，只恐四方豪杰听说此事后会弃之而去。"

天子有天子的礼仪规范，赵匡胤点头称是，于是收敛笑容，不再嘻嘻哈哈，与窦仪交办政事。

太祖皇帝虽然读书不多，谈不上精通文章辞赋、谙熟学问典故，但可贵的是，他能够听取臣子的谏言，懂得反躬自省进而及时纠偏。他视野广阔，思想通达，富有远见，其见识、格局、胸怀远远超越历史上其他的武夫皇帝。

赵匡胤有一次巡查朱雀门，指着城门牌匾，询问赵普："为什么不直接写'朱雀门'，中间要加个之字呢？"赵普抬头一瞅，牌匾上果然写着"朱雀之门"四个大字，一时间也没有什么急智妙对，只能如实回答："之是语助之词。"赵匡胤笑道："之乎者也，能对什么事情有帮助呢？"（太祖笑曰："之乎者也，助得甚事？"——《湘山野录》）

赵匡胤对皇子的老师讲得很明白："帝王之子，当务读经书，知治乱之大体，不必学作文章，无所用也。"

可见，赵匡胤对文章辞赋并不感兴趣，对掉书袋、文字游戏甚至有些厌烦与轻蔑。赵匡胤重"文"，重的不是繁文缛节、舞文弄墨的"文"，他重的是"文"之大道，是孔夫子所说的"郁郁乎文哉，吾从周"的那个"文"。

所以，赵匡胤与文臣士大夫的关系，不仅仅是君王对臣子的善待优容，背后牵连出更为重大的议题：文治，乃是大宋的立国之本、根基所在。

清平盛世，皆为文治。《周易》贲卦象辞上言道："刚柔交错，天文也；文明以止，人文也。观乎天文，以察时变；观乎人文，以化成天下。"以文教化，正是古代圣德明君治国理政的指导思想。

从开国君主的喜好与风尚，就大概可以预测这个朝代的发展方向。众所周知，宋朝最突出的特征莫过于"尚文"，这与开国太祖皇帝紧密相关。（"自古创业垂统之君，即其一时之好尚，而一代之规模，可以豫知矣。艺祖（赵匡胤）革命，首用文吏而夺武臣之权，宋之尚文，端本乎此。"——《宋史·文苑传》）

"王者虽以武功克定，终须用文德政治。"这是赵匡胤的名言，他明白"马上得天下，不能马上治天下"的道理，确立了偃武修文、"兴文教，抑武事"的基本国策。具体而言，重文抑武，其"重"有三：重用文臣士大夫，看重知识学问，重视文化教育。

赵匡胤曾发出"宰相须用读书人"的感慨。

建隆三年（962年），赵匡胤决定变更年号为"乾德"，特地让宰相们查一查历史档案，确认自古以来没有王朝曾经使用过这一年号，倘若与前代重复那可就尴尬了。

乾德四年（966年），大宋灭后蜀，一些蜀国宫女随蜀主孟昶来到汴梁，进入大宋皇宫。赵匡胤偶然瞧见后蜀宫女妆奁盒中有一面旧铜镜，赫然镌刻着"乾德四年铸"五个鎏金大字。

这就奇了，此时刚到乾德四年（966年）五月，就有新镜铸造入宫了？也不对，这面铜镜破旧成这个样子，绝不可能是新近铸造。

赵匡胤思维敏捷，对于个中缘由已然猜到七八分。他召集宰相赵普等大臣，也不说明铜镜由来，命他们好好解释解释这"乾德四年铸"究竟怎么回事。大臣们一个个汗如雨下，谁也说不出个所以然来。

唯有窦仪解开了这个谜团："此镜定是蜀地之物，前蜀国主王衍曾有'乾德'年号，此镜当为前蜀乾德四年所铸。"

博学多闻的窦仪佐证了赵匡胤的猜测。从前蜀乾德年间到大宋乾德年间，相距不过才四十多年，竟然犯了两朝年号雷同的稀罕事，赵匡胤觉得丢人至极，不禁发出由衷的慨叹："宰相须用读书人！"

经由这件事，太祖皇帝愈发敬重儒者学士，尤其偏爱窦仪这样学富五车又刚直端正的读书人。窦仪去世后，赵匡胤悲痛不已："朕薄祐无福啊，上天为何这么快夺走我的窦仪！"

五代十国时期，历史舞台上的主角是那些叱咤风云的武将、军阀、节度使，作为配角的文人无足轻重，甚至受到蔑视与打压。国家权柄掌控在一众武夫之手，宰执文臣不能有效管理政事，造成政局动荡、道德沦丧、价值失序等一系列恶果。

宋朝则来了个乾坤大挪移，逆转了重武轻文的风气，文臣成了香饽饽，武将靠边站。北宋中期，宋英宗的大臣、书法家蔡襄这样形容当时的政坛：当今朝廷选官用人，大都任用文士，"大臣，文士也；近侍之臣，文士也；钱谷之司，文士也；边防大帅，文士也；天下转运使，文士也；知州郡，文士也。"（《国论要目》）

大量文人进入仕途，从朝廷大臣到州郡官员，大都由儒士担任，甚至像枢密院长官、边防大帅这样负责军事的职位，也由文臣领衔。并且在制度上规定，文臣的升迁要快于武将。宋代文人的社会地位显著提升，翻身成为历史舞台上的绝对主角。有诗为证：

> 天子重英豪，文章教尔曹。
>
> 万般皆下品，惟有读书高。
>
> 少小须勤学，文章可立身。
>
> 满朝朱紫贵，尽是读书人。

北宋汪洙的这首《神童诗》脍炙人口，正是由于"天子重英豪"，才有了"满朝尽是读书人"的局面，才有了"万般皆下品，惟有读书高"的社会共识。

赵匡胤的一大爱好，就是不厌其烦地劝人读书。

自登基后，他始终倡导百官读书。以赵普领衔的宰相班子，犯下重复乾德年号这样的低级错误，虽然赵普是他的心腹亲信，但赵匡胤也对赵普直言不讳："卿苦不读书，今学臣角立，隽轨高驾，卿得无愧乎？"（《玉壶清话》）赵普精于吏道，但并不博通儒道学问，再不读书，可就要被雨后春笋般涌现的俊秀文臣超越了，对此难道不羞愧吗？赵匡胤忠言逆耳，殷切期望赵普能够知耻而后勇。赵普受此鞭策，从此养成手不释卷的习惯。

不仅文臣，他还劝武将读书。

"现在这些个武将文臣，我想要他们全都去好好读书，这样做的可贵之处，就是让他们能够多少知道些治国爱民之道。"建隆三年（962年）二月，赵匡胤说出这句话的时候，左右近臣不知如何回应，难以理解皇帝的用意。

让武将读书，不是要莽夫们吟诗作赋，而是要让他们明白忠孝节义的大道，改掉从前飞扬跋扈、目无纲纪的臭毛病。这是赵匡胤根治五代武将作乱之弊的重要手段。

劝武将读书的效果可谓立竿见影。武将党进，原本大字不识一个，粗鄙无文。他外派戍守边关，临行前向皇帝辞行，按规矩应当举行致辞仪式，由大臣奉上一段辞藻华丽的颂词。赵匡胤知道党进是个大老粗，不愿为难他，传谕免掉这个环节。不料，党进不干了，非坚持致辞不可。礼仪官员帮他写好稿子，让他背熟，照本宣科即可。可真到天子面前，党进一紧张，大脑突然一片空白，背好的词儿到嘴边全溜走了，他大脸涨得通红，伏地跪着，半天憋出一句：

"臣闻上古，其风朴略，愿官家好将息。"

这没头没尾、不着四六的一句话，已经是他绞尽脑汁能想到的最文雅的句子了，也是难为党进了。在场的仪仗卫士掩口而笑，几乎要御前失仪。赵匡胤微笑不语。后来，身边人问："太尉当时为什么忽然念出那两句？"党进倒耿直得可爱，坦言道："我尝见措大们（读书人）爱掉书袋，我也掉一两句，也要官家知道我读书了。"（《玉壶清话》）

史家形容赵匡胤的性情："严重寡言，独喜观书。"（《续资治通鉴长编》卷七）赵匡胤不止劝人读书，本人也垂范天下。一个"喜"字值得玩味咂摸，他并不是书生、学究似的"苦读"，他读书常常不求甚解，只是观其大意，融会贯通。最重要的是，他能够从阅读中收获喜悦和乐趣。称帝之前，他就经常抽空读书，即使是出外征战也不例外。显德年间，他征讨南唐时运回一车一车书籍，多达几千卷，还一度被世宗柴荣误以为他贪渎金银财物。等到开宝九年（976年），赵匡胤平定南唐，他对南唐后主李煜的大量藏书觊觎已久，下令将所有书籍全部运到京城来，如获至宝。

在赵匡胤眼中，书籍当然也是某种金银财宝。"书中自有千钟粟，书中自有黄金屋，书中自有颜如玉。"这耳熟能详的名言，出自他的后代宋真宗赵恒之口。赵匡胤开了个好头，有宋一代，整个社会上至朝堂下至民间，形成一股尊重知识、以读书为荣的风气。

重用文臣、看重知识的同时，太祖皇帝高度重视文教，尊崇儒学。

赵匡胤以圣贤之道教化天下，在宫城内设立隆儒殿，以示对儒生士大夫的尊重。登基首月，他便亲临国子监巡视，第二个月又来一趟，向外界释放"隆儒师古、躬化天下"的信号。下令修葺扩建国子监的学社、祠宇，在国子监的板壁上，令画工绘制"先贤十哲"画像。赵匡胤亲自为孔子、颜回撰写赞词，其余圣贤赞词由宰执大臣执笔。赵匡胤为孔子所写的《宣圣赞》云：

> 王泽下衰，文武将坠。尼父挺生，河海标异。祖述尧舜，有德无位。哲人其萎，凤鸟不至。

赵匡胤称颂孔子在"王泽下衰"的世道，能够"祖述尧舜，宪章文武"，捍卫贤明圣王之道。建隆二年（961年），他下诏要求，凡是中贡的举人，都必须到国子监拜谒孔子。在位期间，他本人也时常来此瞻仰先贤圣人。每到国子监开学之日，不忘送去御酒、瓜果表示祝贺，以及对学子的勉励。

文明就在这一点一滴中生长，文化就在这一言一行中哺育。

诚如近世史学大家陈寅恪所言："华夏民族之文化，历数千年之演进，造极于赵宋之世。"（《隋唐制度渊源略论稿》）人们常将唐、宋并举，如果说，大唐是威武雄健、蓬勃昂扬的大唐，那么大宋则是文质彬彬、温润儒雅的大宋。三百年文教昌明、文化兴盛、文德政治，孕育出灿烂辉煌的宋文化。而这一切，都起源于宋太祖赵匡胤的"建隆之治"。

攻心为上，谈笑间杯酒释兵权

> 天下有二权，兵权宜分不宜专，政权宜专不宜分。政权分则事无统，兵权专则事必变。
>
> ——赵普

对待武将，赵匡胤同样宽容厚待。对这一点，他的两位老相识最有感触。

建国之初，有一回赵匡胤与群臣宴饮，酒过三巡，似醉非醉的皇帝抬手指向一员武将："你，出来。"

那武将惶然起身，低头不敢直视皇帝。

"卿昔日在复州，朕前往投奔，为何不接纳？"赵匡胤眯着眼，似笑非笑。

赵匡胤年轻时外出游历，前去投奔复州防御使王彦超，王大人拿十贯钱就将他给打发了。世事难料，当年那个落魄的年轻人，如今贵为九五之尊。王彦超心里打鼓：此刻旧事重提，莫不是要秋后算账？

他急中生智，疾步走下大殿台阶，顿首跪拜："一勺浅水，如何令神龙栖息？当年陛下未留滞复州小郡，而今君临天下，皆天意也。"

赵匡胤爽然大笑，令王彦超平身，没有再逼问什么。

王彦超大概以为终究难逃处罚，第二天主动奉表请罪。赵匡胤派遣中使宦官前往他的住处，宽慰惶恐不安的王彦超。

后来，他照例入朝觐谒，君臣面对面时才发现，赵匡胤根本没有把那些陈年旧事放在心上。后来，王彦超历任永兴军节度使、凤翔节度使兼中书令，不仅未受责难，反而被委以重任。王老爷子一直活到了宋太宗雍熙三年（986年），享年七十三岁。

当年得罪赵匡胤的，可不止王彦超一位。

赵匡胤有一天心血来潮，在便殿召见武将董遵诲。

董遵诲一入大殿，没等皇帝发话，便匍匐跪地："罪臣该死，死不足惜，请陛下赐罪！"

赵匡胤道："岁月如梭，董卿可还记得昔日城楼紫云、黑蛇龙化之梦？"

董遵诲哪能不记得。当年赵匡胤离开复州之后，投奔随州刺史董宗本，其子董遵诲时时挑衅，逼得赵匡胤只能离开随州。董遵诲曾对赵匡胤说道："我经常看到城楼上空，紫云弥漫如同车盖。又梦见自己登上高台，遇见一条黑蛇，长百尺有余，俄而化作神龙，伴随电闪雷鸣，往东北飞去。不知奇观怪梦何意？"那时，赵匡胤笑而不语，没有理会。

此刻，二人再次相遇，身份已然是天差地别。

赵匡胤往事重提，董遵诲急汗如雨，慌忙回道："紫云压城、黑蛇化龙，乃天子降临之兆。臣当时年少无知，有眼不识泰山，竟不识得天子就在眼前，惭愧惶恐……"

后来，董遵诲部下有军卒敲登闻鼓，状告董遵诲不法之事十余件，赵匡胤没有追究。董遵诲听说了，越发惊惧不安。

赵匡胤对他直言道："圣朝方立，朕正赦免群臣罪过，赏赐百官功绩，岂会念旧恶不放？这也未免太看轻朕！你大可安心，卿乃将帅之才，朕还打算委以重任呢。"

董遵诲再次叩拜，感激流涕。

"汝母安在？"赵匡胤突然问。

"母氏在幽州，罹经战乱，两地分隔许久。"

"哦……"赵匡胤若有所思，没有再说什么。

后来，董遵诲外调离京。某一日，离散多年的老母亲竟然回来了，他惊讶得半天说不出一句话来。

董母道："多亏了圣德天子皇恩浩荡。"

那时候，幽州被契丹人占领，赵匡胤暗中派人前往边境，贿赂边民，想办法把董母接回来，安然无恙地送归儿子身边。

董遵诲既诧异又感激，费心挑选一匹汗血宝马送往京城，委托在京的表弟刘综敬献天子。

赵匡胤也很欣喜，脱下身上穿的真珠盘龙衣，交给刘综："替朕赐予董将军。"

"这……"刘综拜谢推辞道，"遵诲乃人臣也，岂敢当此！"

"无妨。朕正要将一方军务委任于他，传朕的话，让他无须避嫌顾虑，替朕尽心竭力守卫边疆便好。一件常衣而已，朕赐的，穿上便是！"

乾德六年（968年），董遵诲被任命为通远军使，负责西北边境防务。到任后，他召集各族酋长，晓谕朝廷威德，平定边关骚乱，把军政事务处理得井井有条。赵匡胤嘉奖其卓越功劳，拜罗州刺史。董遵诲在通远军边境十四年，安抚一方，西夏人对他心悦诚服。宋太祖赵匡胤、宋太宗赵光义两朝，西北边境大体上安然无事，董遵诲总算没有辜负赵匡胤的宽容恩遇。

赵匡胤驭将有道，不念旧恶，胸襟广阔，能容人过，除非犯下了贪赃枉法、谋逆叛乱这样的大罪，一般不以重刑处罚功臣武将。

然而，对于手握兵权的武将，仅有优容亲善这一招远远不够。

"自唐代镇兵拥立留后，积习相沿，直至五代，造成国擅于将、将擅于兵的局面。"（钱穆《国史大纲》）

不受控的武将，堪称五代一大乱源。君王控制不了将帅，将帅控制不了手下的兵。骄兵悍将甚至能够左右皇帝的废立，郭威和赵匡胤都是在军队拥立下登临大位。后汉大将郭威，推翻后汉建立后周；后周大将赵匡胤有样学样，推翻后周建立大宋。赵匡胤绝不希望这样的剧情重演，大宋王朝想要国祚绵长，必须从根子上解决武将擅权问题。

事情的复杂性在于，那些功勋卓著、位高权重的武将们，可都是跟着他出生入死打天下的老伙计，在陈桥兵变中从龙有功。赵匡胤对他们既要优赏恩遇，又要收权抑制，两项目标之间存在显而易见的矛盾冲突。鱼和熊掌，如何兼得？

赵普数次向赵匡胤进言，建议撤掉石守信、王审琦等人在禁军中的职位，授予其他官职。

赵匡胤要么顾左右而言他，要么直接回绝。赵普很有耐心，一有机会就见缝插针，旧事重提，赵匡胤终于忍无可忍，索性把话挑明：

"石、王诸将，追随朕多年，忠心耿耿，必定不会叛朕，卿究竟在担忧什么？"

"臣并不担忧他们背叛陛下。只是臣仔细观察石、王等人，皆非统帅之才，恐怕不能制服部下。军中若有图谋不轨者，到时他们怕是身不由己，难以控制局面。"

赵普说得含蓄，点到为止。兵士拥逼主将上位的场景，不是刚刚在陈桥驿站发生过么？赵匡胤默然，若有所悟。

最终，他下定决心彻底解决武将擅权问题，一场千古闻名的宴会拉开帷幕。

宴会发生在建隆二年（961年）七月的汴京皇宫。盛宴的主人自然是大宋皇帝，宴请对象全都是禁军高级武将，包括石守信、王审琦、高怀德、张令铎等人。

酒酣耳热、气氛欢畅之际，赵匡胤以目示意，屏退左右。大殿之内，没有外人，赵匡胤一脸诚恳地对弟兄们说："我非尔曹之力，不得登此大位。每每感念诸卿恩德，无有穷尽。"

"陛下有这份心，我辈为陛下肝胆涂地，赴死亦心甘情愿！"

赵匡胤话锋一转："诸卿有所不知，天子也有他的难处，还不如当个节度使快乐！自从登基以来，我没有一天能睡个安稳觉啊！"

诸将不明其意，皆问何故。

赵匡胤半醉半醒，看似漫不经心地说道："缘由也不难知晓，我坐在这个位置上，谁不想取而代之？"

"陛下何出此言？今天命已定，谁敢复有异心？"

"不然。弟兄们虽无异心，朕也信得过，但难保麾下兵将没有图谋富贵之徒，一旦黄袍加在你们身上，到时候即使不愿意就范，诸位恐怕也身不由己喽！"

诸将大惊失色，纷纷起身，顿首道："臣等愚钝，未能考虑到这一点。唯愿陛下哀矜垂怜，指示臣等一条生路。"

"都起来吧。人生如白驹之过隙，但求富贵而已，多积金钱，厚自娱乐，使子孙后代不再贫苦，便是圆满。既所求如此，尔曹何不释去兵权，外出镇守大藩，购置良田好宅，为子孙立下永不可动之产业。平日里，多置歌儿舞女，日日饮酒畅怀，以终天年，岂不美哉？到那时，朕与尔曹约为婚姻，君臣之间，两无猜疑，上下相安，不亦善乎？"

"陛下顾念臣等至此，真令臣等白骨生肉、死而复活啊！"诸将拜谢再叩首。

第二天，参加此次宴会的诸位将领，全都不约而同地称病不朝，同时上表请求卸去军职。

赵匡胤顺水推舟，对禁军人事安排进行重要调整：

原侍卫都指挥使、归德节度使石守信，改封天平军节度使。

原殿前副都点检、忠武节度使高怀德，改封归德节度使。

原殿前都指挥使、义成节度使王审琦，改封忠正军节度使。

原侍卫都虞候、镇安节度使张令铎，改封镇宁军节度使。

就在不久前，建隆二年（961年）闰三月，两位领兵在外的大将殿前都点检慕容延钊、侍卫马步军都指挥使韩令坤入朝觐见，皆被免去禁军职务，慕容延钊改任山南东道节度使，韩令坤改任成德节度使。

至此，宋初六大核心将领——慕容延钊、韩令坤、石守信、王审琦、高怀德、张令铎——全数被罢去军职，这就是历史上著名的"杯酒释兵权"。

"杯酒释兵权"可不是喝喝酒划划拳闹着玩儿，全都是来真的。

首先，诸将皆被免去禁军职位，只领地方节度使之衔。唯有石守信还兼任侍卫亲军都指挥使不变，但也已经没有实权，一年后，石守信自请解除军职。

其次，在节度使职务上，对每一位将领进行一次"移镇"，将他们调去别处藩镇，防止他们在一个地方待久了势力滋长。这种调防移镇的做法，在后来赵匡胤着手削弱藩镇之权时也得到推广运用。

再次，"殿前都点检"职位不复存在。"点检作天子"的流言传得沸沸扬扬，赵匡胤就是在这个职位上夺取帝位的，使得"点检"一职被染上了一层神秘色彩。立国之初，殿前都点检暂由慕容延钊出任，一年之后被免。空缺了一段时间后，赵匡胤决定，从此禁军中不再设立"殿前都点检"。

赵匡胤声言与卸职的武将"约为婚姻"，并非虚言。

开宝三年（970年），昭庆公主嫁给王审琦之子王承衍。

开宝五年（972年），延庆公主嫁给石守信之子石保吉。

一顿酒宴，皇帝几多感慨、推心置腹，武将深明大义、感恩戴德。君臣推杯换盏，谈笑间赵匡胤尽收将帅权柄。这一出"杯酒释兵权"可谓精彩纷呈，极富戏剧性。然而，热闹的大戏背后，还有更多复杂深刻的意味值得细品琢磨。

"杯酒"只是抢戏的道具而已，真正"释兵权"的，当然不是"杯酒"。赵匡胤真正的杀手锏，叫作"赎买之术"。

他以丰厚财富、高官贵爵作为交换，换取统军大将手中的兵权。只要愿意交权，朝廷毫不吝啬，慰抚赏赐甚为优厚，足够颐养天年，福荫子孙。

从这个角度解读，本质上，"杯酒释兵权"是一场交易。

对此，北宋文学家曾巩曾有一段评论：

> 太祖之置将也，隆之以恩，厚之以诚，富之以财，小其名而崇其势，略其细而求其大，久其官而责其成。……夫宠之以非常之恩，则其感深；待之以赤心，则其志固；养之以关市之租，则其力足；小其名而不挠其权，则在位者有赴功之心，而勇智者得以骋。（《任将》）

为帝王者最忌惮手握重兵的武将，于是"兔死狗烹、鸟尽弓藏"的悲剧一再发生，君臣可以共患难，却难以同富贵，功臣良将往往结局悲惨。汉朝开国皇帝刘邦、明朝开国皇帝朱元璋都大行诛杀功臣。由此观之，赵匡胤"杯酒释兵权"难能可贵。

宋太祖的驭将之道，隆恩、厚诚、富财，全都是一以贯之的怀柔策略，因怀柔而仁义生。那顿酒宴的表面欢畅之下，实则暗流涌动，觥筹交错之间是皇帝与武将你来我往的权力博弈。但这博弈文明、理性，没有血腥杀戮，没有激烈冲突，未流一滴血，功勋武将各得其所，最终皆大欢喜。这是属于大宋王朝的政治文明。

革命尚未成功，"杯酒释兵权"只迈出了第一步。

功勋武将一个个归隐田园，但问题也来了：禁军各司主将的位置总不能一直空着，谁来接替？

建隆四年（963年）二月，天雄军节度使符彦卿入朝来拜，赵匡胤给予其大量赏赐。此时，他已有意让符彦卿接替石守信、王审琦等人，执掌禁军大权。

赵普提出反对意见："符彦卿名位已盛，不可复委以兵权。"

赵普劝谏多次，但还是没有改变皇帝的主意。一来，皇弟赵光义娶了符彦卿小女儿，符家与皇室已结为姻亲；二来，陈桥兵变后，符将军是第一位站出来对新朝表示拥护的藩镇大员，赵匡胤对他很信得过。

委任符彦卿的诏书还是下发了。赵普这牛脾气可没那么容易善罢甘休，他竟然私自拦截诏书，藏在怀里，又来觐见皇帝。

"还是符彦卿的事吗？"赵匡胤的言下之意是，如果是的话那就不聊了。

"非也。"赵普东拉西扯禀奏一堆其他事情，说了半天，这才慢悠悠地从怀里掏出诏书，毕恭毕敬地呈上。

"哈！我就知道，果然还是此事。诏书为何在你手中？"

"陛下恕罪，臣假托诏书文辞尚存怪异难解之处，便擅自截留。如此妄举，唯愿陛下深思利害，审慎决断，将来不要后悔。"

赵匡胤叹了口气："卿如此苦苦猜疑彦卿，不依不饶，究竟是为何？朕待彦卿甚厚，彦卿岂能辜负朕？"

"陛下何以能负周世宗？"

"这……"

因为关系好，就笃定符彦卿不会辜负你，那当初柴荣待你同样甚为优厚，你又为何辜负了柴荣呢？赵普祭出这致命一问，赵匡胤默然。后来，关于符彦卿的任命诏书终究没有发出去。

赵普直言不讳，点醒了皇帝，人心惟危，在禁军将领接替人选的选择上，交情关系是靠不住的。经过此事，赵匡胤重新思考，调整了选人思路。他剑走偏锋，兵行险招，最终做出了不同寻常的选择。

韩重赟，新任殿前都指挥使，资历名位较低，为人低调不张扬。

张琼，新任殿前都虞候，一员猛将，但也只是一介莽夫，并没有将帅大才。

刘光义，新任侍卫马军都指挥使，才能平庸，无所知名。

崔彦进，新任侍卫步军都指挥使，无甚野心，只是贪财，并不热衷权势。

赵匡胤换上的新一批禁军将领，他们共同的特点是：资历尚浅，名望不足，才能平庸，尤其与那几位刚刚被罢免的威名煊赫的大将军相比，更是相形见绌。

一般而言，用人肯定都选择强人能人，赵匡胤反其道而行之，选用"庸才"。这当然是经过深思熟虑、有意为之，是在建国之初这一特殊时期，针对禁军这一特殊领域的非常之策。因为"庸才"同时意味着忠心耿耿，容易摆布，对皇权的威胁最小。

这一独特的用人法则影响深远。后人发现，北宋禁军将领多以德才庸碌、憨厚忠直者任之。而且将帅位置时常空缺不授，或者以低级别武将权且代领。这一切，都是为了避免武将做强做大。

哪怕让庸才上位，也不能一劳永逸。只要这些接任者一旦出现了不安分的苗头，赵匡胤总是当机立断决不轻饶。

韩重赟是"义社十兄弟"之一，与老赵交情颇深，他出任殿前都指挥使，执掌殿前司。后来，有流言蜚语传到皇帝耳朵里，说韩重赟挑选部分殿前司将士，作为亲兵心腹。

武将培养私兵，这无疑是犯了大忌。赵匡胤龙颜大怒，哪里顾得"义社十兄弟"的情谊，正要缉拿严惩韩重赟，赵普劝道："陛下九五之尊，不必自掌亲兵，须挑选善任者，将亲军交付于他。如今韩重赟之事，只有流言，尚无实证，若仅以谣传便诛杀大将，禁军上下必将人人惧罪，谁还愿肝脑涂地为陛下掌兵？"

赵匡胤听劝，暂且放过韩重赟。

传言虽然一直没有得到证实，但在不久之后的乾德五年（967年）二月，韩重赟还是被解除军职，外派为彰德军节度使。从此事可以窥见，赵匡胤对武将的防范到了怎样谨小慎微的程度。

杯酒释兵权，以庸将接任，完成这两步走，"人"的问题总算圆满解决。

"人"的问题解决了，但"权"的问题仍未从根上破解。

赵匡胤明白，拿掉几个武将，只是一时之策，表面上解除了眼前危机，但治标不治本。想要长治久安，必须从制度建设入手。构建起一套完备的兵制，从体制机制上杜绝武将专权的可能，这才是抽薪止沸的长久之计。

制度，表面上不过一纸文书，看似死板教条，但其实一项好的制度，都有贯穿其中的思想理念，都有它活的灵魂。

由赵匡胤主导创制的宋朝军制，它的灵魂就是"分权"与"维制"。

赵普曾有高论："天下有兵、政二权，兵权宜分不宜专，政权宜专不宜分。"原因是兵权如果集中在一人、一机构、一藩镇、一军队，那么哗变作乱几乎是一种必然。

在这一理念指导下，赵匡胤高擎一把刀，大刀阔斧地劈向唐末五代以来武将擅权的乱局。如果说，天下兵权是一块大饼，它被大卸八块，被反复细致地切割，切得支离破碎，然后重新归置。每一位将领、每一家机构、每一处藩镇、每一支军队，都只能各自分到大饼中的一小块。

赵匡胤改兵制、分大饼，核心一个字，就是"拆"。

拆机构：禁军"二司"拆成"三衙"。

禁军分为侍卫与殿前二司，侍卫司长久以来权柄甚重，二司力量对比失衡。柴荣改革禁军，有意识地削弱侍卫司，扶持殿前司，赵匡胤由此执掌殿前军，登基之前始终在殿前司任职。

当赵匡胤黄袍加身，完成从殿前都点检到大宋天子的华丽转身，所处的位置不同，看问题的视角也随之改变。他极为清醒地从殿前司主帅的角色中脱身出来，站在更宏观更全局的视角看待禁军二司力量配比问题。

不需要再强化殿前司势力，如前所述，极端敏感的"殿前都点检"这一职位已经不再设置，副都点检也不再任命将领担任。

侍卫司还需进一步削弱，于是被一拆为二。根据侍卫司内部原有的马军、步军之分，侍卫司被拆分成侍卫马军司、侍卫步军司两个部门，与殿前司鼎足三立。原本，"侍卫亲军马步军都指挥使"一职，统领马、步二军，是当之无愧的禁军一把手，如今随着侍卫司的瓦解，这一职位自然也不复存在，从此，禁军再无总统将帅。

这正是与机构设置同时并进，赵匡胤埋下的后手：拿禁军高职开刀。殿前都点检、殿前副都点检、侍卫亲军都指挥使、侍卫亲军副都指挥使、侍卫亲军都虞候，这五个最高级别的军职，赵匡胤有意让它长期空缺，不授予任何人。椅子既然久无人坐，索性就连椅子也撤掉吧。于是这在前朝名头震天响的五大军职最终全被撤销。

经过这一番调整，宋朝的禁军机构从"二司"逐渐过渡到"三衙"体制，形成殿前司、侍卫马军司、侍卫步军司"三衙"鼎立的格局，长官分别为殿前都指挥使（殿帅）、侍卫马军都指挥使（马帅）、侍卫步军都指挥使（步帅）。"三帅"各管各的，互不统属，谁也管不了整个禁军，都听命于皇帝一人。

就这样，赵匡胤一步步地将原本那些位高权重的禁军职位或撤销、或虚置、或削权，朝野内外再也没有权势煊赫能够威胁到皇权的骄悍武将。一切改革的核心目的，都是抑制单个机构、职位、将领的权柄。禁军"三衙"中没有老大，没有话事人，没有任何一个武将能够独掌大权统辖整个禁军，因为大权牢牢掌握在皇帝一人手中。

拆兵权：握兵之权、调兵之权、统兵之权相分离。

宋朝兵制改革的重头戏，是兵权的再分割。赵匡胤一刀切下，"兵权"这个笼统复杂的大概念，被细分为握兵权、调兵权与统兵权。

握兵权，也称掌兵权，掌握在禁军"三衙"手中。

"三衙"负责军队的日常训练及管理，包括禁卫戍守的统筹安排、全军将士的升迁赏罚等，只要不打仗，禁军士兵平时都归属于"三衙"，因此"三衙"被视为拥有"握兵之重"。

然而，战事一起，情况马上就不一样了。"三衙"没有战时调遣军队的权力。

调兵权，也称发兵权，掌握在枢密院手中。

枢密院是朝廷内阁中的最高军事机构，总理兵政，掌管全国兵籍、武官选授、军队调发以及兵符颁降。一旦战事爆发，由枢密院来调动全国军队，相当于战时中央指挥部。枢密院临战可以调兵遣将，但兵却不在它手上，平时枢密院也不参与军队日常管理。

北宋史学家范祖禹这样评议这一奇特体制：

> 祖宗制兵之法，天下之兵，本于枢密院，有发兵之权而无握兵之重；京师之兵，总于三帅，有握兵之重而无发兵之权，上下相维，不得专制，此所以百三十余年无兵变也。

将掌兵权和发兵权相分离，枢密院与禁军"三衙"互相牵制，两大军事机构从职权上形成微妙的冲突和互补。这样充满智慧与远见的分权制度，正是北宋成功避免武将兵变的关键原因。

更有趣的，还在后头。

乍一听匪夷所思，禁军殿帅一般来说并不领兵出征。真要打仗了，别说枢密院里的文官了，赵匡胤甚至都不愿启用"三衙"的将领，而是临时任命其他武将作为主帅，称为"率臣"。

"率臣"临时授命，作为主帅统率大军征战。战事一结束，帅与兵一拍两散，士兵们回归"三衙"的统辖管理，"率臣"也回归他此前的本职，与临时带领的这支军队从此不再有任何关系。

也就是说，将握兵权（三衙）、调兵权（枢密院）之外，进一步分离出战时的统兵权（率臣）。在军队系统内部，兵权虽然被切分得如此细碎，但实质上，一切大权最终都收束归集于皇帝一人手中。

一百多年之后，赵匡胤的子孙宋神宗计划推行变法，有臣子建议，废除枢密院，相应职权统归入兵部。宋神宗断然拒绝："祖宗不以兵柄归有司，故专命官以统之，互相维制，何可废也？"

"互相维制"之语，可见宋神宗深切领会太祖皇帝的良苦用心。

拆关系：拆散兵与将之间的密切联系。

五代乱世，军队名义上是国家的军队，但实际掌控者却是武将、军阀、节度使。一支又一支各自为政的武装部队，往往成为某一位大将军的私兵、亲兵、家兵，士兵们才不听命于羸弱的朝廷、无能的皇帝，只听从他所归属的强悍将军。藩镇军队成为节度使的私人武装，甚至有节度使毫不遮掩地称呼麾下部队为"义儿军"——"士兵们可都是我的干儿子"，兵与将之间的亲密关系可见一斑。

跋扈武将拥兵自重的问题必须解决，士兵们应当听命于天子，军队只能是国家的军队。为此，赵匡胤发明了"更戍法"。

部分禁军前往全国各地屯驻外戍，每隔三年更换一次驻地，兵卒轮流分遣，频繁调动，奔波往来于漫漫路途之中，谓之"更戍"。

这么做，美其名曰是为让将士们多吃苦，提升战力，背后的真正目的在于使兵与将分离。部队不停更戍，将军手下的士兵时常轮换，才刚刚混熟了，又马上改替另一拨人，将领很难专制其兵，形成自己的派系势力。对于士兵来说也是如此，反正没多久就要调走，又何来誓死效忠眼前这位临时上司的决心？

宋朝的军队形成"兵无常帅，帅无常师；兵不知将，将不知兵"的局面，"更戍法"巧妙地从制度上拆散了将军与士兵之间的亲密关系。

与"更戍法"异曲同工，赵匡胤在军中颁布"禁止结社"的命令。

五代时期，武将义结金兰、结党立社蔚然成风。乱世之中抱团取暖、团队作战是趋利避害的自然选择。郭威有"十军主"，赵匡胤有"义社十兄弟"，想当初，好交朋友的他可最热衷于结社。但此一时彼一时，孤家寡人岂能再有义社兄弟？赵匡胤下令，殿前、侍卫诸军将帅，不得擅自于军中挑选骁勇善战者组建为牙兵、牙队，不得结党营私，不得培植私人势力，一切"义社"团伙全部解散。

"天下有道，则礼乐征伐自天子出；天下无道，则礼乐征伐自诸侯出。"（《论语·季氏》）

春秋乱世，乱源何在？孔子将其归咎为"礼乐征伐自诸侯出"。春秋如此，后来的乱世又何尝不是如此？"礼乐征伐"能够"自圣明天子出"，这是儒家圣贤对清平盛世的期待。

从杯酒释兵权，到帝国兵制的锐意改革，赵匡胤的一系列努力都致力于这样的期待。诚如明朝文史学家陈邦瞻的评论："宋祖君臣惩五季尾大之祸，尽收节帅兵柄，然后征伐自天子出，可谓识时势、善断割，英主之雄略也！"（《宋史纪事本末》）

强干弱枝，内外相维制约藩镇

朝廷以一纸下郡县，如身使臂，如臂使指，叱咤变化，无有留难，而天下之势一矣。

——吕中

"天下自从唐代以来，数十年间，皇权不稳，帝王先后换了十姓人家，兵革不息，苍生涂地，这到底是什么缘故？"

在与赵普的一次对谈中，赵匡胤发出"时代之问"："五代之乱究竟根源何在？"

"陛下能够思考这件事，实在是天地人神、苍生万民的福气！"赵普先是肯定这一问题的重大意义，继而直抒己见，"唐代以来，战斗不息，国家不安，原因没有别的，节镇太重，君弱臣强而已矣。"

赵普一针见血，直指五代动荡的根源在于藩镇，更准确地说，是朝廷与藩镇权力的失衡。从唐朝中期"安史之乱"开始，各藩镇节度使割据一方、势力日盛，而中央政府越发孱弱。藩镇一旦做大，就萌生"彼可取而代之"的野心，在麾下骄兵悍将的拥护下，起兵推翻朝廷，形成五代十国

"皇帝走马灯"的局面。

对于藩镇之乱，南宋学者吕中有一段完整论述：

> 至于五代，（方镇）其弊极矣。天下之所以四分五裂者，方镇之专地也；干戈之所以交争互战者，方镇之专兵也；民之所以苦于赋繁役重者，方镇之专利也；民之所以苦于刑苛法峻者，方镇之专杀也；朝廷命令不得行于天下者，方镇之继袭也。（陈邦瞻《宋史纪事本末》引吕中评论）

也就是说，藩镇之弊是全方位的，五代十国的四分五裂、兵戈不休、百姓困苦、严刑峻法、政令不畅等一系列问题，都与藩镇权势不受约束密切相关。

循着症候，找到了病因，那么药方是什么？

赵匡胤接着发问："我想要平息天下兵戈，为国家筹划长久之计，应当从何处入手？藩镇专权之弊如何根治？"

赵普早有成算："臣以为，没有其他奇巧办法，唯有稍夺其权，制其钱谷，收其精兵，则天下自然安定。"

赵匡胤一琢磨，大喜道："卿不必再多言，朕已明了。"

藩镇问题的要害在于，节度使不仅手握重兵，而且掌管地方财政，各州郡事权与兵权不分、行政与军事合一，俨然一个个独立王国。

赵普对症下药，开出"稍夺其权"的药方，中央朝廷必须要收回地方藩镇的权力，而且是全方位地收回。具体而言，必须削夺藩镇三权：事权、财权与兵权，使之再无力与朝廷对抗。

如此来看，削藩是一项系统性的浩大工程，盘根错节牵涉甚广，难以一蹴而就。赵匡胤并不着急，没有推行疾风暴雨的变法运动，而是采取和风细雨的渐进式改革，稳扎稳打，一步一步地"稍夺"藩镇权力。

首先褫夺的是政事权。

赵匡胤先拿"支郡"开刀。

唐末五代以来，节度使除了治所驻地之外，往往还占据周边许多州郡，称为"支郡"。支郡的存在，意味着名义上的国家领土，事实上成为某些藩镇军阀的私人地盘。

乾德元年（963年），平定荆南、湖南两个割据政权之后，赵匡胤就着手废除支郡制度，下令潭州、朗州这些原本隶属于节度使统治的支郡，不再归藩镇，从此直属于京师朝廷管辖。此后大宋每灭亡一个割据王国，都如法炮制，支郡一个个减少，直到宋太宗太平兴国二年（977年），大宋的国土上再无支郡。支郡制度被彻底废除，节度使的势力范围被严格局限在治所驻地的那一州，中央朝廷真正掌控天下九州。

赵匡胤这一刀，首先是"切"，果断切割掉支郡与节度使之间的骨肉相连。然后是"系"，系上地方州郡与中央朝廷之间的统属关系。

赵匡胤曾问赵普："既然已经知道，唐代祸乱根源在于诸侯藩镇难以有效辖制，你有什么好办法可以革除这一弊端？"

赵普回答："以京官治理州县，三年一轮替，则藩镇无虞。"（王君玉《国老谈苑》）

这一招，叫作"以京朝官权知军州事"。

五代时，州县政事皆由军阀武人把持，可是军人哪里懂得行政治理，将地方政事搞得一团糟。为了收回地方行政权，赵匡胤改用文官治理州县，代替武将负责行政事务，回归地方治理应有的正常状态。

值得一提的是，这些文官还都是"京朝官"。朝廷从京城特派一批精明强干的官员，下到基层担任县官，知县虽然只是九品芝麻官，但这些人以京朝官出身来到州县，能够与地方节度使相互制衡。由朝廷派遣京官治理州县，逐渐成为宋朝一项常制。

"权知军州事"，更妙在这个"权"字。"知州"，是"权知某军州事"的简称，"知"是治理、管理，"权"是权且、临时的意思。赵匡胤规定，文官在州郡的任期原则上只有三年，期限一满，就调往其他地方任职。地方官永远不能在一个州郡经营日久，永远只能是"权知"的状态，由此杜绝地方割据势力的形成。

"权知"还不够，赵匡胤另设"通判"一职，分割知州的权力。

通判也由京官出任，既不是知州的搭档，也不是知州的下属。通判独立于知州，直接向皇帝奏事，对中央朝廷负责，有权过问州郡行政事务，有"监州"之名，对知州形成监督与钳制。

开宝四年（971年）起，通判的职权进一步明晰，主要掌管一州财政事务，同时负责监视知州。史称通判"事得专达，与长官均礼"。通判由朝廷派到地方，具有鲜明的监察官性质。曾有通判直言不讳对州郡长官言道："我监州也，朝廷使我来监汝！"

有个笑话广为流传：说一位爱吃螃蟹的杭州人，想补一个外郡的官缺，别人问他打算去何处做官，此人答道："别管是哪儿，只要那儿有螃蟹、无通判，就行！"

当然，通判也不能为所欲为，在赵匡胤对地方行政体制的设计之下，通判与知州之间，权力的制衡是双向的。

乾德四年（966年），为防止通判权力过大，赵匡胤下令："诸道州通判无得恃权徇私，须与长吏联署，文移方许行下。"（《续资治通鉴长编》卷七）也就是说，行政文书需要通判与州郡长官共同联名签署才能生效，二者相互制约，谁也无法独擅其权。

以文臣代替武将治理州郡，派遣京朝官权知军州事，再设置通判与知州分权……通过这一系列举措，宋朝的地方治理实现了由军人管理向文官管理的成功转型。

开宝五年（972年），赵匡胤曾不无得意地对赵普言道："五代藩镇残虐，民受其祸，朕今选儒臣干事者百余，分治大藩，纵皆贪浊，亦未及武臣一人也。"（《续资治通鉴长编》卷十三）

就算是那百余名文臣全都贪赃枉法，也比不上一个骄悍武臣的祸害啊！更何况，太祖皇帝早已从制度设计上，杜绝了大臣贪渎的可能。

事权之后，当"制其钱谷"，轮到财政大权。

五代时，节度使把持地方财政，对百姓横征暴敛，盘剥无度，还以种种手段名目，截留本应上交朝廷的赋税，美其名曰"留使""留州"。正是因为藩镇财力雄厚、富甲一方，才能够养起一支强大的军队，有底气与朝廷相抗衡。

藩镇的钱袋子，赵匡胤早就盯上了。

乾德二年（964年），赵匡胤诏令各州县，从今以后，各州县每年所得百姓租税，除了必要的支出用度之外，凡是缗帛之类的货币或实物，全部用车辆运送到京师，收归中央国库，各州县不得私自截留。有趣的是，诏令里还特地强调，别说没车运输，如果官府没有车马的话，就先征用百姓车马，不管用什么方式，都必须将缗帛一笔不落地送归朝廷。（"自今每岁受民租及管之课，除支度给用外，凡缗帛之类悉车辇送京师。官乏车牛者，僦于民以充用。"《续资治通鉴长编》卷五）

乾德三年（965年），赵匡胤下令："诸州度支经费外，凡金帛以助军实，悉送都下，无得占留。"（《续资治通鉴长编》卷六）这是重申收缴地方财政的政令。赵匡胤还特地设立了"左藏库"，用来贮存各州县上缴的钱财。

乾德三年（965年）五月，赵匡胤派遣常参官十八人，分别前往各地收取民租。由中央特派专员直接负责租税征收，州县长官不得过问。再往后，地方上负责征收租税的机构"场院"，也由朝廷外派官员接管。朝廷设置专官，消除了藩镇肆意征收的弊病。

乾德三年（965年），设置"诸路转运使"一职，主管地方财政税收和水陆转运，成为各"路"［宋代行政区划分为路、府（州、郡）、县三级］的财务大总管。除了朝廷派来的转运使之外，节度使、防御使、团练使等地方上其他官员无权干预赋税之事。与知州、通判一样，转运使同样直接隶属于中央朝廷。

中央朝廷越来越富，地方藩镇越来越穷。藩镇的财务受到严格控制，可以说是被釜底抽薪。失去了拥兵自重的经济基础，地方分裂割据也就失去了物质力量的凭借。

在与藩镇大员的一次宴会上，赵匡胤问道："你们在本镇，除奉公上缴之外，每年用度钱财几何？"

藩镇大员们不敢隐瞒，都据实以告。

"看来你们的用度也不宽裕啊。"赵匡胤做出吃惊的样子，"那这样吧，朕以财物代替租税收入，扶助你们的私人用度，诸位归朝入京，日日与朕宴乐，岂不美哉？"

藩镇大员都拜谢而去。

这是赵匡胤屡试不爽的赎买政策。藩镇财权收归中央，节度使的收入必然受到影响，赵匡胤并非一味剥夺打压藩镇，而是通过这样的方式对他们进行补偿。

天雄军节度使符彦卿，这位颇受赵匡胤信赖器重的大将，为了获得更多租税收入，在收租时动了手脚，中饱私囊。

赵匡胤得知后，派遣常参官前去他的驻地，代替符彦卿直接管理租税。有趣的是，他还做出一项特别举动。

符彦卿正闷闷不乐、忐忑难安，突然迎来天子赏赐。

无缘无故的，为何赏赐？符彦卿纳罕不解，当使者报出赏赐银两的数额，他的心在那一刻被重重一击。

"……多少银两？"

使者再次报出金额，符彦卿确认自己没有听错。原来，赵匡胤比照符彦卿贪污的租税，从国库中取出相同数额的财物，以天子名义赏赐于他。

符彦卿一屁股坐下，良久无言。这赏赐比当面的辱骂、严厉的责罚更令他羞愧难当，内心深受触动。

赵匡胤此举无疑是在告诫全天下的节度使：想要钱财，朕可以赏你，毫不吝惜，但违反朝廷法度，侵吞国家财产，我老赵绝不允许。

根据"削藩三部曲"，"稍夺其权""制其钱谷"后，应当是"收其精兵"。

开宝二年（969年）十月，多位藩镇大员进京述职，赵匡胤设宴款待。

天南海北的节帅强将齐聚一堂，凤翔节度使兼中书令王彦超、安远节度使武行德、定国节度使白重赞、保大节度使杨延璋、护国节度使郭从义等，他们大都从后周时起就雄踞一方，资历深厚，颇具威望。

杯酒正酣，赵匡胤忽然没来由地发出一声叹息。

"陛下何故叹息？"

"朕并非为己叹息，乃为诸卿一叹。卿等皆是国家宿将旧臣，久临大镇，在外掌兵许久，政务繁杂，操劳忙碌，这可不是朕礼敬贤臣的本意啊。"

言谈的艺术，在于话语表面一层意思，内在别有一层深意。

凤翔节度使王彦超，正是那位早年间在复州拒绝过赵匡胤的王将军，或许因为那一段特殊经历，他对皇帝的一言一行格外留心，联想到近年来禁军将领一个个被罢去军衔，登时听明白了皇帝的潜台词。

"臣本无勋劳，久忝荣宠，而今年岁衰朽，若有幸得乞骸骨，归老田园，实乃臣之夙愿也。"

赵匡胤喜上眉梢，离开座位移步王彦超身边，与之共饮，并对他大加赞许。

有趣的是，在座另外几位节度使却没这么精明，脑筋不会拐弯，还以为皇帝怜惜他们为将艰辛，于是打开话匣子，纷纷夸耀自己过去如何攻城掠地，如何克服种种艰难困苦，如何立下赫赫战功威震八方，喋喋不休话当年。

赵匡胤先是一语不发，静静听着，越听眉头皱得越紧，独自一人自斟自饮，最后实在不耐烦，起身拂袖，冷冷甩下一句："此皆前代旧事，何足多论！"

都是老黄历了，好汉不提当年勇。更重要的是，这不是赵匡胤真正关心的事。

第二天，王彦超等五位武将全被免去节度使之衔，改任他职。武行德改任太子太傅，王彦超改任右金吾卫上将军，郭从义改任左金吾卫上将军，白重赞改任左千牛卫上将军，杨庭璋改任右千牛卫上将军。根据赵匡胤的安排，这些藩镇大员从此不在地方任职，调入京城，他们的新职位论品级都是从二品、从三品，名头响亮，俸禄优渥，但无一不是散官虚衔，没有实际权力。

这场宴会可视为"杯酒释兵权"的续集。第一杯酒，喝倒一片禁军将帅；如今这第二杯酒，轮到藩镇节度使了。

与解决禁军问题的程序一样，先撤武将，再立制度。

五代皇帝的龙椅为什么坐不久？因为藩镇掌重兵，而朝廷军力羸弱。赵匡胤紧紧抓住这个乱源症结，对症下药，作为大宋帝国兵制的总设计师，从体制机制上重构朝廷与藩镇之间的兵力配比。其核心要义在于八个字：

"强干弱枝，内外相维。"

在赵匡胤的构想中，如果将举国上下全部军队视为一株参天大树，那么中央军即"禁军"应该是那粗壮的树干、定海的神针；藩镇部队即"厢兵"是四散延伸的枝叶。枝繁叶茂可以，前提是树干巍然矗立、不可撼动。

对此，北宋政治家、史学家司马光有一段总结：

> 太祖即纳韩王（赵普）之谋，数遣使者分诣诸道，选择精兵，凡其才力技艺有过人者，皆收补禁军，聚之京师，以备宿卫，厚其赐粮，居常躬自按阅训练，皆一以当百，诸镇皆自知兵力精锐，非京师之敌，莫敢有异心者，由我太祖能强干弱枝，制治于未乱故也。（《涑水纪闻》）

一方面，尽收藩镇精兵强将。从建隆年间开始，朝廷就时常派人到各州郡，从地方军中挑选勇武士兵，送到京城来，补充禁军的不足。渐渐地，藩镇兵力大为削弱，多是老弱病残。有些州郡厢兵甚至不再训练，只服杂役，成为不能作战的役卒。

与此同时，天下精锐归集中央，强悍勇武者都集中在京师禁军。赵匡胤聚精兵于京畿，在汴梁附近重兵布防，配置了拱卫皇室的强大兵力。

赵匡胤武将出身，熟稔军务，对于什么样的战士才是真正的精兵内行得很。他亲自上阵，遴选出一些强健士兵，作为"样兵"，分送到各州郡，让地方官好好瞧瞧，并按照这样的模子去招募、精选、训练士兵，最后将他们通通送往京城。

赵匡胤选定的"样兵"与众不同，并非单纯以高大威猛为标准，九字口诀为证："琵琶腿，车轴身，取多力。"（张舜民《画墁录》）

"琵琶腿"，即腿部粗壮，大腿、小腿都肌肉健壮，形状看起来就像琵琶一样。

"车轴身"，即肩宽腰细，身体形似车轴，身高五尺五寸至五尺八寸（183厘米–193厘米）为宜。

"取多力"，专挑那些力气大的。检验力气的方式也很奇特，就看他能否将射箭的弓把、弓弦一把扯断。弓箭弹性强，没有超越常人的神武勇力难以扯断。

若不是真正在战场上浴血奋战过的军人，提不出这样意料之外又情理之中的专业标准。当琵琶腿、车轴身的骁勇将士一批批送来京师后，赵匡胤亲自教习检阅，给予他们优于州郡的俸禄。

天下精兵云集京师，"强干弱枝"的兵力布局由此成形，扭转了五代藩镇强朝廷弱的局面。

必须指出，赵匡胤并非一味地加强中央军、打压地方军。"内外相制"是他治军另一大妙招。他致力于推动全国兵力达到动态平衡、和谐相安的理想状态。

"内"是京畿之内，"外"是州郡藩镇。北宋初期，兵力总数为二十多万。赵匡胤统筹全局，其中十多万为禁军，戍卫京师；十多万为藩镇军，分散于各州郡。在数量上，京外兵力的总数才与京内禁军大致相当，任何一个州郡都不足以对朝廷形成威胁。内外相制，再无兵力轻重失衡之祸患。

而且，禁军内部再度分割。经过几轮编练新军、淘汰冗员，赵匡胤在位后期，中央禁军约二十万人，其中十万殿前军驻守京城，十万侍卫马军、侍卫步军外派分驻各地，戍卫四方。禁军分为"守京师"与"备征戍"两个阵营，互相牵制。万一京师禁军反叛作乱，外派的禁军联合州郡军队就可以平乱；万一外派的禁军叛乱，在京的殿前司精锐也完全具备与之抗衡的实力，分权制衡的理念始终贯穿其中。

事权、财权、兵权这三权一收，藩镇不再割据，节度使渐渐退出历史舞台。

节度使这一头衔在宋朝发生根本性的变化，从唐朝、五代时称霸一方的藩镇军阀，逐渐转变为一种地位崇高但没有多少实权的荣誉官衔。宋朝的节度使，再也不能兴风作浪搅得国家动荡不宁。

尊京师，抑郡县。天下之权，悉归朝廷。南宋学者吕中妙论如是：

> 太祖与赵普长虑却顾，知天下之弊源在乎此，于是以文臣知州，以朝官知县，以京朝官监临财赋，又置运使，置通判，皆所以渐收其权。朝廷以一纸下郡县，如身使臂，如臂使指，叱咤变化，无有留难，而天下之势一矣。（陈邦瞻《宋史纪事本末》引吕中评论）

朝廷政令下达到州郡，就如同身体使唤手臂，手臂使唤手指一样，层层下达，十分通畅，没有什么阻碍和难处。这一譬喻形象描绘了朝廷与州郡本为一体、手足相连、不可分割的紧密联系，也点明了中央对地方的绝对控制。

通过一系列针对藩镇的改革措施，赵匡胤重新构建中央与地方的关系，终结了百年来藩镇割据、军阀混战的乱局。

垂范天下，宽刑慎罚尽揽人心

> 柔远人则四方归之，怀诸侯则天下畏之。
>
> ——《中庸》

五代乱世，苍生涂炭，民不聊生，最痛苦的是黎民百姓。

因为法制崩坏，别说过上安居乐业的好日子，对他们来说，连活命都是一种奢侈。

> "五代以来，典刑弛废，州郡掌狱吏，不明习律令，守牧多武人，率恣意用法。"（《宋史·刑法志》）

藩镇军阀擅权，各州郡皆以军校治狱，由武人掌司法。武将一来不懂法律，二来多性情残暴之徒，于是法度纲纪废弛，草菅人命，枉法杀人，冤案频仍。

赵匡胤从二十岁起游历四方，深知民间疾苦。有一次在阅读《尚书·尧典》时，有感而发："尧舜之时，四大凶罪的惩处，也只不过是流放而已，为何近代法网如此严密？"

相传上古尧、舜的时候，圣贤治世，刑法宽松。当时有四个谋逆的罪人，没有被诛杀，只是被流放到边境。"四凶"尚且可以被宽恕免死，为什么唐末五代以来的刑罚却如此严酷、法网却如此深密？这是赵匡胤对当时法治现状的质疑。

怀柔天下百姓，首先要保障民众的生存权，让人活下来。

礼崩乐坏，亟需拨乱反正、重构法度。

建隆三年（962年），赵匡胤下诏书，确立了大宋刑律的指导方针：为了禁止民众为非作歹，国家才设置法度律令。司法条文应当简明扼要，立法者务必怀有一颗哀悯同情的心。（"禁民为非，乃设法令，临下以简，必务哀矜。"《宋史·刑法志》）

乾德元年（963年），由窦仪、苏晓正等人修订的《宋刑统》正式颁布。这部法律在《大周刑统》基础上进行修订补充，全书分二百一十三门，共三十卷。《宋刑统》颁行天下，结束了五代司法混乱的局面。

对于五代时那种毫不爱惜人命、滥用刑罚的风气，宋代刑法进行纠偏。赵匡胤给出的解决方案是：以文臣断狱，禁止武将干预司法。

此前藩镇节度使多以心腹牙将负责本州司法审判，武将判案不遵法度恣意妄为，且用刑严苛。建隆元年（960年）十月，赵匡胤下令，诸州马步判官这一负责案件审理的职位，不再由藩镇牙校担任，改由朝廷吏部派遣文士出任。赵匡胤果断收回藩镇武将的司法权，以文臣断狱，用士人执法，杜绝滥施刑罚现象。

赵匡胤曾对御史台官员冯炳感慨道："朕每读《汉书》，见张释之、于定国治狱，天下没有冤民，这正是我寄望于你们这些文臣能够做到的事情。"张释之、于定国都是历史上闻名遐迩的优秀法官。张释之法不阿贵、依罪量刑，于定国"罪有疑者皆从轻处理"。西汉时就流传一种说法："张释之任廷尉，天下没有被冤枉的人；于定国任廷尉，百姓都认为不会受到冤枉。"这也正是赵匡胤对大宋法官寄予的厚望。

在律令刑罚设置上，赵匡胤摒弃严刑峻法，以"宽仁多恕"为原则，践行儒家明德慎罚的司法理念。

建隆四年（963年），赵匡胤订立折杖之制，发明了"折杖法"。杖刑是一种常见刑罚，俗称"打板子"，分为脊杖（打背部）、臀杖（打臀部）。比起死刑、流放、徒刑、鞭笞来说，杖刑属于轻刑。"折杖法"，简而言之，就是将流刑、徒刑、笞刑等各种较重的刑罚，折算为相对应的责杖数目，实现以轻刑代替重刑。

譬如，"折杖法"规定：被判流放三千里，可改为脊杖二十、配役一年，免去流远；被判徒刑三年，可改为脊杖二十后释放；被判笞刑五十下，可改为轻得多的臀杖十下，然后释放。（笞刑与杖刑类似，刑具略有不同，笞刑多用竹、木板、鞭子，杖刑多用荆条、竹板、棍棒等。）

"折杖法"的实施，除死刑外，笞、徒、流等重刑以"打板子"代替，"流罪得免远徙，徒罪得免役年，笞杖得减决数"，大大降低刑罚的严酷性。

又如，五代旧法中有一条："强盗赃满十匹者绞死。"只要偷盗的赃物价值达十匹（以绢匹作为计赃单位），就要被处以极刑，由此可见刑罚之严苛。大宋新法将其改为"钱三千足陌者处死"，将判处死刑的数额标准设置为"钱三千足陌"。足陌即足百，三千足陌就是整整三十万钱，一般的小偷小摸根本达不到这个数额，大大抬高了盗窃罪判处死刑的门槛。

说到死刑，赵匡胤明确了中央司法机关的死刑复核权。

赵匡胤曾对宰臣慨叹："五代诸侯跋扈，多枉法杀人，朝廷置而不问，刑部之职几废，且人命至重，姑息藩镇，当如此耶？"（《续资治通鉴长编》卷三）

建隆三年（962年），赵匡胤责成各道州府，所有死刑案件都必须上报朝廷经由刑部复审，州郡没有擅自行使死刑的权力，再也不能像之前一样随意对罪民生杀予夺。

据统计，仅从开宝三年（970年）到开宝八年（975年），五年间，被赦免的死刑犯就有四千一百零八人。慎用死刑，体现出赵匡胤对生命的敬畏。

乾德元年（963年）七月，赵匡胤莅临武成王庙参观，忽然指着一座塑像，怒斥道："此人怎配在此受祭！"

众人一瞧，那塑像是秦国名将白起，此人战功赫赫，为秦灭六国统一天下立下汗马功劳。众人皆茫然迷惑，不明白赵匡胤为何发怒。

"诸位难道忘了埋骨长平的四十万生灵？秦赵长平之战，白起坑杀赵国四十万降卒，人伦丧尽，如此滥杀嗜杀，怎配在我大宋庙宇享受祭祀！"

赵匡胤成长于血腥乱世，但他却不是一位嗜杀的君王。《孟子》中一则典故，是对赵匡胤"不嗜杀"最好的注解。

孟子曾经拜见梁襄王，梁襄王问道："天下怎样才能安定？"

孟子回答："天下安定在于统一。"

"谁人能统一天下？"

"不嗜杀人者能统一天下。"

梁襄王不以为然："这样的人，谁会归附他呢？"

"天下人没有不归附他的。现在各国君王，没有一个不嗜好杀人。如果有一位不喜欢杀人的国君，那么普天之下的老百姓都会伸长脖子仰望他、归附他，就像大水往低处流一样，哗啦啦的汹涌势头，又有谁能够阻挡得了？"

不嗜杀戮才能一统天下，怀柔远人才能八方归顺。

雄武而不嗜杀，勇猛而不残暴，武人出身却大兴仁德文治。赵匡胤身上没有五代军阀常见的戾气，许多时候不经意间流露出柔善温和的一念之仁。

他对于自己主导创制的大宋法制颇为自信，曾对赵普说道："朕与卿平定祸乱以取天下，所创法度，子孙若能谨守，国祚绵延百世也不是什么难事啊。"

宋太祖并没有吹牛。开宝九年（976年），那是他生命中的最后一年。当年九月，开封府上报："京城诸官司狱皆空，无系囚。"汴京全城的监狱中竟然出现没有一个囚犯的奇观，也从侧面反映出，犯罪骤减，人们道不拾遗，夜不闭户，宋初社会治安状况得到极大改善。

怀柔天下百姓，作为君王，更要以身作则、反求诸己。

赵匡胤具有难能可贵的"自省"精神，这贯彻在他日常生活的方方面面。

　　他生平最大的嗜好就是好酒贪杯，就连削罢武将兵权这等国之大事，也是在酒宴谈笑畅饮之间搞定的。一喝起酒来，赵匡胤便显露出草莽英雄的豪迈气派，把酒持螯，不醉不休。

　　对于草莽英雄而言，嗜酒无伤大雅。但对于一国之君就不同了。

　　赵匡胤曾经自我反省："沉湎于酒，何以为人？朕每每因宴饮至醉，不省人事，经宿醒来，未尝不自悔也。"

　　除了喝酒，出身行伍的太祖皇帝还喜欢狩猎。

　　在一次田猎中，赵匡胤纵马飞驰，正肆意畅快之时，马失前蹄，嗖的一声将他重重摔落。赵匡胤爬起来，怒发冲冠，拔出佩刀，直刺入马身。马儿血流如注，倒地而亡。

　　事后，赵匡胤很快就后悔了，懊恼不已："吾为天下主，耽于逸乐，乘危走险，颠越坠马，实乃咎由自取，这是我的过错，马儿又有何罪？"

　　从此，他不再以狩猎为乐。

　　一年夏日，赵匡胤于宫廷后苑摆宴，与群臣欢聚。天公不作美，瓢泼大雨袭来，露天的宴席才刚刚开始，看来只能作罢。

　　赵匡胤闷闷不乐，意兴阑珊，侍从上前服侍，他大声呵斥，发无名火。

　　"恭喜官家，贺喜官家！"

　　赵匡胤斜睨了进前来的赵普一眼，气不打一处来："你这是唱的哪出？"

　　"今年全国多地遭逢大旱，百姓正殷切盼望天降甘霖，官家的宴会淋点雨又有何妨？只不过损失些许器物，淋湿几位乐人衣裳而已。臣以为，不妨令乐人在雨中演剧唱戏如故。夏日喜雨，殊为难得，黎民百姓欣然快活之时，官家与众臣正好吃酒、赏剧，与民同欢共乐，岂不美哉！"

　　赵普的劝谏，话说得温和妥帖，但无疑隐含着对皇帝轻易动怒的批评指摘之意。赵匡胤听进去了，马上意识到自己那无名火发得无聊可笑，于是转怒为喜，宴会照常，在夏日喜雨中与群臣、与万民同乐。

赵普一番话，点破了赵匡胤"自省"精神的内核：与民同乐，与民同忧。

孔子曰："君子求诸己，小人求诸人。"（《论语·卫灵公》）

孟子曰："行有不得者，皆反求诸己。其身正而天下归之。"（《孟子·离娄上》）

先贤教诲，凡事应当知道反省，从自己身上查问题、找原因。自身行为端正了，天下人自然会归服。君子如此，君王更是如此，只因为一个残酷的真相："为君难！"

赵匡胤第一次听到这三个字，还是来自他的母亲。

他登基称帝，尊母亲杜氏为皇太后，拜母于殿堂之上。众臣皆道贺，喜气洋洋。杜太后却愀然不乐，凛然肃穆。

身边人问道："臣听闻，母以子贵。今日儿子作天子，太后为何不乐？"

当着赵匡胤及群臣的面，杜太后回答："我听闻，'为君难'！天子置身于兆庶黎民之上，倘若治国得其道，海晏河清，则帝王之位可称尊荣；倘若治国失当，山河动乱，天子就算想要放弃尊位做个普通老百姓，也已经不可能了，这正是我所担忧的啊！"

母亲这一席肺腑之言振聋发聩，赵匡胤再次叩拜，高呼："谨受教！"

从此，"为君难"三个字，就像是一把悬在他头顶上的宝剑，时刻提醒他反躬自省，戒慎恐惧，心存敬畏。

一次退朝后，赵匡胤一人独坐偏殿，怏怏不乐。内侍宦官王继恩问其缘故。

"你以为做天子很容易吗？"赵匡胤一声叹息，"方才朝堂之上，只为一时快意，贸然指挥一事，此刻想来，不甚妥当，但君无戏言，悔之晚矣。为帝王者，一着不慎便无可挽回，决策定事，战战兢兢、如履薄冰，让朕如何乐得起来啊！"

京都汴梁的皇宫始建于后梁，规模建制比不上古都洛阳的皇宫，不符合皇家规制。赵匡胤下令比照洛阳扩建宫城。完工之日，正殿所有朱雀大门全部打开，赵匡胤端坐龙椅上，眼前视野开阔，皇宫全景尽收眼底。

"朱雀大门就如同我的心。大门洞开，一览无余，哪怕有一点点歪曲邪恶的念头，天下人都能够看到。"

赵匡胤主动将自己的一言一行一举一动，置于天下百姓的监督之下，坦坦荡荡，光明磊落。其实他的"自省"，本质上是一种发自内心的自我约束，因为深知"为君难"，深知肩上责任重大不容有失，借助百姓这一外力，对自己形成监督约束的力量。

这一自我约束，并非嘴上说说而已，而是实实在在，具体而微。

譬如生活用度方面，赵匡胤大概是历史上最穷酸的皇帝之一，史称他"专务节俭，乘舆服用，一皆简素。"（《宋朝事实》）

赵匡胤生性豪爽不拘小节，原本散财如流水，并不是个吝啬的人。但登基之后，身边人却发现，他越发节俭悭吝，甚至都有些刻意矫饰。

譬如宫中的垂帘、帷幕，全都禁止使用绫罗绸缎，材料只能用芦苇制成的苇箔，再加上点普通青布缠绕包装一下即可。赵匡胤身上的常服，洗了又洗，反复穿戴，与民间贫苦人家无异。

有一回，皇帝寝殿内的一根梁柱坏了，需要换新。宫人上奏，正好库存里有一根合抱之木，取来砍伐截取后可为之用。没料到，赵匡胤骂娘了，在奏折文书上直接批示："截你爷头！截你娘头！别寻进来！"原来，他早就对宫中滥用林木、截长补短的浪费现象大为光火，顾不得什么礼节文饰，口无遮拦直接开骂，伐木之事自然作罢。

天子御驾出行，排场最为重要。但赵匡胤的车辇却十分简陋，没有什么特别的装饰，就盖着一块普通的素布，完全瞧不出帝王御辇的样子。

王皇后、永庆公主劝道："官家作天子日久，岂能不用黄金装饰肩舆？如此乘以出入，方才彰显皇家气派、君王之威啊！"

赵匡胤笑道："我以四海之富，莫说以黄金装饰轿辇，就是以黄金打造巍峨宫殿，也不是什么难事。"

"官家既富有天下，何苦如此悭吝守财？"

"我不是为己守财，而是为天下守财，为百姓守财，岂可随心所欲妄用民财？古人言：'以一人治天下，不以天下奉一人。'如若为君者只顾奉养自己一人，那么令天下之人仰仗他什么呢？"

赵匡胤对帝王一人与天下众人之间的关系，有清醒独到的认识：帝王一人肩负治理天下众人之责，而并不是要让天下人来侍奉帝王一人。由此出发，他奉行"为国守财，为民守财"——这才是赵匡胤节俭、穷酸、吝啬背后的真义。

这样的真义，起初他的家人未能完全理解。

永庆公主是赵匡胤的第三女，开宝五年（972年）下嫁右卫将军魏咸信。一次回宫，做父亲的一瞧，登时拉下脸来。

"瞧瞧你穿成什么样！朕没有这样的女儿！"

永庆公主身上这件"贴绣铺翠襦"，短袄上贴了绣花，铺上翠鸟羽毛作为配饰，金光璀璨，好看极了，但在赵匡胤看来却尤为刺眼。

"女儿精心打扮来见父皇，有何不妥？"

"你应当将此绣襦换下，从今往后不要再穿这样华丽的衣饰。"

永庆公主觉得委屈："父皇的女儿，大宋的公主，难道连一件绣襦都穿不起吗？"

"穿得起，却穿不得。"

"民间富贵人家的女儿都穿得，我为何穿不得？"

"民间女儿自然穿得，但你不同，你是大宋公主，朕的女儿。上有所好，下必效焉。大宋公主穿成这样，以奢靡为荣耀，宫中就会先开始效仿，而后传到民间，人人仿效公主穿着，你可知，到时将会有什么后果？"

"那有什么不好？能有什么后果？"永庆公主撇撇嘴。

"到那时，京城翠羽的价格就会居高不下，商贾逐利，哄抬物价，搅乱市场。一来广害翠鸟生灵，二来受伤受苦的还是做工、织锦的平民百姓。而这一切，都是由你爱慕虚荣的一念所起！"

永庆公主低下头，不说话了。

"汝生长在富贵之家，当念惜福，岂可造此恶业之端？"

做父亲的语重心长，永庆公主惭愧道："女儿知错了。"

赵匡胤严格要求自己，也严格要求皇室家人。他深知，皇室一举一动都是对天下人的示范，示范好了就是楷模榜样，示范不好就是恶之源头，将引发一系列连锁反应。这样的连锁反应，不仅仅会搅乱市场，还可能导致亡国灭族。

乾德三年（965年），大宋灭亡后蜀政权，大批财宝被送往京城，其中一件宝物极为特别，引起皇帝的兴趣。

这个类似圆桶的器物，以七种不同的宝石珠玉镶嵌其上，晶莹剔透，熠熠生辉，极尽奢华之能事。

"这是何物？"

来自后蜀的宫人回道："此乃……此乃蜀主所用溺器……"

溺器？用来装污秽排泄物的东西竟然被打造成这般模样，赵匡胤哭笑不得，生出一股怒气来："砸碎它！"

后来，赵匡胤当面质问投降入京的后蜀国主孟昶："你用七宝珠玉装饰溺器，那请问用何等器皿来盛装食物啊？奢靡自奉如此，还想不亡国，可能吗？"

孟昶无言以对。

有孟昶这样不好的示范，也有赵匡胤这样的榜样垂范。赵匡胤始终坚守的节俭之风，从皇宫吹到了宫外，吹向了更广阔辽远的天地。上行下效，蔚然成风。"百姓亦各安其生，不为巧伪放侈，故上下给足，府库羡溢。"（《续资治通鉴长编》卷一百六）

当时，坊间有位高人处士，名唤王昭素，年逾古稀，精通《易经》之学，著有《易论》三十三篇，开班讲学，桃李满天下。

赵匡胤久闻盛名，心生好奇，特意召见，请他解读易经，与之畅谈世间万事。此人仙风道骨，风采绝然，天文地理无所不通，旁征博引，对答如流。赵匡胤很是欣喜，趁机请教心中大困惑。

"唐末以来，天下动乱，人难长寿，国难久存。朕此生心中所愿，其一，朕与天下百姓皆养生久寿；其二，天朝大治，海晏河清，国祚绵长。以先生高见，治世、养生之术何为？"

寥寥数语，却问出了一个极难回答的大问题。王昭素思忖片刻，气定神闲，道出十二字箴言。

赵匡胤抚掌称善，十分喜欢这两句话，特地将它誊写在屏风上，每天都可以看到，作为警醒镜鉴。屏风上写的是：

养生莫若寡欲，治世莫若爱民。

史籍掠影

艺祖（赵匡胤）与诸将同入内，六宫迎拜。有二小儿丱角者，宫人抱之亦拜，询之，乃世宗（柴荣）二子，纪王（柴熙谨）、蕲王（柴熙诲）也。顾诸将曰："此复何待？"左右即提去，惟潘美在后以手掐殿柱，低头不语。艺祖云："汝以为不可耶？"美对曰："臣岂敢以为不可，但于理未安。"艺祖即命追还，以其一人赐美。美即收之以为子，而艺祖后亦不复问。其后名惟正者是也。

——宋·王铚《默记》

太祖皇帝（赵匡胤）即位后，车驾初出，过大溪桥，飞矢中黄，禁卫惊骇，帝披其胸，笑曰："教射！教射！"既还内，左右启捕贼，帝不听，久之亦无事。

——宋·朱弁《曲洧旧闻》

陕帅袁彦凶悍，信任群小，嗜杀黩货，且缮甲兵，太祖（赵匡胤）虑其为变，遣（潘）美监其军以图之。美单骑往谕，以天命既归，宜修臣职，彦遂入朝。上喜曰："潘美不杀袁彦，能令来觐，成我志矣。"

——元·脱脱《宋史·潘美传》

上（赵匡胤）手诏慰抚，因除（李）守节为皇城使。（李）筠遂遣守节入朝，且伺朝廷动静。上迎谓曰："太子，汝何故来？"守节矍然，以

205

头击地曰："陛下何言！此必有谗人间臣父也。"上曰："吾亦闻汝数谏，老贼不汝听，不复顾藉，故遣汝来，欲吾杀汝耳。盍归语而父，我未为天子时，任汝自为之，我既为天子，汝独不能小让我耶？"

——宋·李焘《续资治通鉴长编》卷一

自唐以来，大臣见君，则列坐殿上，然后议所进呈事，盖坐而论道之义。艺祖即位之一日，宰执范质等犹坐。艺祖曰："吾目昏，可自持文书来看。"质等起，进呈罢，欲复位，已密令中使去其坐矣。遂为故事。

——宋·邵博《闻见后录》卷一

太祖尝弹雀于后园，有群臣称有急事请见，太祖亟见之，其所奏乃常事耳。上怒，诘其故，对曰："臣以为尚急于弹雀。"上愈怒，举柱斧柄撞其口，堕两齿，其人徐俯拾齿置怀中。上骂曰："汝怀齿欲讼我邪？"对曰："臣不能讼陛下，自当有史官书之。"上悦，赐金帛慰劳之。

——宋·司马光《涑水纪闻》卷一

先是，上入太庙，见其所笾陈豆簠簋，问曰："此何等物也？"左右以礼器对。上曰："吾祖宗宁识此？"亟命撤去，进常膳如平生。既而曰："古礼亦不可废也。"命复设之。

——宋·李焘《续资治通鉴长编》卷九

乾德改元，（赵匡胤）先谕宰相曰："年号须择前代所未有者。"三年蜀平，蜀宫人入内，帝见其镜背有志"乾德四年铸"者，召窦仪等诘之。仪对曰："此必蜀物，蜀主尝有此号。"乃大喜曰："作相须用读书人。"由是大重儒者。

——元·脱脱《宋史·太祖本纪》

太祖与（王）彦超有旧，因幸作坊，召从臣宴射，酒酣，谓彦超曰："卿昔在复州，朕往依卿，何不纳我？"彦超降阶顿首曰："勺水岂能止神龙耶！当日陛下不留滞于小郡者，盖天使然尔。"帝大笑。彦超翌日奉表待罪，帝遣中使慰谕，令赴朝谒。

——元·脱脱《宋史·王彦超传》

一日，便殿召见，（董）遵诲伏地请死，上令左右扶起，因谕之曰："卿尚记往日紫云及龙化之梦乎？"遵诲再拜呼万岁。……又问遵诲："母安在？"遵诲曰："母氏在幽州，患难暌隔。"上因令人重赂边民，窃迎其母，送于遵诲，仍加优赐。

——宋·李焘《续资治通鉴长编》卷九

（赵普）忽一日奏太祖曰："石守信、王审琦皆不可令主兵。"上曰："此二人岂肯作罪过？"赵曰："然此二人必不肯为过。臣熟其非才，但虑其不能制伏于下。既不能制伏于下，其间军伍忽有作孽者，临时不自由耳。"

——宋·丁谓《晋公谈录》

上曰："人生如白驹之过隙，所为好富贵者，不过欲多积金钱，厚自娱乐，使子孙无贫乏耳。尔曹何不释去兵权，出守大藩，择便好田宅市之，为子孙立永远不可动之业，多置歌儿舞女，日饮酒相欢以终其天年。我且与尔曹约为婚姻，君臣之间，两无猜疑，上下相安，不亦善乎！"（诸将）皆拜谢曰："陛下念臣等至此，所谓生死而肉骨也。"明日，皆称疾请罢，上喜，所以慰抚赐赉之甚厚。

——宋·李焘《续资治通鉴长编》卷二

已而，太祖欲使符彦卿管军，赵普屡谏，以为彦卿名位已盛，不可复委以兵权，太祖不从。宣已出，普复怀之，太祖迎谓之曰："岂非符彦卿事耶？"对曰："非也。"因奏他事。既罢，乃出彦卿宣进之，太祖曰："果然，宣何以复在卿所？"普曰："臣托以处分之语有忤离者，复留之。惟陛下深思利害，勿复悔。"太祖曰："卿苦疑彦卿，何也？朕待彦卿厚，彦卿岂负朕耶。"普对曰："陛下何以能负周世宗？"太祖默然，事遂中止。

——元·脱脱《宋史·石守信传》

（赵匡胤）召赵普问曰："天下自唐季以来，数十年间，帝王凡易十姓，兵革不息，苍生涂地，其故何也？吾欲息天下之兵，为国家建长久之计，其道何如？"普曰："陛下之言及此，天地人神之福也。唐季以来，战斗不息，国家不安者，其故非他，方镇太重，君弱臣强而已矣。今所以治之，无他奇巧也，惟稍夺其权，制其钱谷，收其精兵，则天下自安矣。"

——宋·司马光《涑水纪闻》卷一

开宝初，（王）彦超自凤翔来朝，与武行德、郭从义、白重赞、杨廷璋俱侍曲宴。太祖从容谓曰："卿等皆国家旧臣，久临剧镇，王事鞅掌，非朕所以优贤之意。"彦超知旨，即前奏曰："臣无勋劳，久冒荣宠，今已衰朽，愿乞骸骨归丘园，臣之愿也。"行德等竞自陈凤昔战功及履历艰苦，帝曰："此异代事，何足论？"翌日，皆罢行德等节镇，时议以此许彦超。

——元·脱脱《宋史·王彦超》

上谓宰臣曰："五代诸侯跋扈，多枉法杀人，朝廷置而不问，刑部之职几废，且人命至重，姑息藩镇，当如此耶！"乃令诸州至今决大辟讫，录案闻奏，委刑部详覆之。

——宋·李焘《续资治通鉴长编》卷三

太祖拜太后（杜氏）于堂上，众皆贺，太后愀然不乐。左右进曰："臣闻'母以子贵'，今子为天子，胡为不乐？"太后曰："吾闻'为君难'！天子置身兆庶之上，若治得其道，则此位可尊；苟或失驭，求为匹夫不可得，是吾所以忧也。"太祖再拜曰："谨受教！"

——元·脱脱《宋史·后妃列传》

主（永庆公主）因侍坐，与皇后同言曰："官家作天子日久，岂不能用黄金装肩舆，乘以出入。"太祖笑曰："我以四海之富，宫殿悉以金银为饰，力亦可办。但念我为天下守财耳！岂可妄用。古称以一人治天下，不以天下奉一人。苟以自奉养为意，使天下之人何仰哉？当勿复言。"

——宋·李焘《续资治通鉴长编》卷十三

第五章

刀兵起：先南后北征天下

赵匡胤在位十七年，大宋王师征战四方、混一寰宇，假途灭虢收荆湖，六十六天平后蜀，诛除暴政亡南汉，浮桥飞渡取江南……五代十国分裂局面就此终结。当真是：

五代乱世纷扰尽，四海九州归一统。

兵戈扰攘终不再，黎民苍生露笑容。

雪夜问策，定方略先南后北

"今日这雪，扑簌扑簌，可真下得紧……"

建隆二年（961年）冬日里某一天，赵普退朝归家，从院子里往外望去，但见大雪纷扬，天地白茫茫一片，他喃喃自语，似在叹雪，心中却顾念他事。

妻子和氏催促道："还穿着朝服作甚？快更衣，进里屋烤火暖和暖和。"

赵普依然远眺暮色雪景，呢喃重复道："今日这雪真不小！"

和氏知道赵普心里在想什么，索性替他把心里话说出来："可不是吗！这天寒地冻的鬼天气，天也快黑了，官家今日不会来啦！"

原来，赵匡胤有一个特别的爱好，经常不事前知会，突然造访大臣家中。好几次，赵普来不及更衣，穿着睡衣迎接皇帝，场面别提多尴尬。吃一堑长一智，后来他学乖了，每次回到家中，朝服不换，随时恭候皇帝的不请自来。

"也罢，宽衣！"赵普像是鼓足了勇气似的。

才换上便服没多久，就响起"笃笃笃"的敲门声，并不急促，听起来气定神闲。这敲门声熟悉得很，不敢怠慢，他顾不上更衣，急忙开门迎客。

门扉一开，一人背对着他，长身玉立，如青松翠柏，伫立在漫天风雪之中。

"官家！"赵普惶惧迎拜。

赵匡胤转过身来，见到赵普诚惶诚恐的模样，笑道："怎么，不欢迎朕？"

"岂敢！岂敢！"

"朕还约了皇弟，他从开封府过来，稍后便到。"

不一会儿，开封尹赵光义来了。在厅堂中，铺上几重垫褥，君臣三人盘膝席地而坐。点燃木炭，三人一边赏雪赏月，一边吃酒烤肉。

和氏现身，为贵宾斟酒。赵匡胤微笑着叫了声"嫂嫂"。

"官家折煞我也！臣怎敢当。"

"有什么不敢当？当年，宣祖病卧滁州，朕领兵征战淮南，战事正酣，无暇分身。多亏了则平朝夕侍奉，端汤喂药，替朕尽孝。吾父吾母皆言，待则平以宗分，就如同宗亲戚一般。今日我唤一声'嫂嫂'，又有何妨？"

那还是在显德年间柴荣三征南唐的时候，赵弘殷、赵匡胤与赵普相识于滁州，赵弘殷临终前那段时光，赵普尽心照料。因为同姓"赵"，赵弘殷、杜氏将赵普视为同一宗族来对待。退了朝，关起门来，君臣之外，他们显露出接近于亲人的情谊。赵匡胤比赵普年轻五岁，但作为君王，不方便对臣子以兄长相称，就在家里这样的非正式场合对他的妻室以嫂相称，表示亲近。

院外大雪飘飘，夜幕渐沉。厅堂中，三人围着炉火，吃烤肉，饮美酒，闲话家常。一场看似寻常的聚会，场面温馨融洽，赵普心里却一直不踏实，直觉告诉他，皇帝雪夜造访，绝不仅仅是喝酒烤肉这么简单。

"夜久寒甚，官家怎有兴致冒雪出宫？"

"我睡不着啊。"

"不知官家何忧？"

"一榻之外，皆他人家也，故来见卿。"

果然！赵普听得出，看似平常的一句话，指向一个重大的历史问题。

大宋建国之初，所辖领土承袭自后周，疆域大体为北方中原黄河、淮河流域一带，总计一百一十一州，九十六万人口。当时的天下版图四分五裂，大宋周围，强敌环伺。

在北方，北汉与契丹相互勾连，结为同盟。契丹族人建立的辽国，控制长城以北的广大地区，对中原虎视眈眈、野心不死，时时南下侵扰；北汉盘踞山西一带，虽然地小兵弱，但是仗着契丹人在背后撑腰，狐假虎威；在西北，党项族崛起，日渐成为一股不容忽视的力量。

在南方，大宋的建立虽然终结了"五代"，但"十国"仍然部分存在，南唐、后蜀、吴越、南平、南汉等割据一方。其中南唐、后蜀皆为强国，实力不容小觑。

结束唐末五代以来分裂割据的局面，实现国家统一，这一重大历史使命，落在赵匡胤肩上。

"一榻之外，皆他人家。"赵匡胤说的，正是当前的天下大势。

赵普问道："官家定是觉得，大宋的天下太小了吧？"

赵匡胤点点头。

"南征北伐，混一寰宇，正当其时！官家胸中宏图韬略，必定早已绘就，臣愿闻成算所向。"

强敌林立，大大小小分布南北，怎么打？先打谁？后打谁？从宏观战略的角度，亟需一张清晰、详尽、周密的蓝图。赵匡胤夜访赵普的真正意图，这时候才浮出水面。

"我欲收复太原。"赵匡胤轻摇手中酒杯，看似漫不经心地随口一言。

太原是北汉国都，在这里代指北汉。一年前，赵匡胤亲自前往潞州平定李筠叛乱之后，因潞州紧邻北汉，他一度有意趁势而进，顺道灭了北汉。他向驸马张永德征询意见，张永德认为："太原兵力虽少，但将士强悍善战，加之契丹援助，恐怕难以仓促之间攻取。"赵匡胤认为有理，当时淮南李重进叛乱又起，他分身乏术，于是作罢。难道说，时隔一年，他收复北汉之心又起？

这时候，赵光义在一旁大快朵颐吃着烤肉，好像皇兄与赵普的谈话，跟他没有一点关系。

赵普嘿然良久，半天不言语。赵匡胤沉得住气，并不催逼，静静等着。半晌，赵普才开口："非臣所知也。"

对于攻打太原结果如何，这不是我所能知晓的。这是赵普的说话之道，话说得含蓄委婉，其实是在表达：我不认同你的意见。

"卿心中所想，但说无妨。"赵匡胤看起来没有感到意外。

赵普拿起钳子，攫取一块烤肉放在砧板上："此为太原。"又夹出两块放在"太原"边上，"此为契丹、党项。"

"河东之地，正处于西北二族边境，是我大宋与西北二族的中间地带。倘若我兵收太原，一举而下，那么契丹、党项作为北部边患，就将由我独自承担。与其如此，不如姑且留下太原，待我王师削平南方诸国，再回师北伐。河东那弹丸黑子之地，何足为惧，又能逃往何处去呢？"

赵匡胤抚掌大笑："朕正是此意！方才的话，只不过试一试你罢了。"

北汉背后的势力是契丹，这是北汉虽弱却一直屹立不倒的真正原因。攻下一个小小北汉容易，可接下来就将直面契丹与党项，以大宋建国之初的军事实力，没有必胜的把握。赵普建议，先经略南方，南方诸国较为弱小，且割据分散，更容易对付。分而治之，逐个消灭，就无后顾之忧，到时候再来解决河东弹丸之国。

赵匡胤转头问皇弟："则平的意思，你可听明白了？"

赵光义一边嚼着烤肉，一边回道："就像这烤肉，有的快熟烂了，有的夹生不易熟，先吃那易熟的，生肉不着急，慢慢烤。先熟后生，先易后难，心急吃不了热豆腐。嘿嘿，赵书记，是不是这个理儿？"

"开封尹聪慧，一闻千悟，所言极是。"

"皇弟只知其一，不知其二。"赵匡胤对赵光义道，"征讨之难易，此其一也。中国自五代以来，兵连祸结，币藏空虚，必先取巴蜀，次及广南、江南，以南国巨富为补给，我国朝才能殷实富饶。放眼天下，今之劲敌，唯有契丹。自开运（后晋年号）以来，契丹连年南下侵扰中原，河东与辽国边境接壤，若马上攻取河东，那么契丹边患将由我直接面对。不如姑且留存汉国，作为北方屏翰。待我平定南方诸国，富贵强盛，取之未晚。此其二也。"

除了复述赵普的观点，赵匡胤又点出财政这一因素。在五代十国时期，南方诸国总体而言受到的战乱侵害要远远小于北方，尤其是后蜀天府之国、南唐江南之邦，皆为富庶之地。只要先平南，南国的物质财富就可以迅速补充中原王朝的"币藏空虚"。

这场烧烤对话，就是宋朝历史上著名的"雪夜定策"。在赵普的建议下，赵匡胤审时度势、总揽全局，确立宋初统一战争的总体方略——"先南后北，先易后难"。具体而言，先取西川后蜀，再依次进攻荆南、湖南、南汉、南唐等。南方诸国尽数平定之后，再调转方向北伐太原，收复被契丹占据的燕云十六州。

按照既定的计划，本应先拿后蜀开刀。但计划赶不上变化，荆南、湖南形势突变，千载难逢的大好时机猝然而至。

假道灭虢，借道荆南收荆湖

建隆三年（962年）年底，赵匡胤在同一时间收到三封来信。

这三封信分别来自两个地方——武平与荆南，以及三个人——武平节度使周保权、荆南高继冲以及衡州刺史张文表。

在中南地区九省通衢之处，广袤的荆楚大地上盘踞着湖南武平周氏与荆南高氏两个割据政权。

先说湖南周氏政权，治所在朗州（今湖南常德），所在地称为"武平军"，占据湖南十四州，地界狭小，甚至都排不进五代十国的"十国"之列。武平不是独立王国，充其量只能算是一个地方割据政权。在那个天下大乱、群雄并起的年代，这样的小邦国层出不穷。后周时，周世宗柴荣封周行逢为武平节度使。宋朝立国后，赵匡胤加封周行逢为中书令，仍保留节度使衔，主政湖南。

建隆三年（962年）十月，周行逢病死，其子周保权继位，年仅十一岁。

临终前，周行逢召集麾下将吏交代后事："当年，我十兄弟起兵于田垄，这些家伙可都不是省油的灯。十兄弟里头但凡凶悍强势的，一个个也被我杀得差不多了，如今就剩下一个张文表。此人包藏野心，绝非善类，我未授予他行军司马一职，他一直颇有怨言。我一死，张文表必定造反。我儿年幼，哪里对付得了这恶狼，还请诸位尽心辅佐少主。张贼若反，就请杨师璠将军领兵讨伐，保我周家血脉。倘若天不遂人愿，讨伐不成，可归顺大宋，宁将湖湘宝地拱手献于北国朝廷，也不能便宜了张文表那厮……"

周行逢还真是一说一个准，他一闭眼，武平军祸起萧墙，爆发内乱。

衡州刺史张文表愤愤不平，好像承受了多大委屈似的："哼！老子和周行逢，拜把子，闯天下，立功名，同起于微贱，出生入死，弟兄们一起打下的江山，如今可倒好，老周走了，小周上位，叫老子北面侍奉一个刚断奶的小娃娃！老子实在咽不下这口气！"他全身缟素，打着为周行逢吊丧的旗号，起兵攻占潭州（今湖南长沙），威逼朗州。

周保权遵照亡父遗嘱，派遣杨师璠平乱，同时给赵匡胤写了一封信，请求宋军前来救急。张文表得知后，也上书大宋皇帝，为自己辩白。

巧的是，与湖南武平唇齿相依的荆南也不太平。

荆南高氏政权，又称南平、北楚，属于"十国"之一，占据荆州、归州、峡州三地，定都江陵（今湖北荆州）。后周显德年间，柴荣进封荆南国主高保融为南平王。北宋建隆年间，赵匡胤封高保融为南平节度使。荆南与武平一样，地狭兵弱，地处北宋、后蜀、南唐等大国之间，在夹缝中求生存，始终向中原王朝保持俯首称臣的姿态，荆南最多曾一年之内向大宋连续进贡三次，以示忠心归附。

荆南政局的变数，同样起于少主承国。

高保融临终前，因其子高继冲年幼，选择兄终弟及，指定由弟弟高保勖继位。高保勖只当了不到三年皇帝就病逝，国政又交还给侄儿高继冲。建隆三年（962年），高继冲十九岁。同年，在毗邻的武平军，同样刚接班的周保权也才十一岁。荆、湖两地同现少主，是谁的不幸，又是谁的幸事？

赵匡胤面前这三封信，写信人各有用意。

周保权致信，是为了搬救兵，向大宋皇帝告发张文表叛乱，请求王师出兵湖南，助力平叛。

张文表致信，是为了辩白、表忠以求自保。他口口声声说自己去朗州是给好兄弟周行逢吊丧，没想到在潭州遇到抵抗，迫不得已才动了手，双方发生了一点小摩擦，闹了点小误会。最重要的是，张文表信誓旦旦，表态绝无反宋之心，耿耿忠心日月可鉴，还请赵匡胤不必大动干戈劳师远征。

高继冲致信，是依往常惯例，向宗主国禀报承继嗣位之事。作为藩属国，新君登基需要大宋天子的授命。

这三封信，看似各自述说不同议题，但在赵匡胤看来，它们都指向同一件事，就是他收复荆湖的大计。

荆南南平与湖南武平，历史上合称"荆湖"。建隆三年（962年）年底，远在千里之外的赵匡胤，忽然成为左右荆湖局势的关键人物。天赐良机，宋太祖计上心来，分别给三人回信。

回信周保权，答应他发兵援助的请求。

回信张文表，勒令他勿再作乱，老老实实回衡州去。

回信高继冲，肯定他合法继承人的地位，督促荆南出兵，协助周保权平乱。

赵匡胤有心攻取荆、湖，并非临时起意。他曾派遣内酒坊副使卢怀忠出使荆南，行前特别交待："江陵人情去就、山川向背，其政，其军，其民，事无巨细，朕都想知道。"

卢怀忠考察一番，归来后上陈一份详细报告：荆南政局方面，人心离乱，动荡不安；军力方面，兵甲还算齐整，总兵力不过三万；经济方面，虽然年谷丰登，收成尚可，但百姓受困于官府横征暴敛，苦不堪言；地理方面，荆南之地，南通长沙，东距建康，西迫巴蜀，北奉朝廷，四周皆大国环伺。卢怀忠得出结论："总观荆南形势，四面受敌，自顾不暇，很容易攻取。"

赵匡胤听了很高兴，召来枢密副使李处耘，对其言道："朕近日读《春秋》，读到'晋献公假途灭虢'，不禁击节拍案。卿博学多闻，以为如何？"

话说春秋时，虞、虢两国相邻，晋献公向虞国借道攻打虢国。大夫宫之奇提醒虞国君主："虢，虞之表也。虢国如果灭亡，虞国必然随之而亡。谚语有云'辅车相依，唇亡齿寒'，说的就是虞、虢两国啊！"虞君不以为然："晋国是我同宗，岂会害我？"后来，晋国借道攻下虢国之后，回师路上顺手牵羊也把虞国给灭了。

赵匡胤意有所指，李处耘心领神会。荆南在北，武平在南，唇齿相邻。如今的局面，荆南高氏是虞国，湖南周氏是虢国，赵匡胤就是那借道的晋献公。

李处耘道："假途灭虢之计，一箭双雕，实乃神机妙策！"

"江陵四分五裂之国，朕欲出师武平，以借道平乱为名，因而下之，收取荆南！"

赵匡胤屏退左右，向李处耘面授机宜，将收复荆、湖的战略部署和盘托出。他将荆南、湖南作为一盘棋上的两枚棋子，通盘布局，一环紧扣一环。

乾德元年（963年）正月，赵匡胤命慕容延钊为主帅，李处耘为都监，以平定张文表之乱为名，领大军南下。两位领军者心里都清楚，张文表一点儿都不重要，此行另有更重要的使命。

王师进发途中，一道大宋天子诏命率先传谕江陵。赵匡胤要求高继冲派出三千水军赴潭州，协助王师平叛。

借兵是一方面，更重要的是借道。宋军抵达襄州（今湖北襄阳）后，李处耘派出使者知会高继冲：王师将假道荆南，从江陵经过，前往湖南平乱。借道之外，还要求高氏备好粮草补给宋军。

高继冲第一反应是拒绝，随便寻个借口，说什么荆南百姓没见过世面，王师到来恐怕会把他们给吓坏，"民庶恐惧"。意思是：道就不借了，粮草好说，但还请王师在江陵城百里之外接受粮饷补给。

李处耘再度派出使者，传达天子口谕：没商量，这道，借也得借，不借也得借。

高继冲急忙召集僚佐商议对策，荆南内部分裂为主战与主和两派。

主战派代表兵马副使李景威道："用兵之道，在于诡谲权变。城外之约，断不可信，宜当严兵以待。今宋师虽假道以收湖湘，但是观其声势，恐怕将顺势袭击我国。景威愿效犬马之力，借兵三千，于荆门中道险隘处设下埋伏，等候宋军夜行之时，发伏兵突袭，宋军必定自行退却。而后，我军再前去擒拿张文表献于朝廷，将功折罪，到那时，明公不仅无过，而且还立下大功，岂不美哉？倘若不按照臣的计谋，我等恐怕都将沦为阶下囚，遭受摇尾求食的祸患。"

高继冲听了老大不高兴，撇嘴道："我高家多年来诚心诚意供奉朝廷，不曾有异心，何来摇尾求食之祸？王师平乱而来，你不要想太多。况且，真打起来，你是慕容延钊的对手吗？"

这犀利一问令李景威哑口无言。

主和派代表节度判官张光宪接口道："哼！李景威，不过峡江一介小民而已，哪里识得兴亡成败？周世宗在世时，已有混一天下之志，只可惜世宗英年早逝。而今，圣宋受命，我观当今天子，自登基以来，其军政措置，规模比世宗皇帝更为博大宏远，天朝上国，真主已现！宋军讨伐张文表，有如以泰山压卵，结局不言自明。待宋军平定湖湘，哪里还有借道归去的道理！以我弱兵，难道能够阻挡王者之师？不如早日献疆土、归朝廷，撤回斥候（侦察兵），封存府库，以待王师到来。唯有如此，荆楚方可免去一场祸乱，明公亦不失富贵啊。"

是战是和，双方各执一词，争论不休。最需要拿定主意做出决断的高继冲，反倒最犹疑不定。在内心深处，他同意张光宪的投降理论，毕竟实力对比摆在那儿。但他不甘心痛痛快快举起白旗，还想观望看看有没有转圜余地，还心存一丝侥幸——万一宋军真的只是单纯来平定湖南叛乱呢？踌躇之际，高继冲心生一计，打发他的叔父高保寅前去荆门宋军大营，打着犒劳王师的旗号，查看虚实、探探口风。

高保寅坐着马车，满载牛肉、美酒而去，一路上忐忑不安：这可是分分钟掉脑袋的活儿，一入龙潭虎穴可还能活着回来？万万没想到，一入宋营便如沐春风，受到李处耘热情款待，高保寅不禁感慨：毕竟是中原王朝，真是礼仪之邦。

李处耘一再挽留，说宋军主帅慕容延钊正准备大摆宴席，请高保寅今晚务必赏光留下。盛情难却，高保寅派人速回江陵告知宋营情况，让高继冲不用担心，他本人就先不回去了。当晚，高保寅与慕容延钊高歌宴饮，烂醉如泥，在敌人的军帐中安然睡去，丝毫没有嗅到危险的气息。

正当他大梦周公的时候，一支数千人的骑兵部队由李处耘带领，借着夜色掩护秘密出营，悄无声息，如幽灵般星夜疾驰。从荆门到江陵，不过一百多里路程，旭日未升，雄鸡初啼，奇兵已逼近江陵城下。

高继冲昨夜收到叔父的消息，大为宽心，踏踏实实睡了一觉，一大早就被噩耗惊醒。

"宋军已至城外！"

高继冲难以置信，惶惶然出迎，在城外十五里处与李处耘相遇。

李处耘面色冷峻如霜，威严不可侵犯，见到荆南国主，作了个揖，傲然道："慕容将军领大部人马稍后就到，请在此等候。"

高继冲心凉了半截，只得乖乖听命，当时只有一个念头，恨不能将他那愚蠢的叔父大卸八块。

李处耘径自引数千轻骑从北门进入江陵城，也不拿自己当外人，反客为主，迅速占领各处要冲。

当高继冲迎接慕容延钊大军一起回城时，眼前已是大宋旌旗招展，宋兵布列衢巷。这还是我的江陵城吗？他凉了半截的心彻底沉入深渊。

高继冲就这样稀里糊涂地失去故国，乖乖向慕容延钊缴纳牌印，向大宋献出荆南三州、十七县，以及十四万二千户百姓。他本人拖家带口被押送到汴梁觐见天子。

对于投降归顺者，赵匡胤向来优容宽待，他降下一道诏书，对高继冲安抚宽慰，任命他继续担任荆南节度使，后来又改任武宁军节度使。高氏亲属及臣僚各按品阶拜官。主和的张光宪官拜黄州刺史，主战的李景威已经自杀殉国。赵匡胤听说了李景威的计谋和事迹，言简意赅地给出三字评语："忠臣也。"并下令优厚抚恤他的家属。

赵匡胤的统一大业，开局格外顺利，不战而屈人之兵，收复第一个割据政权，取得"开门红"。

按照赵匡胤的既定方略，宋军直奔湖南，日夜行军进逼首府朗州。

宋军名义上是来平乱的，没想到，潭州传来最新消息，张文表死了，已经没有"乱"需要宋军来平定。就在王师借道荆南的同时，周保权的部将杨师璠攻破潭州，诛杀张文表，将其斩首示众，分食其肉。

可宋军兵锋既出，岂有收回的道理？况且，宋军也不是真的来平乱。周保权发现，王师一点没有打道回府的意思，反而一步一步继续迫近。俗话说"请神容易送神难"，对周保权来说，请宋军前来救援，无异于引狼入室。

赵匡胤的战略意图，此时方才完整显露。湖南周氏小朝廷里，观察判官李观象的一番议论，一语中的，将赵匡胤的战略思路讲得一清二楚：

"如今，张文表已诛除，王师却并不归还，必将尽取湖湘之地。原来我朗州所倚仗的，北有荆南，唇齿相依。如今荆南高氏束手听命，已经归服大宋，正所谓'辅车相依，唇亡齿寒'，朗州必定难以独自保全。岂不闻，覆巢之下，安有完卵？"

大军一天天逼近，湖南武平军的大臣们也和荆南如出一辙，主战派与主降派吵个没完。不同的是，在这里主战派占据强势。

慕容延钊派遣使者先行前往朗州，招抚周氏，没想到吃了闭门羹，使者不被允许入城。周氏还拆毁境内桥梁，沉没船舫，砍伐林木堵塞道路，摆出要与宋军死磕到底的架势。

慕容延钊将湖南的情况上报朝廷，赵匡胤降诏，严厉斥责周保权："本来就是你请求王师救援，所以我才征发大军，千里迢迢去救你。如今妖孽已灭，叛乱已平，原本我将有大造化大福分给予你们，为什么你们反倒抗拒王师到来？你们这么做，最终只能是生灵涂炭咎由自取，连累黎民百姓受苦受难！"

赵匡胤这番话，摆明了是震慑威逼，显得蛮横霸道。其实，当时周保权才十一岁，拿主意的还是湖南的大臣们，他们可没有高继冲那么识时务，而是决意与宋军正面硬碰硬。

可孱弱的武平军哪里是强大王师的对手？二月末，宋军大破武平军于三江口，获船七十余艘，斩首四千级，攻取重镇岳州。

三月，两军大战于澧州之南，还没开战呢，武平军将士就望风而溃。李处耘一路向北，穷追不舍，追到敖山寨，武平军弃寨而逃，宋军俘获甚众。

三月十日，宋军高歌猛进，长驱直入，攻克朗州。湖南周氏政权灭亡，大宋得十四州、一监（宋代的特别行政区划），六十六县，以及九万七千户百姓。

朗州沦陷时，周保权逃到长江南岸一座庙中避难。李处耘率军过江，擒获周保权，将他送往汴梁。赵匡胤释放了这位惶遽不安的少年，并不问罪，封他为右千牛卫上将军。

赵匡胤下诏，大赦荆南、潭州、朗州等地，对监狱中的囚犯重新审查核定罪行，死囚就减刑，轻罪便释放。免除湖南茶税及无名赋税，免除荆南夏税之半，兵员中有愿意回乡务农的就放归田间。

乾德元年（963年）正月出兵，三月收工，只用了两个半月时间，赵匡胤一箭双雕，收复荆、湖。荆、湖虽是尺寸之地，但战略位置极为重要，东边是南唐，西边是后蜀，南边是南汉，北边是宋国，正好处于四个大国包围的中心地带。如今，大宋抢得先机，占据这块战略要地，切断后蜀与南唐两国之间的联系，自此控扼长江中游要塞，往西可以攻蜀，往东可以击唐，为下一步经略四方创造了极大的便利。

平定蜀乱，赏罚分明树军威

"烦暑郁蒸无处避，凉风清冷几时来？"

一首小诗引出乾德年间宋、蜀之间的一场大战。

登基之后，赵匡胤在南北各国广撒网，密布间谍刺探各地情报。这些间谍，称为"谍者""闲者"。有一回，一名闲者从蜀国归来，赵匡胤问道："剑门关外有何事？"

闲者东拉西扯，说的都是人尽皆知、平平无奇的常事，他越说越心虚，斗胆抬起眼睑，瞅一眼御座上面色阴郁的赵匡胤，搜肠刮肚，忽然灵光一现："倒有奇闻一件，可禀陛下。近来成都满城百姓，都在吟诵诗人朱长山的《苦热》诗。"

"吟诗？那有什么稀奇？"赵匡胤显得意兴阑珊。

"诗中有两句流传最广，值得细细玩味。诗曰：烦暑郁蒸无处避，凉风清冷几时来？"

赵匡胤吟诵几遍，爽朗大笑道："这是蜀地百姓，希望王师前去讨伐无道昏君，将他们从酷暑中拯救出来啊！"

在赵匡胤的解读中，烦暑，就是"烦蜀"。蜀国君主孟昶苛政猛于虎，有如郁蒸的酷暑，令百姓困苦不堪，怨声载道，无处可避。人民所愿，正是清冷的凉风能够早日吹来，吹走这烦人的暑热。

后蜀，也称西蜀，占据四十六州，首府成都，物产丰盛，繁荣富庶，号称"天府之国"。后蜀皇帝孟昶称帝已经三十多年，他年轻时也曾励精图治，甚至有进击中原、一统天下的宏图大志。但经过几次挫败后，他锐气大减，甚至在执政后期，无心国事，耽于享乐，骄奢淫逸。

凉风何时刮起？赵匡胤需要一个出师的理由。乾德二年（964年）十月，时机来了。一位蜀国人求见，声称有稀世珍宝要敬献皇帝。

"来者何人？"

"回禀陛下，小人蜀国兴州军校赵彦韬。"

"听说你有珍宝要献，所在何处？可知欺君是大罪！"赵匡胤瞧此人衣衫简陋，一副风尘仆仆的模样，不像什么富贵人家。

"小人要将西蜀四十六州之地，尽数献于大宋天子陛下！"赵彦韬从袖口中掏出一卷白色丝帛，高高举起，"这是蜀国与汉国私通的密信！"

赵匡胤授意，让赵彦韬讲述事情的来龙去脉。

话说，蜀国君主孟昶已经多年不理国政，将政事全都交由通奏使、知枢密院事王昭远处置。王昭远其人，狂妄自负，自视甚高，执掌国政之后，更是目空一切，不可一世。

山南节度判官张廷伟，为了讨好当权者，对王昭远大发一番议论："明公虽天纵英才，可惜没有什么丰功伟业。如今贵为枢密，位高权重，倘若不建立一番功业，何以令国人心服口服？何以堵塞汹汹舆论？依在下浅见，明公应当派遣使者前去通好汉国，令太原刘钧发兵南下攻宋，明公再从黄花谷、子午谷出兵响应，两军前后夹击，使中原表里受敌。只要宋国一亡，那么关右之地，就是明公囊中之物啊！"

张廷伟空口白话，为王昭远画出一张美好蓝图。说者信口雌黄，听者却信以为真了。王昭远深以为然，很是兴奋，觉得自己很快就要建立不世之功，完成他的偶像诸葛亮六出祁山都没能完成的宏伟大业：大军从巴蜀出，北上击败中原。

说干就干。乾德二年（964年）十月，王昭远说动孟昶，派遣枢密院大程官孙遇一行，携带蜡丸帛书，乔装打扮，秘密潜入宋国境内，企图穿过宋国与北汉取得联系，相约两面夹击大宋。

王昭远没料到，这一行间谍中间出了"谍中谍"。兴州军校赵彦韬正在其中，一行人途经汴梁时，他临阵倒戈弃暗投明，将后蜀欲与北汉勾结之事告知宋廷。

"我西讨有名矣！"赵匡胤没有动怒，他巴不得蜀国搞这些小动作。

赵彦韬道："小人还有宝物，可助陛下踏平西川。只是不在身边，在孙遇身上，请陛下速'请'孙遇前来面圣。"

后蜀间谍团里出了叛徒，孙遇等人的行踪完全暴露，迅速被抓捕。他身上的宝物就是蜀国地图，山川地形、戍卫处所、关隘要塞、道路远近，诸多重要信息巨细靡遗全在上面。这对于马上就要到来的战事而言，赵匡胤得到了蜀国地图，无疑是如虎添翼。

大军临行前，赵匡胤大宴崇德殿，向即将出征的王全斌等将领赏赐金玉带、衣帛、鞍马、戎器等物。同时，赵匡胤亲手将最关键的蜀国地图交到王全斌手上："王将军此行，西川可取否？"

"臣等仰仗天威，谨遵妙算，西川克日可定也。"

赵匡胤还没来得及回应，龙捷右厢都指挥使史延德站出来，高声道："官家，西川倘若在天上，那俺们没办法。只要西川在地上，大军一到即刻平定！"

"说得好！"赵匡胤赐酒，嘉奖他的自信果敢。

除了胜利，还有赵匡胤更为关注的事情，他进一步叮嘱王全斌等将领："此一战，但凡攻城克寨，只登记器甲刍粮即可，所得金银钱帛全都分给将士，朕一概不要。朕想要的，只是西蜀土地而已。还有，西川将校中北人不少，许多来自中原，流散蜀地，只要有心归降，都可以诏谕他们：能为我军作向导、供粮草，率众前来归顺或举城投降者，朕必定优厚封赏。此一战，王师所到之处，不得焚荡庐舍、不得掳掠蜀民、不得开挖邱坟，违者以军法严惩！记住了吗？"

"臣等记住了！"王全斌等人此刻信誓旦旦，但后来他们的所作所为却表明，其实他们根本没有把赵匡胤的谆谆告诫放在心上。

灭蜀之战，赵匡胤志在必得。仗还没开打，他就命人在京城右掖门南临汴水的地方，兴建一座宅院，房屋五百多间，生活用品一应俱全。人们问这宅院要给谁住，赵匡胤笑道："待朕平定西川，孟昶就在那儿颐养天年吧。"

乾德二年（964年）十一月，攻蜀战争爆发。

大宋兴兵近六万，兵分两路：北路军由王全斌、崔彦进统领，步骑兵三万多出凤州（今陕西凤县），自陕西南下，进入蜀地；东路军由刘光义、曹彬统领，步骑兵二万多出归州（今湖北秭归），乘船溯江入蜀。二路分进合击，约定最终会师于成都。

孟昶拜王昭远为北面行营都统，率兵迎战。临行前，孟昶对王昭远道："今日千里来袭的宋军，可都是你给我招惹来的，你可要勉力拒敌，为我立功啊！"

"陛下不必担忧，只管等候臣的好消息！"

王昭远志大才疏，平日里酷爱阅读兵书，虽然从来没有上过战场，但兵书读多了，一直有个幻觉，总觉得自己是诸葛孔明再世。

大战之前，宰相李昊前来送行，王昭远手持一柄铁如意，一副睥睨天下的派头，撸起袖子，挽起胳膊，指着他的将士们，意气风发道："我此行何止是克敌呀，统领这两三万雕面恶少，别说击退宋军，就是夺取中原也是易如反掌！"

当时士兵都被要求黥面刺字，所以被称为"雕面恶少"。王昭远就这样带着他不知从何而来的满满自信，投入与宋军的战斗。

现实是残酷的，王昭远这才发现，很多事情兵书上并没有教。

王全斌率北路军先是攻克兴州（今陕西略阳），大败蜀军七千人，缴获军粮四十万斛，进逼重镇利州（今四川广元）。

此时，王昭远领主力部队正驻守利州。利州城位于嘉陵江东岸，群山环绕，地势险峻，是从关中进入蜀地的咽喉要塞。王昭远占据高山、河流的地理优势，在利州城外的大漫天寨、小漫天寨固守，愈发轻敌。

王全斌多措并举，克服天险。先是派出崔彦进率领一支部队，抢修被烧断的栈道，克服山路险阻，攻下小漫天寨。然后引主力军从罗川小道迂回进发，与崔彦进部队会师嘉陵江渡口，对利州城发起总攻。

王昭远仓皇迎战，三战三败，大漫天寨随之沦陷。无奈，王昭远放弃利州城，一边退军一边焚毁浮桥，他手持铁如意，南奔百余里，退守剑门关。

乾德二年（964年）十二月，宋军攻占利州，缴获军粮八十万斛。前线接二连三的捷报，与漫天大雪一起，来到京都汴梁。

皇宫讲武殿内，毛毡帷幕围起来一隔间，赵匡胤身披紫貂裘，头戴厚厚裘帽，正在批阅战报。欣喜之余，他望向殿外漫天大雪，又环视炉火熊燃温暖明亮的毛毡隔间，低头瞧瞧裹得严严实实的自己，若有所思。

"我穿成这样，身体尚觉寒冷。想那西征将士，此刻正冒着严霜雨霰，又怎么忍受得了！朕心不安呐！"

赵匡胤脱下身上的裘皮大衣，命人快马送至前线，赐予王全斌。虽然裘衣恩赐"不能一一遍及诸将"，但还是告谕诸将，传达皇帝来自千里之外的关心与勉励。

王全斌感泣拜谢。天子关怀传达到，军中士气愈发振奋。

后蜀这边，则是另一番境况。乾德三年（965年）正月，前线蜀军一再溃败，孟昶急命太子孟玄喆为元帅，带领蜀国仅剩的万余兵马，赶赴剑门关增援王昭远。

这位太子爷哪里懂得兵戎之道，如果说王昭远是纸上谈兵、不懂装懂，孟玄喆则是一窍不通、无知者无畏。他的关注点奇特得很，唯一在意的是旌旗装饰，发布的第一条军令让人咋舌："旗帜悉用文绣，绸其杠以锦。"

旌旗全部换上彩色刺绣，还有旗杆，哪能光秃秃裸露着，都用上好的蜀锦缠上。仗能不能打赢不要紧，贵族做派不能丢，兵甲仪仗一定要绚丽美观，就像他身上的锦绣华服一样。

大军出发前，天降瓢泼大雨，可把太子爷急坏了，绣旗被雨淋湿怎么办？孟玄喆心急如焚："速将帜旗锦绣全都拆下，雨停再系！"

这么一折腾，等雨停再往上挂旗的时候，仓促之间许多绣旗挂反了。大军出城，引得围观百姓窃笑不止。

百姓嘲笑的可不止是倒挂的旗子。孟太子领兵出征，带着姬妾舞女、倡优伶人，数十人坐满好几辆马车，一路上嬉戏打闹，吹拉弹唱，载歌载舞，好不热闹。知道的，明白这是去抵御大敌挽救蜀国危亡；不知道的，还以为孟太子呼朋引伴游山玩水去了。

这样的蜀军，怎么打得过大宋虎狼之师？

正当孟玄喆悠哉远来之时，剑门关战事正酣。

王昭远庸碌无能，如果说他还有什么得胜希望的话，那就是剑门天险。剑门关易守难攻，扼入蜀咽喉，素有"天下第一关"的美誉。李白《蜀道难》中的名句"剑阁峥嵘而崔嵬，一夫当关，万夫莫开"，说的正是剑门关。

王全斌大军临时驻扎益光，召集众将商议："剑门天险，古称一夫荷戈，万夫莫当。诸位将军有何良策，可以畅所欲言。"

大将向韬献计："我俘获一员降卒名唤牟进，据牟进言，益光大江东面，越过大山数重，有一条小径，名为来苏。蜀人防御栅栏皆设于大江西面，东面空虚，我军可渡江而入。自来苏小径出剑门关南二十里，行至清强店便与官道会合一处。若我大军行此路，剑门之险不足为惧。"

王全斌大喜，有引大军东渡之意。大将康延泽进言："蜀人数战数败，胆气尽失，可急攻而下。来苏小径狭窄，主帅不宜亲去冒险，可派遣一员偏将领精锐前往，若顺利抵达清强店，便于北面与大军夹击剑门，王昭远必将束手就擒。"

康延泽考虑得显然更加周密稳妥，王全斌采纳他的策略，命大将史延德分兵穿越来苏小径。宋军顺利攻下剑州，灭蜀军万余人。

王昭远免胄弃甲，逃到东川（今四川三台），躲藏在百姓仓舍里，终日以泪洗面，眼睛都哭肿了，一天到晚不停念诵一句古诗："运去英雄不自由！"

这是晚唐诗人罗隐《筹笔驿》中的一句："时来天地皆同力，运去英雄不自由。"时运来了天地都在为你助力，运气走了就连大英雄也毫无办法。王昭远自怜自伤，发出时运不济、英雄末路的感慨，将他的失败完全归咎于运气不好。

不多久，这位"不自由的英雄"便被宋军追兵擒获。

别忘了，那一边孟太子正在赶来增援的路上。孟玄喆一路嬉戏游玩，大军行至绵州（今四川绵阳），剑门关失守的消息传来，太子爷大惊，退守东川。第二天，当机立断，干脆调头"弃军西还"，原路返回成都去了。

孟玄喆怯弱避敌也就罢了，逃跑途中还不断放火，焚烧自己国家的庐舍仓廪。太子爷那荒唐的想法是：反正也守不住了，索性一把火烧个干净，你宋军也别想得到。

剑门失守，太子奔逃，噩耗接连传来，孟昶一时惶骇，不知该如何是好。

"计将安出？"他心如死灰地发问，对能够得到什么答案已经毫无期待。

老将石奉頵回答道："东兵远来，势不能久，请聚兵坚守以敝之。"

孟昶消沉至极，深深叹一口气："我父子以丰衣美食养士四十年，一旦遇敌，却没有一个人能为我向东放一箭。今日即便如将军所言，闭壁固守，又有谁肯效死出力？"

孟昶之言令人嘘唏，他此刻的绝望不仅在于大势已去国家将亡，更在于蓦然发现身边无一人可用，自己真的成了孤家寡人。

宰相李昊进言，劝孟昶放弃抵抗，封存府库，投降于宋。孟昶点头同意，命李昊起草降表。

第二天，李昊回家后发现，自家门楣上冒出歪歪扭扭的六个大字："世修降表李家。"他一时怔住，心中像打翻了五味瓶，无语凝噎，只剩下摇头苦笑。

原来，当初前蜀灭亡时，也是李昊执笔写的降表。如今后蜀灭亡，李昊倒成了"写降表专业户"。不知是谁趁夜在他家门口题字，讥讽挖苦他："看来你家世世代代都是给主子写降表的吧？"此事在当时传为笑谈，但李昊无可奈何，乱世之中本无弱者生存之地，降表该写还得写。

乾德三年（965年）正月初七，王全斌代表大宋朝廷，接受孟昶降表，率军进入成都，后蜀灭亡。赵匡胤得蜀地四十六州，二百四十县，五十三万四千户百姓。

大宋皇帝赵匡胤发布一系列安抚怀柔政策：免除乾德二年（964年）的欠租，将乾德三年（965年）夏税的一半赏赐给当地百姓；废除那些没有名目的徭役、额外增加的赋税；成都当时的盐价是每斤一百六十钱，降低为一百钱；对于亡命的群盗匪徒，如他们在一个月内自首，将从轻发落。

从出征到灭蜀，赵匡胤只用了六十六天，平蜀战事极为顺利。然而，月满则亏，水满则溢，接下来在西川大地上发生的事情，大出赵匡胤意料，令他寝食难安、龙霆震怒。

西川大乱，一乱就是两年多。

乱从何起？表面上，大乱起源于东西两路宋军争功不休，主将、兵士为非作歹，蜀地军民奋起反抗。从根本上来说，这场大乱源自征服者的得意忘形，不知餍足的贪婪，以及不受控制的欲望。

王全斌北路军进入成都没过几天，刘光义东路军也紧随其后。蜀主孟昶谁也不敢得罪，馈赠东路军的犒赏和几天前送给北路军的一模一样。赵匡胤下诏，同样不偏不倚，对两支军队赐予同等赏赐，一碗水端平。皇帝一视同仁的苦心，没有得到将士的理解，反而引发争功风波。

北路军将士觉得，我先到的成都，对方可是捡了大便宜，凭什么与我获得同样赏赐？东路军将士觉得，我不过是晚来几天，要是没有我在东部战场拼命，牵制大量蜀军，你北路军哪能这么顺利就进入成都？两军将士都认为自己功劳更大，都感到心理不平衡，互相攻讦，争功不止。

王全斌、王仁瞻、崔彦进等北路军主要将领，入主成都之后，昼夜饮酒作乐，歌舞升平，不恤军务。来自东路军的曹彬多次请求回师汴梁，王全斌流连蜀地逍遥快活的日子，乐不思归，将之当作耳旁风。作为主帅，他甚至私吞了后蜀府库十六万贯钱财。上梁不正下梁歪，麾下兵将趁机强抢蜀民财物、掳掠女子，主将们睁一只眼闭一只眼，默许放纵。

战争结束的蜀国大地上，更大的罪恶正在滋生蔓延，更大的灾祸才刚刚开始。

宋军将士抢劫，竟然抢到孟昶头上。根据赵匡胤的安排，孟昶将被押送汴梁，右神武大将军王继涛与供奉官王守讷负责护送。还没动身呢，王继涛恬不知耻，向孟昶索要金帛、宫女。这件丑事被王守讷揭发，捅到王全斌那里。最后王继涛被留下，不再负责护送，却也没有受到什么责罚，只因为主将们自己同样贪得无厌，正在四处搜刮钱财。

北路军都监王仁瞻，找到后蜀大臣侍中李廷珪，言之凿凿声称要治李侍中的大罪。什么罪呢？焚荡之罪。当初李廷珪与太子孟玄喆一起从绵州撤退时，一路上焚毁庐舍仓廪，烧得干干净净，没给大宋王师留下一丝一毫的粮草。王仁瞻扬言，现在他查看军资账本，就少了这一部分，要将李廷珪绳之以法。

李廷珪不知所措，向宋军另一位都监康延泽求救。康延泽指点他："王公并非真要治你的罪，志在声色而已。只要你能够满足他的欲求，他必定不会再追究什么焚荡之罪。"

得"高人"指点，李廷珪还是愁眉不展。他虽然官居蜀国侍中，位同宰相——王仁瞻正是看中这一点才选择他作为倒霉的勒索对象——但他一向清廉节俭，没有钱财、女子可以供奉给贪婪的敲诈者。最后，他四处求人，东拼西凑寻得四位女子以及金帛数百万，送予王仁赡。果然，对方就不再提什么"焚荡之罪"了。

不仅如此，王仁赡还擅自打开蜀国的丰德库，将许多金银宝物据为己有。

主帅居功自傲，纵情享乐。上行下效，将士恃功骄恣，躁动疯狂，豪夺女子，隐没财货，恣意妄为。蜀国百姓深受其苦，处于水深火热之中。

压迫往往伴随着反抗。王全斌等人完全没有意识到，一场重大危机正在悄无声息地潜滋暗长。

赵匡胤特别要求，战后精选一部分蜀兵，随同孟昶一起入京，充当朝廷禁军。

孟昶一行出发前，大将曹彬曾向赵匡胤密奏："孟昶在蜀地称王三十年，成都距离京师千里路遥，请陛下擒杀孟昶及其僚属，以防不测。"

赵匡胤心直口快，在密奏上写下批语："汝好雀儿肚肠！"

不杀降王，是他一以贯之的仁恕，但曹彬的"雀儿肚肠"，并不是全无道理，至少在预见西川动乱这一点上，颇有先见之明。

赵匡胤施恩，每位入京的蜀国士兵都将获得一笔小额"装钱"。置装费用只是一个名目而已，赵匡胤通过此举向蜀国降兵们明确表达，大宋必将善待他们，只管安心上路，来京成为朝廷禁军之后，更好的优待还在等着他们。

只可惜，他的一片苦心与浩荡恩泽，被王全斌生生破坏了。

在赵匡胤眼里，这些人不是降兵，而是大宋未来的将士。但目光短浅的王全斌，仍然将降兵视为俘虏，轻视羞辱他们。当他得知皇帝赐给每位俘虏一笔赏钱，心里非常不痛快。此前北路、东路两军因为赏赐的事情就闹得很不愉快，这次倒好，连俘虏都有赏了。王全斌擅自克扣"装钱"，从中截留了很大一部分，还放纵部下不时骚扰欺侮蜀兵。

自作孽，不可活。乾德三年（965年）三月，蜀国降军到达绵州时，哗变爆发。

憋了一肚子火的蜀兵们，怨气冲天，愤怨思乱，聚众十多万人，举起复兴蜀国的大旗，号称"兴国军"。

举大事不能群龙无首。后蜀文州刺史全师雄在蜀军中颇有威望，蜀兵们有意请他出山主持大局。没料到，全师雄得到消息，一点也乐不起来，害怕极了，扔下家眷，逃之夭夭，躲藏在江曲（今四川江油）一户农家里。最后全师雄还是被蜀兵给揪了出来，被强行拥戴为"兴国军"主帅。全师雄就这样稀里糊涂、半推半就、身不由己地成了叛军头子。

蜀兵造反的消息传到成都，王全斌连忙派出马军都监朱光绪，前往绵州安抚招降叛军。

朱光绪似乎误解了他此行的任务，在绵州的所作所为又残忍又愚蠢。他掠夺全师雄全部家财，将其在绵州的家人尽数谋害，只留下一个活口就是全师雄的女儿，朱光绪竟然将她强纳为妾，占为己有。

"混账东西！是可忍孰不可忍！"全师雄原本只是被蜀兵拥逼，并无意反宋，受此奇耻大辱，原本还踌躇不决的他，再也没有什么可犹豫的，断了归宋的念头，誓与宋军不共戴天。

全师雄先是进攻绵州，没有得手，转攻彭州成功，以彭州为据点，开官府、设僚属，自称"兴蜀大王"。兴蜀的大旗一举，群起呼应，共计十七州响应。西川大地，一时间乱民蜂拥，盗贼四起，烽火连天。

大乱当前，王全斌却一错再错，昏招一个接着一个。

当时，在成都的蜀军降兵尚有两万七千人，正屯聚于城南校场。王全斌心生忧惧：眼下蜀地大乱，城中这些俘虏会不会趁机有所行动，作为内应，与外面的蜀军来个里应外合，到时候成都还守得住吗？恐惧诱发了他的杀念。

都监康延泽表示反对，提出更温和理性的解决方案："蜀军降卒中，老幼疾病者共有七千人，这些人毫无威胁，不如释放他们回家。余下两万蜀兵，可派军护送，乘船浮江而下。途中若有反叛之举，或遇外地蜀军前来劫夺，再杀也不迟。"

"迟了！迟了！到那时就迟了！"王全斌直摇头。

"将军何苦滥杀无辜！"

"不杀人，我就要被杀！这是战争！"王全斌眼睛通红，完全丧失了理智。

乾德三年（965年）四月一日，蜀国降兵被诱骗到夹城之中。夹城是一个狭长的通道，两边耸立着无法攀越的高墙。王全斌一声令下，夹城前后大门被锁死，蜀兵被困在狭长的"牢笼"里，成为待宰羔羊。

"放箭！"埋伏在高墙上的弓弩手接到指令，万箭齐发，从天而降。夹城里如蚂蚁般的降卒挤作一团，无处可逃。

王全斌痛下杀手，屠戮二万七千降卒。消息传出，火上浇油，蜀人的冲天怒气一浪高过一浪，抵抗宋军的誓死决心更加坚决。

"王全斌这厮，怎会糊涂愚蠢至此！"

面对西川乱局，赵匡胤雷霆震怒。暴怒之下，他必须迅速冷静下来。平乱是当务之急，虽然远在汴京，但他密切关注西川局势，遥控指挥，筹谋应对。接下来的两年，赵匡胤劳心费神，祭出"平乱三招"：换人、"杀鸡"、赏罚。

第一招，换人。

赵匡胤迅速调整主政蜀地的人事布局，派出"救火队长"赶赴西川，进一步削弱前线那些糊涂主将们的权柄，以尽快稳定局面。

这位"救火队长"，名叫吕余庆，官拜参知政事，高居副宰相之位，深受皇帝器重。危急之际，赵匡胤任命吕余庆权知成都府，以朝官身份主政成都。

新官上任三把火。吕余庆刚到成都不久，宋军一名军校喝得烂醉，持刀闯入市集，抢夺药商财物。吕余庆接到报告，当即下令逮捕，斩首示众，以儆效尤。事情传开，全军畏服，蜀国民众大呼痛快。

根据赵匡胤的旨意，吕余庆执掌成都之后，王全斌只管军事，其他行政、财政等大小事务，全部交由吕余庆管理。

赵匡胤抑制武将作乱的意图不言自明。王全斌并不愚钝，他曾忐忑不安地对部将袒露心迹："我听说古来将帅大多不能保全功名，功业愈盛，愈不得善终。如今西蜀已平，我想称病东归，不知能否免步前人后尘。"

部将劝道："西蜀虽已平定，各地盗寇仍然充斥四野，眼下正需将军留守平乱。况且没有天子诏令，不宜轻易离开。"

王全斌这才打消辞归念头，尽力平乱。

除了以文臣主政成都，武将方面，赵匡胤提拔重用曹彬，抑制王全斌等人的暴戾之气。

蜀国灭亡之后，对于多位将领想要屠城劫掠的冲动，曹彬一再出手制止，防止暴乱发生。赵匡胤听说了，很是欣喜："我想要的就是这样的仁厚将军！"于是他赐诏对曹彬大加褒奖。

后来，王全斌回到京城接受审判，几乎攻讦检举了其他所有将领，只有对曹彬，他说不出一句坏话，对赵匡胤感慨道："清廉畏谨，不负陛下，唯有曹彬一人！"

赵匡胤曾问曹彬，平定蜀乱何人可以任用。曹彬只推荐了沈义伦一人。赵匡胤二话不说，任命此人为随军转运使。沈义伦来到成都后，其所作所为与王全斌等人的堪称天壤之别，他住在寺庙里，平日只吃蔬菜简食。平乱结束回到京城，打开他的箧子，唯有书籍数卷，别无他物。

庸者下，能者上。正是靠着吕余庆、曹彬、沈义伦等一批文臣武将，蜀地暴乱才一步步得以平息。

第二招，"杀鸡"。

"杀鸡"自然是为了"儆猴"，以此严明军纪、提振军威。

蜀地乱糟糟的局面，一大乱源在于王全斌等人治军不严，宋军将士得胜后不受约束恣意妄为，毫无军纪军法可言。人一旦完全失去约束，或将沦为野兽牲畜。

西川行营有一名军校，残忍地割下一名蜀国女子的乳房，然后杀死了她。此案上报到朝廷，赵匡胤下令，将这名军校逮捕，押送京城。赵匡胤一向宽容多恕，极少对臣子动用死刑，但这一次不同，皇帝亲审此案，该名罪犯被判在市集枭首示众。

不少臣子进言，希望免军校一死。

赵匡胤愤恨道："王师伐蜀，是讨伐不义，救黎民百姓于水火。试问，那妇人有何罪？何以残忍至此？无须再劝，此案当速速置于法办，以偿民冤！"

一方面是伸张正义，另一方面赵匡胤也希望以这颗人头，敲响警钟，震慑那帮骄纵妄为的兵将们。

一直到乾德四年（966年）年底，经过长达两年的艰苦努力，西川动乱才基本平息，蜀地逐渐恢复安宁。

这两年里，赵匡胤养成了一个习惯，但凡有使者从蜀地回来，他必定亲自召见，请他们详细陈述在西川的所见所闻，将王全斌等人的所作所为一一记录在案。虽然他人在汴京，但如有千里眼、顺风耳，对蜀地发生的事情了若指掌。

一桩桩一件件罪行记录清楚，因为大乱已平，就要到秋后算账的时候了。

第三招，赏罚。

王全斌等将领马上就要回京受审，如何处置他们，赵匡胤发现，不是一件可以轻易做出决断的事情。

赵匡胤问赵普："朕听闻，民间有一人家，家中有孩儿，在外立下大功，却也闯下大祸，孩子眼看就要回来了，家中长老却犯愁了，不知如何是好。"

"敢问所为何愁？"

"你说这孩儿，到底是该赏，还是该罚啊？"

赵普自然明白赵匡胤意有所指，又不好明言。他直抒己见："立功该赏，有过该罚，不因过而不赏，不因功而免罚。赏罚分明，并行不悖，国法要义，正在于此。"

"此言大善！"赵匡胤抚掌赞许，有豁然开朗之感。

在蜀地滞留了两年多的主要将领们，回京等待皇帝的处置、命运的裁决。

"赏"还好办，曹彬被擢升为宣徽南院使，领义成军节度使。沈义伦被擢升为兵部侍郎、枢密副使。"罚"可就要麻烦多了。

有人耍起了小聪明。譬如王仁瞻抢先一步入京，在赵匡胤面前恶人先告状，历数王全斌、崔彦进等人的过错。他所告发的内容半真半假，不乏夸大甚至诋毁污蔑同僚的内容，而对于他自己在蜀地的所作所为，闭口不谈。

赵匡胤静静听完王仁瞻的长篇大论，冷冷问道："说完啦？"

"回陛下，说完啦。"

"我问你，接纳李廷珪送来的四名妓女，私占丰德库的金银财宝，这些事情也是王全斌、崔彦进所为吗？"

王仁瞻惊出一身冷汗，扑通跪地，叩头不止，惶恐不能回答。他这才发现，赵匡胤对他们所有人在蜀地的功过行止一清二楚，他的自作聪明反倒给自己带来灾殃。

这些将领，都是平蜀有功的国之将帅，赵匡胤将他们交由中书门下负责审理。他们涉及的每一项罪状，包括擅自侵占后蜀国库财物、克扣蜀兵"装钱"、屠杀蜀国降兵以及抢夺民女等等，都召来蜀臣、使者等相关人士，进行当面质证。

王全斌等人供认不讳，全都认罪服法。

根据赵匡胤的安排，由御史台召集文武百官，在朝堂上议定王全斌等人罪行。朝议后，百官上表称："王全斌、王仁瞻、崔彦进等，依法当死。"

经过反复斟酌，考虑再三，赵匡胤还是特赦了他们。

死罪可免，但活罪难逃。

王全斌是灭蜀首功，既有大功，也犯下大错。赵匡胤在随州（今湖北随州）设置崇义军，将王全斌贬为崇义军节度使观察留后。

在金州（今陕西安康）设置昭化军，崔彦进被贬为昭化军节度使观察留后。

王仁瞻被免去枢密副使官职，贬为右卫大将军。

这三位将领从蜀地敲诈勒索的金银钱财，被勒令全数奉还原主。

"节度使观察留后"是宋初设置的武将官名，属于"寄禄官"，有官名有待遇，但没有实际职事，大多情况下也并不前往所在地赴任，只是遥领一个虚衔而已。

王全斌从此不再被重用，赋闲在家，这之后的统一战争，再也瞧不见他的身影。一直到开宝九年（976年），南唐灭亡，全国统一大局基本确定，赵匡胤这才召见王全斌，说了一番掏心窝子的话："这些年，因为江南未平，朕担忧征南诸将就像当初在西川一样，不守军纪，重蹈覆辙，所以让你远离军政，一直不予任用。今日金陵已克，终于可以还给你节度使的职位了。"

赵匡胤任王全斌为武宁军节度使，赐银器钱帛。然而，那时候他已经六十九岁，年近古稀，重新授勋更多是抚慰的意义。王全斌于当年六月去世。

亲征北汉，留遗恨大业未竟

接连平定荆南、湖南、后蜀之后，赵匡胤一度偏离"先南后北"的既定方略，掉头挥师北伐。令统一战略出现转向的，是老对手北汉刘氏。

赵匡胤与北汉国主刘钧曾有一番隔空对话，由间谍在两人中间传话得以实现。

赵匡胤派谍者对刘钧言道："君家与周氏结为世仇，不共戴天，理当不屈顽抗，我很理解。可是我大宋与君家素来并无嫌隙，往日无冤近日无仇，何苦相争不休，困扰河东一方百姓？君若有志于问鼎中原，请西下太行山，我与君一决胜负，何如？"

刘钧回话："君欲一决胜负，请到团柏谷（今山西祁县东）来，我自当与君背城一战。我本无意困扰一方百姓，但是河东土地、兵甲还不足中原十分之一，死守这区区弹丸之地，只因为惧怕我汉氏断绝子嗣啊！"

"这话怎么听起来可怜兮兮的？"赵匡胤笑对谍者道，"转告刘钧，我姑且放他一条生路。"

君无戏言，直到刘钧去世，赵匡胤都没有对北汉用兵。

当然，他绝不是因为刘钧一句话才平息战火。开国之初，赵匡胤忙着征讨荆湖、西川，无暇北顾。只有与北汉达成暂时休战的口头协议，北境安宁，他才能够安心征讨南方，避免腹背受敌。

原本，按照"先南后北"的大方略，后蜀一亡，下一个应该是南汉。但计划赶不上变化——开宝元年（968年）七月，刘钧死了，北汉爆发夺权内乱。

刘钧生前指定外甥兼养子刘继恩即位，他曾对宰相郭无为直言："继恩善良纯孝，可惜并非济世之才，恐怕守不住我刘氏家业，将如何是好？"

郭无为奇人异相，尖嘴猴腮，四方额头。他好学多闻，平日里能言善辩，但那时候不知出于什么考虑，没有做出回答。

刘继恩继位后，记恨刘钧顾命时郭无为没能替他说好话，也厌恶他在朝中专权擅政，新君与宰相之间的矛盾愈演愈烈。

刘继恩一方面给郭无为加官晋爵，进封司空，位极人臣，表面上做出优待礼敬的样子；另一方面，对他疏远冷落，架空他的权柄，甚至一度想要将郭无为驱逐出太原，但犹豫许久，最终未果。

不够果决，就将遭遇杀身之祸。

就在刘继恩继位的第六十天，一场宴会结束，他回到勤政阁歇息，醉卧榻上。一名彪形大汉破门闯入，身后紧跟着十余名甲胄士兵。

"来者何人？"

领头大汉也不答话，干脆利落地将阁门反锁，手持大刀直杀过来。

刘继恩从醺醉中猛然清醒，顾不上穿鞋，起身就跑。门户已锁，四面被围，他只能绕着书堂屏风，和行凶者转圈圈。他的身形特殊，髯须茂盛，大腹便便，上身长，下身短，被人形容是"骑在马上魁梧得很，下马行走原来是个侏儒"。刘继恩没绕几圈就气喘吁吁，刺客的大刀穿破屏风，白刃明晃晃的，直刺入他的胸膛。

刘继恩到死也不知道，杀他的人名叫侯霸荣，在北汉朝廷担任供奉官，除了这一公开职位，此人还有一层鲜为人知的神秘身份，我们先按下不表。

紧接着，郭无为准时登场。阁楼已经从里面上锁，郭无为命人架设梯子，登梯爬上阁楼，翻进内室，三下五除二将侯霸荣等十余名弑君者全部诛杀。

刘继恩之死，疑点重重，留下不少谜团。

首先是侯霸荣的真实身份与行凶动机。侯霸荣其人，力大无穷，善于骑射，跑起来可以与马儿竞速。早年间曾是匪盗，后来从军进入北汉军队，在一场战事中率部投降大宋，在赵匡胤的殿前军担任过内殿直，后来又神奇地回到北汉，出任侍奉皇帝的近臣供奉官。侯霸荣入宋大概已经被收服，赵匡胤安排他回到故国，作为安插在北汉朝廷里的间谍。趁着新君初立，侯霸荣谋杀刘继恩，或许是想提着北汉新皇帝的脑袋献于大宋。

令人心生疑窦的是郭无为在这起谋杀案中扮演的角色。他来得可真是恰逢其时，不早也不晚，就在刘继恩被杀、侯霸荣尚未全身而退的当口赶到现场，顺势成为诛除弑君者的大功臣。或许郭无为与刘继恩的矛盾愈发不可调和，于是他起了杀心。他已然知晓侯霸荣的间谍身份，先使一计"借刀杀人"，教唆侯霸荣弑君，再算准时机及时赶到，又使一计"过河拆桥"，杀人灭口。

史称："或谓无为实使霸荣作乱，亟诛霸荣以灭口，故人无知者。"（《续资治通鉴长编》卷九）对于这起谜案，较为普遍的看法是郭无为在幕后导演了这出谋逆大戏，他既是除暴的功臣，也是真正的弑君者。

刘继恩一死，郭无为掌控朝政，策立刘继恩弟弟刘继元为皇帝。

对于北汉政权更迭、内部动乱的局面，赵匡胤认为，灭亡北汉的天赐良机已经出现，不可错失。平定后蜀之后，宋军由南向北，挥师河东，转攻太原。

赵匡胤对于灭亡北汉这件事，似乎有某种执念。

早年间，让他一战成名的那场战事，正是追随柴荣打败北汉的高平之战，后来强攻太原未能得手。大宋建国第一年，平定潞州李筠叛乱之后，因为潞州毗邻河东，赵匡胤原打算一鼓作气顺势将北汉一锅端，在大臣劝阻下才作罢。后来，他多次就攻伐北汉的方略，问计于张永德、张晖等名将。在向赵普"雪夜问策"的那天晚上，他的开场白也是"吾欲收太原"，赵普陈述反对意见，最终君臣达成一致，这才定下"先南后北、先易后难"的统一方略。

三番五次问计垂询，一次次被大臣泼冷水都没有放弃。种种迹象表明，拿下北汉，是他心心念念日思夜想的事情。北汉是赵匡胤的执念，也是他的一块心病。

那么，这一执念源起何处？或许太祖皇帝真正在意的，并不是这弹丸之地，而是北汉背后强大的契丹势力。

北汉所辖地域约为今山西中部、北部一带，疆域狭小，土地贫瘠。北汉政权能够屹立二十年不倒，根本原因在于有契丹"父皇帝"的撑腰。每当太原危急，辽国大军总能及时赶来救援。

契丹人当然不是助人为乐的热心肠，而是将北汉作为牵制中原王朝的一颗重要砝码。北汉蕞尔小国，夹在辽与宋两个大国之间，从地缘政治的角度看，只有拿下北汉，大宋在与契丹人的博弈中，才能占据优势，变被动为主动。燕云十六州已经被辽国占领，河东之地再不早日平定，大宋国就有如家门口猛虎盘桓，始终处于严峻的北部边患之中，永无宁日。

世事的残酷在于，赵匡胤越是心心念念地冀望祈盼，老天爷越是不遂人愿。

开宝元年（968年）八月，赵匡胤以李继勋为主帅，党进为副将，曹彬为都监，统领精兵北上。这是大宋开国后第一次大规模进攻北汉。

战事之初，王师势如破竹，首战大破汉军，斩首两千级，获马五百匹，夺取汾河大桥，焚毁延夏门，进逼太原城下。

赵匡胤恩威并施，兵锋与怀柔两不耽误，一边命大军猛攻，一边派使者劝降。使者带着四十多道天子诏书，前往太原晓谕。头一份诏书颁给北汉新任国主刘继元，劝他识时务、顺天命，早日归降天朝，并承诺授予其平卢节度使之职，荣华富贵如旧。另外四十几份诏书颁给郭无为等朝臣，赵匡胤许给郭无为安国节度使之职，其他四十多位大臣只要归顺同样给予高官厚禄。

全部诏书按规章流程先送到宰相郭无为这儿，史书中描述郭相当时"得诏色动"，动的恐怕不只是脸上的表情，更是内心起了波澜，生出"叛汉投宋之心"。郭无为接下来的举动意味深长，他将颁给大臣的四十多份诏书（包括给他自己的那份）藏匿起来，不令外界知晓，只将头一份呈送刘继元，并且极力劝说："王师强盛，大势已然如此，不可违逆，不如尽早归宋。"

郭无为的悲剧在于，此前刘继恩怨他恨他，现在由他扶持上位的刘继元竟然也不听他的。年轻新君断然拒绝投降，他并不糊涂，知道自己手上至少还有两张底牌，此时还没到山穷水尽走投无路的时候。

第一张底牌，太原城向来固若金汤，北汉在此立国二十年，城门还从没被人攻破过，宋军想要短时间内破城并非易事。

第二张底牌，还有我契丹"父亲"呢！刘继元已经上表辽国，一来请求"父皇帝"正式策立他这个"儿皇帝"，这样才算名正言顺；二来紧急求援，呼唤契丹大军快来救"儿子"的命。

郭无为这才发现，他所策立的"傀儡"皇帝一点都不受摆布，懊恼不迭，但悔之晚矣。

事实证明，刘继元的两张底牌全部奏效。开宝元年（968年）十一月，太原城久攻不下，契丹援军一到，宋军主帅李继勋做出撤军的决定。

北汉和契丹哪能放过这大好机会，宋军前脚刚走，便伺机反扑，进犯晋州、绛州，大肆劫掠一番，满载而归。

初征北汉，李继勋无功而返，赵匡胤萌生御驾亲征的念头。

开宝二年（969年）二月，皇弟开封尹赵光义被任命为东京留守，坐镇京师。赵匡胤亲率大军远征，誓破太原。

上一次北伐失利，赵匡胤分析认为，根本原因在于契丹的插手。这一回，他运筹帷幄，提前布局防范。

大军抵达滑州（今河南滑县），赵匡胤传召彰德节度使韩重赟御前觐见。

"兵法有云，知己知彼，百战不殆。韩将军可知，契丹大军此番是否再来援汉？如果来，又将兵发何处？"

韩重赟额头沁出豆大汗珠，答道："末将愚钝，没有前线军报，不敢妄言。"

"若等军报送来再作筹谋，敌人都打上门来了，已经晚了。韩将军听好，契丹知我亲征，必定再次率军来援。镇州、定州一向守备薄弱，对方必将由此路行军。将军可为朕领兵，倍道兼行，埋伏奇兵，以逸待劳。待敌军来时，出其不意攻其不备，可大破契丹军！"

赵匡胤任命韩重赟为北面都部署，在河北布防，拦截契丹南下。

开宝二年（969年）四月，契丹大军果然从定州经过，韩重赟已在嘉山（今河北曲阳县东北）上设伏，守株待兔多日，终于等来敌军自投罗网。契丹人瞧见宋军旗帜，大为惊骇，连忙整军备战。宋军从山岗高处如瀑布般凌空倾泻而下，洪峰浪涛似地涌来，契丹军猝不及防，遭遇迎头痛击，四散逃窜。

韩重赟如此轻易地挫败契丹强敌，心中不禁感慨：多亏了官家的神机妙算啊！

赵匡胤的神机妙算，在战事之初成功遏制契丹援军，为宋军主力攻打太原，赢得宝贵时间。只可惜，人算不如天算，天有不测风云。

主力大军进入潞州地界，大雨倾盆，连绵多日，军队只能暂时驻跸。这一停，就滞留十八天之久，一步也无法往前。

大战在即，形势瞬息万变，兵贵神速，一刻也不容耽搁。在这漫长的十八天里，赵匡胤难掩焦急烦躁。他见潞州城中各州送来的军粮辎重临时堆积在街道上，乱糟糟一片，堵塞了城中道路，一向宽容的他勃然大怒，要降罪主责官员转运使，好在宰相赵普及时劝谏才作罢。不知雨天何时才能结束，赵匡胤一筹莫展，只能命近臣到附近寺庙中烧香拜神，乞求神明赐予晴天。

大战还没正式开打，就遭遇这样的挫折，这一仗似乎注定极为艰难。

驻跸潞州期间，一名北汉的间谍被抓获。赵匡胤亲自审问："太原城中，如今境况如何？"

间谍回道："回禀陛下，城中庶民罹毒久矣，苦不堪言，他们日日夜夜仰着脖子，盼望有朝一日能够瞧见天子车驾，只恨陛下来得太迟啊！"

赵匡胤齿牙春色，发出爽朗的大笑声。被困潞州多日，心里焦躁烦闷，此刻听到这样的"喜讯"，他一扫淤积胸中的阴霾。赵匡胤赐予间谍衣裳，饶他一命，放其归去。

这位北汉间谍为了保住小命，阿谀奉承，极尽谄媚讨好之能事，只挑赵匡胤爱听的说。其实，间谍多狡诈，他们嘴里的鬼话哪能轻易相信？但人性的弱点就在于，人总是倾向于相信自己愿意相信的事情。赵匡胤很快就会发现，太原城中的境况，完全不是那么回事。

这个时候，太原城中正迎来贵宾。契丹使者韩知璠奉辽国皇帝之命，前来册封刘继元为帝。刘继元趁夜开北边城门，秘密将其迎入。

第二天，在欢迎契丹使者的宴会上，宰相郭无为大庭广众之下突然嚎啕大哭，哭还不过瘾，还拔出佩刀刺伤自己，殿堂上响起一片惊呼声。

刘继元赶忙快步走下台阶，扶宰相入座："郭相，这是做什么？"

"臣不解，奈何以一座孤城，抵抗百万雄师啊！"郭无为这话说给刘继元听，也是说给满朝文武听。

原来，老相国这番表演，又是要力主投降大宋。刘继元面色一沉，没有正面回应，只让宫人扶郭无为去治伤。

劝降就劝降，何必还要演这一出苦情戏，甚至使出苦肉计自残？那是因为郭无为意识到，以他为代表的投降派，在北汉朝中不占主流。北汉从国君到文臣武将，大都打定主意，与宋军死磕到底：看是你宋军的兵锋猛烈，还是我太原的城池更坚固！

开宝二年（969年）三月，宋军主力抵达太原城外的南关。

赵匡胤登上城外高坡，举目远眺，勘察地形，迅速部署攻城。他的攻城之法，简而言之八个字："四面设寨，长筑连城。"

宋军征兆数万民夫，在太原城外挖掘壕沟，修筑堡垒、栅栏，将太原的四面包围起来，称为"长连城"。宋军仗着人多，全方位无死角地围堵，形成四座大寨：李继勋在城南，赵赞在城西，曹彬在城北，党进在城东。太原就像被罩上铁桶一般，被围得严严实实，一只苍蝇都飞不出去。

北汉群臣都对国主刘继元说，如今四面被围形势如何不利，就连出城去都极为困难。刘继元年轻气盛，偏不信这个邪，趁着夜黑风高，试图出城与宋军一战。刘继元在宋军的东边、西边营寨，先后遭遇迎头痛击，被打得服服帖帖，只得灰溜溜撤回城中。

但刘继元并不担心，他还有契丹"父亲"呢。契丹不仅派来使者韩知璠，第二拨援军也马上就要到了。

话说契丹出兵定州的援军被韩重赟打垮之后，兵力强盛的辽国哪里那么容易善罢甘休，再度调集军队补充力量，二度增援北汉。这一次，不走河北一路，直接杀向太原。

很快，宋军的斥候侦查探知，契丹军已从石岭关（今太原阳曲县境内）进入北汉境内。

宋军石岭关部署何继筠，收到皇帝诏令，火急火燎赶往太原城外的宋军大营，觐见赵匡胤，等待皇帝布置军令，没想到等来一碗麻浆粉。

赵匡胤微笑道："瞧何将军这满头大汗，奔波辛苦了。天气酷热难耐，麻浆粉正是解暑好物，近日来，朕可是一天都离不开这麻浆粉。何将军快尝尝！"

赵匡胤请负责皇帝生活起居的太官，制作一碗麻浆粉，他亲自递给何继筠。何继筠受宠若惊，双手捧着接过，三口两口，在赵匡胤的微笑注视下，很快吃完。

"朕调拨数千精兵给你。明日正午，朕在这里，等候你的捷报。"

"末将必不辱使命，不让契丹跨过石岭关一步！"

何继筠领兵速归，在石岭关下，阳曲之北，两军遭遇，宋军酣畅淋漓大获全胜，斩首千余级，俘虏百余人、战马七百余匹，铠甲甚多。

第二天，太原城外，赵匡胤登上北面高台，远远望见一骑挥舞大旗，滚滚风沙之中，从北边疾驰而来，高呼："捷报！石岭关大捷！"

送来捷报的正是何继筠的儿子。看来，麻浆粉不仅清凉解暑，还有皇恩勉励振奋军心的神奇功效。

千余契丹士兵首级，以及不计其数的铠甲兵仗，被运送到太原城下，密密麻麻地排列开，好像陈列展览似的，蔚为壮观。向太原守军传达的意思很清楚：你们如若再不投降，负隅顽抗，下场就和这些契丹亡魂一样。

面对赵匡胤的震慑，有人真害怕了。

郭无为一直以来都有投降大宋之意，只可惜没有在朝中获得广泛支持，他都朝自己身上挥刀见血了，也没能说动固执的刘继元。宋军攻城声势越发猛烈，再不做出决断可就真的要像那些契丹人一样身首异处了！郭无为心一横：罢了，你们不要命，我还要呢！你们不降，我降！

先前的苦肉计不奏效，这次再使一计瞒天过海，郭无为主动向刘继元请求带兵出城作战，暗地里的计划是带着军队向大宋投诚。

刘继元没多想就同意了，可是老天爷好像不同意，和他开起玩笑来。

郭无为出城之际，天象骤变，风雨如晦，雷电交加。千余名精兵受阻，纷纷回城。郭无为心急如焚：如果这次不能成功出城，恐怕就再难有出去的机会。在倾盆暴雨之中，他骑在马上，扯着嗓子大声呼喝，但没有人听他的，士兵们一窝蜂地往城里跑。郭无为绝望的心也被雨水浸透得冰凉。

从那以后，他果然再也找不到合适的时机出城投奔宋军。再后来，朝中有人搜罗罪证，告发郭无为私通宋军之举。刘继元正欲立威以振军心，下令依法处决郭无为，斩首示众，晓谕全城军民，这就是叛乱者的下场。太原军由此守城意志更为坚定。

一天，赵匡胤策马登临高坡，俯瞰固若金汤的太原，太原如一座铜墙铁壁的堡垒。他越看心里越憋闷，莫名生出一股怨气。从高平之战至今，这么多年了，这小小太原，怎么就死活攻不下呢？

"陛下自有数千万雄兵在左右，为何不用？"说话的是左神武统军陈承昭。

"千万雄兵？在何处？"

陈承昭举起马鞭，指向奔流不息的汾水："滚滚怒涛，胜似千万雄兵！"

赵匡胤顿悟，大笑道："妙哉！千万雄兵，就交由你来统领如何？"

陈承昭精通水利，领命开始推进筑坝工程。他的计划是，垒筑长堤，壅塞汾水，令大水改道，来日引水漫城，水淹太原！陈承昭安排士兵，用粗布编制囊袋，往里面塞满泥土或石块，再将这些笨重的泥囊一个个投入汾水上游，上游水位不断上升，眼看就要逾越堤坝，满溢出来。

那段时间，赵匡胤时常手持宝剑，赤着脚，坐在黄罗伞盖之下，监督工程进度。时值盛夏酷暑，他袒露臂膀，不带冠冕，头发蓬松披散，一副洒脱不羁的模样。

水淹之日，堤坝被拆毁，汾河水如激流瀑布般倾泻而下。大水涌上高高的外城墙，注入内城之中，太原城瞬间成为一片泽国。

"南城墙塌了！"

外城墙在洪峰的不断冲击之下，越来越脆弱，终于破碎坍塌。宋军将士抓准时机，乘坐小舟，游弋在汪洋中，朝着那个南墙破口猛攻。一把大火被点燃，水火交融，城墙破口越来越大。

北汉军也不是吃素的，急忙修补城墙，堵塞豁口。宋军利箭一支又一支，精准地朝缺口处直射，汉军士卒施工极为艰难。

就在这时，成堆的柴草顺着河水飘到南城墙这里，汉军士卒灵机一动，迅速搬柴草堵死缺口，宋军箭矢射入草丛，就像当年赤壁之战"草船借箭"一样，有去无回。柴草堆很轻，易于搬运，极短时间内就形成一道掩护屏障，这可是货真价实的"救命稻草"。汉军得以成功修补南墙豁口。

补南墙，只是这场激烈战事的一个小小侧影，从这里可以看出北汉军民表现出极大的韧劲、顽强的意志，他们同仇敌忾，激发出惊人的战斗力。大水灌城之后，并没有如陈承昭预料的那样，"千万雄兵"一来，北汉倾城亡国。事实上，两军鏖战，战况惨烈，宋军与汉军都死伤惨重。

宋军真正的敌人，不是北汉，也不是契丹，而是时间。北汉耗得起，宋军耗不起。随着时光的流逝，形势对宋军越来越不利。

对手比想象中的更难对付。水淹虽然重创太原城，但是并没有取得预期的效果。太原军民一心，誓死苦战，意志坚决。

他们还找来了强大帮手。契丹再发大军，第三拨援军已经来了，正驻军于太原城西。

老天爷也不帮忙。山西气候潮湿炎热，既多雨，又暑热，远来的士兵们极不适应，宋军中开始流行痢疾，许多士兵腹泻不止，疫情正在迅速地蔓延扩散中。再加上宋军本就伤亡惨重，将士们身心俱疲，士气日渐低迷。

天时、地利、人和，不论哪一方面，都不站在宋军这一边。

屋漏偏逢连夜雨，一则噩耗传来，令赵匡胤消沉的心绪雪上加霜——魏仁浦病亡了。

出征之前，一次宴会上，赵匡胤朝右仆射魏仁浦高呼："魏卿，怎么不请朕喝一杯？"魏仁浦连忙进前，来到皇帝身边，躬身劝酒。

赵匡胤举杯，附耳低声道："朕欲亲征太原，你以为如何？"

魏仁浦没有过多犹豫，直言相劝："欲速则不达，还请陛下审慎决断，三思而后行。"

赵匡胤笑笑，继续与他对饮，闲谈他事。魏仁浦的劝谏并没有起作用，皇帝心意已决。

大军出发，魏仁浦不是武将，赵匡胤也要求他随军同行，大概是想让他亲眼瞧瞧，自己怎么攻破太原城大门。没想到，战事正酣，魏仁浦突染重病。赵匡胤安排他返回京城，在回去的路上，他病逝于梁侯驿（今山西沁县界）。

魏仁浦是从后周就位居宰相的重臣，足智多谋，深受柴荣、赵匡胤倚重。魏仁浦的死，给当前糟糕的战局，再抹上一层阴影。

这一天，赵匡胤召来赵普一起巡营，探望染疾的士兵。

虽然左右极力劝阻，但他仍然不惧疫病，坚持为士兵亲喂汤药。

"朕听闻，近来军中关于是否应当退兵，议论纷纷，可有此事？"

"这……"士兵们面面相觑，沉默也是一种回答。

"诸位以为如何，太原久攻不下，我军该不该退兵？"

"为大宋，为官家，赴汤蹈火，虽万死亦不辞！"

赵匡胤挤出一丝笑容，笑得有点苦涩："已经让这么多将士染疾受苦，再令将士万死，岂是明君所为？"

"官家说得是！"角落里一员小卒，深吸一口气，鼓足勇气道，"将士们私下都议论，再这么耗下去，何时是个头？这仗既然怎么打也打不赢，好汉不吃眼前亏，索性不打了，不如早日归去……"

"休得胡言！"赵普适时打断他的发言。

赵匡胤像是回答那小卒，又像是在自言自语："打赢如何？打不赢又如何？朕不怕输，只怕……罢了，不说也罢。"

话说一半，赵匡胤起身离开，赵普紧随其后。二人同入中军宝帐，静默半晌，赵匡胤喃喃道："这小小太原，当真是邪了门了，怎么就屡攻不下呢？难道说，汉国刘氏果真有上天庇佑不成？"

赵普道："天道幽微，臣不可知。圣君之道，臣略知一二。圣君之道，就在官家方才那一个'怕'字里。"

"嗯，怕……你懂朕的'怕'？"

"官家当然不怕输，怕的是将士死难，百姓受苦，天下离乱。"

赵普看得出来，一向处事果决的赵匡胤，近来关于是否退兵颇为犹豫，赵普懂他的犹豫。

"你可知，朕这辈子，南征北战，一个'勇'字当之无愧。因为朕在沙场之上，从来没有退却过。"

赵普道："一往无前是小勇，能进能退方为大勇。今日官家就为全军将士、为天下百姓退却一回，又有何妨！"

一往无前固然勇敢，但明知是深渊死地还不管不顾往前扑，那不是勇敢，而是鲁莽和愚蠢。更何况，不是一个人赴死，而是拉上全军将士陪葬，就更是不仁不义。能进能退，能屈能伸，及时止损，这才是真正的勇敢。

赵匡胤正考虑撤军的消息在军中传开，并不是所有人都支持。

殿前指挥使都虞候赵廷翰，带领殿前诸班的将士们来到赵匡胤面前，一字排开，伏地叩首，头磕得蹬蹬直响。

"太原蕞尔小城却久攻不下，是因为许多将士不够尽力的缘故。我等向陛下请战，愿做先登死士，急击攻城，以尽死力！不破城，誓不归！"

殿前诸班是皇帝的贴身禁卫军，赵匡胤对这些年轻的面孔再熟悉不过。面对勇士们的一腔热血、壮怀激烈，他的内心冷热交织，既深受感动，又涌起一阵悲凉与无奈。

"孩儿们，当年，你们都是由我亲自挑选、训练，优中选优，无不以一当百，可以说是天下雄兵之精髓。这些年，你们紧密护我左右，防范肘腋之变，与我生死相随、休戚与共。今日我宁愿不得太原，又怎么忍心驱策你们去冒锋刃之险，奔赴那必死之地！"

众将士感激涕零，再拜，山呼万岁，不再请战。

开宝二年（969年）五月，赵匡胤下令，宋军撤离太原，班师回朝。

不能白来一趟，宋军撤退时，将太原附近一万多户百姓迁到山东、河南等地，他们由禁军护送，由朝廷赐予粮食，从此成为大宋子民。

北汉虽然损失万余户百姓，但白捡了个大便宜。宋军许多军用物资带不走，包括粮粟三十万与茶、绢各数万，都落入北汉的口袋。北汉经此一战，元气大伤、物资枯竭，依赖这些军资才稍稍得以补给。

宋军一走，北汉朝廷赶紧组织人力，排散太原满城积水。大水一散，多处城墙轰然坍塌，令城民目瞪口呆。泥土夯筑的城墙在大水里浸泡许久，内部早已松动，只是大水一直没有消退，才勉力支撑着。排水泄洪之后，城墙瞬间失去支撑的力道，墙面哗啦啦地原地倒塌，只留下断壁残垣。

契丹使者韩知璠当时还在太原，见此情景，大发感慨："宋军引水浸城，只知其一不知其二。如果采用先浸泡、后抽水干涸的方法，则城墙必塌，太原必定落入宋人之手。"

韩知璠的假设是对是错无从验证，因为历史没有"如果"，赵匡胤北伐铩羽而归，已经成为既定事实。

意气风发地亲征，一无所成地归来，开宝二年（969年）的太原之战，可谓是赵匡胤戎马生涯中绝无仅有的失败，这成为他统一大业中的最大遗憾。

兵败太原后，赵匡胤及时纠偏，重新回到"先南后北"的大方略上来，将目光投向遥远的岭南。

讨伐南汉，诛暴政救民水火

南汉，"十国"之一，割据岭南地区。后梁贞明三年（917年），南海王刘龑称帝，国号为"大越"，定都番禺（今广州）。第二年，又声称是汉高祖刘邦后裔，改国号为"汉"，史称"南汉"。南汉统辖四十七州，包括今广东全境、广西东部。

山高皇帝远，南汉始终远离中原战乱，偏安一隅。到了北宋初年，南汉后主刘鋹统治岭南。

乾德二年（964年），宋军平定荆、湖之后，潭州防御使潘美顺势攻取被南汉侵占的郴州，俘获南汉国的内品（宦官职位名）十余人。

赵匡胤有意了解南汉国政状况，特地召见这些内侍太监。

"你叫什么？在岭南做的什么官？"他随口询问站在前排的一名太监。

"回圣上，小人余延业，在宫中担任扈驾弓官。"那人声如蚊蝇，低着头，弓身驼背，颤巍巍地回话。

扈驾弓官是护卫皇帝的弓弩将士，怎会由一名太监担任？赵匡胤上下一打量，这副瘦弱如鸡的模样，哪里像是百步穿杨的射箭高手？

"来人，拿弓箭来！"

赵匡胤命人给他一套弓箭，让他在大殿之上试射。余延业冷汗直冒，咬着后槽牙，费了半天劲，一试再试，死活拉不开弓。殿上大宋君臣讪笑不止。

"罢了，不必白费气力，放下吧。"赵匡胤没忘记有正事要谈，"朕听闻，汉王有一雅号，叫什么'悠闲大夫'？"

"回圣上，是'萧闲大夫'，汉王平日里逍遥悠闲，与'媚猪'甘酒嗜音，在十几所离宫之间巡幸游乐，好不快活，故有此雅号。"

"媚猪？皇宫里怎会有猪？"

"媚猪不是真的猪，而是汉王宠幸的波斯女子。这名番邦女子，妩媚妖娆，又肤黑胖肥，汉王赐她诨号'媚猪'。"

大宋君臣或瞠目结舌，或哑然失笑。

余延业见众人对他所说的事情感到惊奇有趣，不等别人问，抢先说道："汉国朝廷里，不仅有'媚猪'，还有'樊胡子'！"

"'樊胡子'难道也是汉王宠妃？"

"不是！'樊胡子'是个女巫，还是主政大臣！"

刘鋹宠信宦官龚澄枢、陈延寿等人，将政事全部交给他们处置。有一天，陈延寿向刘鋹引荐一名女巫。据说，这女巫能通灵，玉皇大帝时常附身于她。

刘鋹在朝堂大殿中设置帷帐，女巫自称"樊胡子"，头戴远游冠，身披紫霞裾，凤冠霞帔，独坐帐中。

"太子皇帝！"帷帐里传出类似男子的粗壮声音。

"叫谁？"刘鋹没反应过来。

"玉皇大帝正在呼唤陛下呢！陛下乃天子，不正是玉帝派往人间统御九州的太子皇帝吗？"陈延寿在一旁提醒。

"哦，没错，没错！我是太子皇帝。"刘鋹虽然第一次听说自己原来是玉皇大帝的儿子，但也觉得很有道理，"玉皇大帝他老人家，不知道有什么指示？"

帷帐里的"男人"声音说道："太子皇帝听好，一定要好好对待龚澄枢、卢琼仙、陈延寿等人，他们都是我派来辅佐你的，即便有罪也不能过问处罚，听明白了吗？"

"听明白了，多谢玉帝！"

从那天起，"樊胡子"就被留在宫中，国政大事小情，刘鋹都事先询问"樊胡子"，再做决策。帷帐里当然没有什么玉皇大帝，有的只是狼狈为奸、哄骗国君的野心家、阴谋家们。

刘鋹刚即位的时候，宦官陈延寿呈上密信："陛下之所以能够继承大位，无人争权，应当感谢先帝（刘晟）杀光了他的兄弟们。"刘鋹大受启发，如法炮制，将他的二弟刘璇兴害死。

刘鋹耽于享乐，在生活上穷奢极欲，对百姓横征暴敛。他大兴土木，修建万政殿，光是殿里的一根柱子，用金块装饰，就要花费黄金十五万两。他梦见一神仙指着罗浮山（今广东惠州境内）西边，振振有词："两岸相叠，一洞对流，可以为宫。"醒来后，就下令斥巨资在罗浮山兴建天华宫。

如果说残暴、奢侈是昏君的共性，那么刘鋹与别的昏君不同，最独一无二的地方在于他所任用的"大臣"。

南汉朝廷的"大臣",由两类人构成:太监和宫女。

刘鋹宫中的宦官,达七千人之多(一说两万人)。与之形成鲜明对比的是,赵匡胤宫中的太监只有一百人左右。在南汉,原本的文臣武将通通靠边站,七千多位宦官各有官职,执掌政务。朝中显贵,以龚澄枢、陈延寿为代表,多为阉臣。甚至有科举及第的进士,想要入朝为官,必须先行阉割。南汉成为彻头彻尾的阉宦之国。

还有妃嫔、宫女,以才人卢琼仙为代表。受宠的妃子、宫女都有正式官职,被封为女侍中、令仆等,她们穿起朝服冠带,在朝堂上煞有介事地办公理事。此情此景,比宦官干政更加旷古未有。

听着余延业描述南汉朝堂的怪诞景象,赵匡胤不禁慨叹:"岭南无人乎?以太监、宫女为大臣,天下怎会有这等荒唐事?"

余延业认真想了想,回答太祖皇帝的困惑:"大概是因为汉王不信任原来的大臣吧?龚澄枢曾言道,大臣不可信,太监才可信。"

"这又是什么奇谈怪论?"

原来,龚澄枢不断在刘鋹耳边灌输这样一种思想:"陛下可要看清楚,朝中那帮大臣,都有家室儿女,都有自己的私欲私利,哪里会掏心掏肺毫无保留地为陛下肝脑涂地呢?只有陛下身边的内侍、宫人,无牵无挂,没有儿女,没有家族,心中就只有陛下一人啊,舍得一身剐,愿意为陛下豁出性命。陛下还能信任谁?当然是信任我们呀!"

刘鋹一听,觉得很有道理,于是疏远忠臣,重用奸佞,将好好一个国家搞得乌烟瘴气。

龚澄枢所言,乍一听荒谬可笑,却也并非全然没有道理,至少他击中了皇帝内心深处的不安全感,说到了刘鋹的心坎上。太监是皇帝身边最亲近的人,历史上宦官专权的时代,往往是皇帝极不信任文武百官的时候,所以才选择倚重宦官。宦官必须像寄生虫一样依附在皇权上,得到皇帝的支持,才有可能作为一股势力崛起于朝廷。

南汉朝中，也不全是宵小奸佞。即便是宦者，也有明事理、识大势的人。

宦官将军邵延琄曾向刘鋹进忠言："我大汉国，乘唐代之乱，居岭南五十余年相安无事，只因中原动荡，无暇南顾对我大动兵戈。孟子云，生于忧患，死于安乐。陛下瞧瞧，因多年境内无事，将士不识旗鼓，人主不知存亡。天下大乱久矣，乱久则治，分久必合，大势使然。臣听闻，如今中原已有圣君雄主，将来必将一统海内。我大汉应居安思危，早作部署防御。如若不能防，臣以为，宜当倾我所有，以全国珍宝侍奉中原，遣使通好，保境安民。"

刘鋹一直认为自己是玉帝太子，福泽深厚，将逆耳忠言当作耳旁风，根本听不进去。直到乾德二年（964年），宋军攻占郴州，刘鋹这才想起邵延琄的话，起用他为招讨使，整军备战。但没过多久，有匿名信声称邵延琄图谋不轨要造反，刘鋹也不调查核实，草草下诏将其赐死。

从"媚猪""樊胡子"，到朝堂上的太监、宫女，赵匡胤听着余延业述说发生在岭南大地上荒诞不经的一幕幕，先是大笑不止，后来笑声渐弱，只是嘴角上扬，冷笑几声。最后，赵匡胤敛容肃然，不知怎的，如鲠在喉，心绪复杂，想笑却又笑不出来，陷入长久缄默。

南汉这出戏，超越了人伦常理，超越了宋廷君臣们正常的人生经验。它是一出喜剧？闹剧？抑或是悲剧？当真是令人啼笑皆非，三言两语说不清道不明其中复杂况味。

一开始，赵匡胤也和其他人一样，对南汉君臣的所作所为感到荒唐可笑。可听着听着，他在某一个瞬间忽然意识到，对南汉老百姓来说，这一点儿都不好笑，而是一出彻头彻尾的悲剧！

喜剧的内核果然是悲剧。国家的命运，人民的生死，竟然掌握在这样一帮寡廉鲜耻、骄奢淫逸的跳梁小丑手里，令人掩面哂笑之余，莫名地心生一丝悲凉，为岭南百姓感到悲哀。

宋代大文豪欧阳修编撰《新五代史》，评价南汉刘氏政权，最大的特点，四个字，叫作"牢牲视人"。祭祀用的猪牛羊叫作"牢"，"牲"是家畜牲口，南汉统治者根本没有把黎民百姓当作活生生的人，而是当作猪羊牛马一样的牲口看待。而且，他们的残暴腐朽，呈现出代代遗传的态势。

南汉开国皇帝刘䶮，喜欢在大殿上观看"屠脍"，像对待牲畜一样屠杀宰割犯人。宋人笔记中如此形容那骇人场面："锤锯互作，血肉交飞，腥秽之气，冤痛之声，充沸庭庑。"（佚名《五国故事》）

刘䶮的儿子南汉中宗刘晟，担心兄弟夺权，几年间将所有兄弟尽数杀戮，兄弟的儿子们全部用毒酒赐死。有一次，烂醉如泥的刘晟想要试一试新剑是否锋利，勒令伶官躺在地上，将一颗大瓜放在他脖子上，刘晟大喝一声，一剑劈下，大瓜裂为两半，伶官也身首异处。

刘晟的儿子正是南汉后主刘鋹，他完全遗传了其父其祖的昏聩残暴，有过之而无不及。譬如他也喜欢看犯人行刑的血腥场面，令囚犯与老虎、大象厮杀搏斗，作为一出娱乐节目来观赏。越是血肉模糊，他越是亢奋。他还经常赐酒，给大臣下毒，只因为喜欢欣赏他人从濒死挣扎到一命呜呼的过程。他挥霍无度，钱财只能从百姓身上盘剥搜刮。此人无耻至极，发明了一个量度不准的容器，百姓交一石大米，其实交了一石八斗，多交了将近一倍。他招募士兵下海采集珍珠，为了能够深入海底，要求士兵脚上必须绑上大石头增加重量。有时候士兵下沉到五百尺的深海，再也浮不上来，直坠深渊，淹死者甚多。

几代刘氏执政者，昏庸愚昧，伤天害理，视生命如草芥，罪行罄竹难书，南汉国几乎成为一座人间炼狱。

不知过了多久，赵匡胤打破沉默，轻轻地说出掷地有声、一字千钧的那句话：

"吾当救此一方之民！"

平定荆南、湖南之后，赵匡胤马不停蹄地攻略后蜀、北汉，一直无暇顾及南汉。乾德二年（964年）宋军收复郴州之后就此止步，没有进一步南下。

直到开宝三年（970年），南汉入侵道州（今湖南道县），道州刺史王继勋上书朝廷："刘鋹为政昏暴，民被其毒，苦不堪言，请讨之！"

赵匡胤先礼后兵，授意南唐国主李煜致信刘鋹，劝说他归降天朝，同时要求南汉将历年来攻占的湖南诸州交还大宋。

这件差事吃力不讨好，李煜将它交给负责起草诏令的知制诰潘佑。潘佑是文章圣手，先后写就两封文采斐然、言辞恳切的书信，洋洋洒洒数千言，晓之以理、动之以情。但李煜、潘佑的"一江春水"付诸东流，刘鋹丝毫不为所动，扣留南唐信使，亲笔回信，字里行间态度桀骜不驯，对南唐依附大宋颇为轻蔑鄙夷。

李煜夹在两国之间，谁也不想得罪，不远千里地乖乖将刘鋹回信转交大宋皇帝。见刘鋹猖狂如此，赵匡胤大怒，真是敬酒不吃吃罚酒了。

开宝三年（970年）九月，赵匡胤以潭州防御使潘美为主将，朗州团练使尹崇珂为副将，道州刺史王继勋为都监，正式开启南汉战事。

出师大捷，宋军大败汉军万余众，首战大获全胜，攻克富州（今广西昭平）。

面对大宋王师的来势汹汹，南汉这头的境况令人咋舌：能打仗的武将多因受谗言被害死，皇室倾轧自相残杀，宗室子弟剪灭殆尽，掌兵之人以太监为主。城壁壕隍这些防御工事，被装饰得有如宫中馆阁，其中的楼舰器甲却腐坏不治、破败无修，当真是金玉其外、败絮其中。

宋军兵锋直逼贺州（今广西贺州）而来，贺州刺史陈守忠遣使告急，南汉小朝廷这才如梦方醒，朝堂内外震恐，仓皇无措。

刘鋹命龚澄枢前往贺州，代表国君宣谕、抚慰前线将士。龚澄枢虽然一万个不情愿，但满朝文武就属他权势最盛，大敌当前，作为第一权臣无法推辞，哪怕他只是个太监，对军事一窍不通。

前线士卒久在边关，大多贫乏困苦，听闻朝廷有大官来犒军，以为必定会对他们大加赏赐，众将士满心期待，欢欣雀跃。谁料龚澄枢空手而来。准确地说，不是空手，他手上拿着南汉国主诏书，史称"空诏抚谕"。

龚澄枢例行公事，举着诏书照本宣科，对将士们精神喊话，敷衍了事。辛劳困顿的士兵眼巴巴地瞅着台上着锦衣绣袍的大太监，只见他一直在不知所云地念叨不停，半天也没拿出什么来。全军上下大失所望，人心离散。宣慰犒军，却一毛不拔，没给士兵准备一星半点的赏赐，南汉君臣的糊涂昏聩可见一斑。

须臾，前方军报，宋军已至芳林，与贺州近在咫尺。龚澄枢惶惧不安，自以为任务已经完成，于是来了个"三十六计走为上"，乘坐一支轻舟，从前线逃遁，溜之大吉，回到国都番禺。

龚澄枢是靠不上了，刘𬬮召集群臣商议："危局当前，哪位可以挺身而出迎拒强敌？"大家的意见出奇一致，都建议重新起用南汉第一名将潘崇彻。

多年前，刘𬬮听信谗言，怀疑潘崇彻有心谋反，命太监薛宗誉前去调查，薛宗誉向潘崇彻索贿不成，便向刘𬬮诬告潘崇彻不理军务，整日"衣锦绣、吹玉笛，为长夜之饮"。刘𬬮不等当事人申辩，褫夺潘崇彻兵权。

这一回，情势危急，刘𬬮听从群臣建议，召潘帅出山领军迎敌。可潘崇彻自从被罢去兵柄之后，一直怏怏不乐，心灰意懒，随便找了个理由，声称眼睛有疾不能领兵。刘𬬮怒火直冒："简直蹬鼻子上脸！难道我朝中无人？何须潘崇彻不可！譬如那伍彦柔，难道就没有万丈韬略吗？"

这位名叫伍彦柔的武将，就这样莫名其妙地被赶鸭子上架，前去救援贺州。

伍彦柔一来，宋军主帅潘美搞出大动作，旌旗招展，火速退兵二十里。

伍将军夜泊南乡，遥见对岸此景，兴奋得一夜难眠。他临危受命，被南汉国主、命运之神挑中，以为自己真的与本国第一名将潘崇彻不遑多让。一到前线，又见宋军急退二十里，这分明是怕了本将军呀！伍彦柔愈发自鸣得意，生出轻敌冒进之心，只恨漫漫长夜，怎么还不天明，好让他饮马踏河、大展神威、扫荡来犯之敌!

天终于亮了，汉军循水浅处，渡河登岸。伍彦柔也许是昨夜没睡好，由士兵抬着胡床，他卧躺在胡床上，手挟弹弓，半眯着眼，气定神闲，指挥大军蹚河上岸。他不时环视，认为"敌在目中"，什么都逃不出他的法眼，脸上满是掩饰不住的骄矜自持。

倏忽，鼓声大噪，宋军精锐从岸边绵延不绝地喷涌而出，趁汉军在水中半渡之际，发起奇袭。原来，前一天夜里，潘美早在南岸埋伏下里里外外三层伏兵。

汉军一大半刚刚登岸尚未整顿，一大半还在河中蹚水，突遭猛攻，登时大乱，人仰马翻。最终，全军死伤者十有七八，伍彦柔被枭首示众，他的头颅挂在高高的旗杆上，在贺州城门外矗立着，震慑城中守军。

宋军这边，成功以奇兵打援之后，真正的目标依然是重镇贺州。

随军转运使王明向潘美进言："而今情势，当急击之，尽早破城方为上策。如若汉国援兵再来，城内城外遥相呼应，前后夹击，我军迟滞日久，师老兵疲，必将陷入不利之境。"

潘美有些犹豫："话虽如此，贺州城坚，深壕高垒，攻城死伤必多，急破之谈何容易？"

"末将请战!"

"王将军有何破城妙计？"

"无他，唯有畚与锸而已。"

"畚"是装运垃圾的簸箕，"锸"是铲土挖地的铁锹。王明作为随军转运使，本职工作是运输粮饷辎重，对畚、锸这些器具再熟悉不过。他躬擐甲胄，率领本部负责护送辎重的士兵百余人，外加丁夫数千人，不运粮草，改运土石，悄然来到贺州城外。

这时候，铁锹、簸箕就派上大用场。王明带着士兵、丁夫，干起工兵的活儿，挖土、填石，将贺州城外的防御工事——那一道道深深的壕堑——填平。

贺州城再无防护，宛如一座孤岛。转眼，潘美率宋军主力兵临城下，贺州守军开城门献降。贺州攻克。

随后，战事呈现一边倒的局面。十一月，宋军接连攻下贺、昭、桂、连四州。

面对节节溃败，刘鋹的心态却格外好，他自有一套说辞，既宽慰群臣，同时也是自我安慰："贺、昭、桂、连四州，本来就是湖南武平军之地，是我从人家手里抢来的，赵匡胤想要，就给他好啦。如今宋军既然已得四州，也就心满意足了，一定不会再南下了。"

刘鋹可谓深得"精神胜利法"的精髓，活在自我感觉良好的幻觉之中，火烧眉毛而不自知。残酷的现实很快会为他敲响丧钟。

大宋王师长驱直入，进逼韶州（今广东韶关）。在这里，南汉还有最后一张王牌：李承渥的象军。刘鋹以李承渥为韶州都统，发动十万兵力参战。

莲花峰山下，两军对垒，摆开阵势。宋军将士一瞧就懵了，他们面对着从未见过的"敌人"——一头又一头庞然大物，芭蕉扇一样的大耳朵，形如号角一般长而锐利的牙齿，蛇身似的灵活弯曲的鼻子。上百头大象依次排开，组成象阵，每头大象就像是一座战车，背上运载着十数名士兵，士兵手执兵器，披坚执锐。

岭南两广之地的丛林里，多有大象出没。李承渥训练大象为士兵，组建起一支象军，作为南汉军队的秘密武器。凡有战事，就让象军站在阵列最前方，以壮军威。

宋军将士大多是北方人，何曾见过这种阵仗，对于未知的事物，人们天然地心怀恐惧，军队中似有若无地开始蔓延不安畏怯的情绪。这种时候，最考验主帅扬鞭奋蹄、凝心聚力的才能。

"粗笨蠢物，南国牲畜而已，何足为惧！听我号令，弓弩手，直射象兵！"

潘美一声令下，万箭齐发，如密集的雨点，嗖嗖嗖，一波接着一波朝大象射去。大象中箭受惊，不受控制，左冲右突，象阵登时乱作一团。

许多大象掉头往回跑，士兵纷纷从象背上翻身坠落。野兽就是野兽，哪里分得出什么敌我，它们大肆踩踏汉军士兵。那粗壮的身躯发疯似的到处冲撞，大象的哀鸣夹杂着士兵的惊声尖叫，响彻莲花峰。

原来，象军只是看起来唬人，其实毫无用处。李承渥一败涂地，韶州城破。

韶州是岭南北部门户，距离番禺仅两百多里。韶州一破，首府番禺危矣。

刘鋹这才发现，朝中大将，有的战死，有的被罢免，有的被他杀了，已无人可派。宫媪梁鸾真看准时机，向他举荐："臣有一养子，名唤郭崇岳，聪慧机灵，善解人意。虽然没带过兵打过仗，臣观之，颇有将帅之才，要不，陛下让他试一试？"

试就试，赶紧上，这个时候，死马当活马医，管他是谁，有人就上。刘鋹任命郭崇岳为招讨使，统领六万人马——这是南汉仅剩的兵力，驻军于番禺东面百里外的马迳，以竹木修建栅栏，抵御宋军来犯。

开宝四年（971年）春正月，宋军攻克英州、雄州，一步步逼近番禺。

郭崇岳哪里懂军事、会打仗？他的策略就是坚壁自守，龟缩在营寨里。潘美数次引军在营寨前挑衅叫阵，他就是死活不出来。躲在营里干吗呢？人们发现，他天天把自己关在屋里烧高香，祈求神仙保佑，希望仙人发力，天降神迹，宋军能够不战自退。

显然，神仙没有听到他的祈求。

潘美大军驻扎在马迳的一座高山上，居高临下可以望见郭崇岳的营寨。那营寨之外，密密麻麻立起高高的竹木栅栏，看起来甚难攻破。

看见眼前之景，潘美忽而想起古时一场战事，计上心头，大喝一声："火烧连营七百里！"

三国时，蜀国刘备攻吴，在山林中安营扎寨以避暑热。吴国大将陆逊，命士兵持茅草，到蜀军营寨边放火，木栅栏加上山中林木，一点就着，火烧连营四十余座，蜀军大败，陆逊一战名震天下。

如今南汉军的栅栏，同样以竹木编制，易燃是它的命门。潘美组织几千名丁夫，每人手持火把，趁着夜黑风高，抄小路靠近营寨四围。大火点燃，万炬齐发，火势迅速蔓延，一发不可收拾。神仙不仅没有听到郭崇岳的祈祷，似乎还站在宋军一边，老天爷也来帮忙，当夜狂风大作，熊熊大火越烧越旺，马迳瞬间成为一片火海。郭崇岳死于混战之中。

眼看宋军就要打到家门口，刘鋹再愚钝，求生的本能也逼迫他开始为自己筹划后路。他命人在海边准备十余艘大船，塞满金银珠宝，没忘了带上嫔妃宫女，打算流亡海上，浪迹天涯海角。

刘鋹还没来得及登船，噩耗传来："陛下，大事不好！船……船没啦……"

"胡说什么！好端端的，十几艘大船怎会说没就没？"刘鋹根本不相信，他亲自来到海边，只瞧见汪洋一片。

据调查，刘鋹最亲信的宦官之一乐范，瞅准这一大好时机，该出手时就出手，带领卫兵千余人，捷足先登强夺大船，带着满船财宝与刘鋹的嫔妃，出海远走，不知所终。

真是大难临头各自飞！刘鋹不敢相信这是真的，又不得不相信，牙齿咬得噌噌作响，气急败坏直跺脚，痛心疾首，又是愤恨又满腹委屈："不是说，朝中大臣都不可信，最可信赖的是朕身边的宦官吗？"

逃亡的后路没有了，刘鋹其实早就认怂，在这期间，已经先后两次上表乞降，都被潘美拒绝。大军压境，南汉小朝廷急得炸开了锅，刘鋹求生不得，求降不能，搓手顿足道："事到如今，可还有转圜余地？难道只能坐以待毙？"

"陛下莫急，臣有退敌妙计！"站出来的是大太监龚澄枢。

刘鋹像是捞到救命稻草："卿有妙计，为何不早早道来？"

"臣之计，乃危亡之际保全之策，不到万不得已不可施行。陛下试想，宋帝兴师动众，大军不远千里远道而来，所为何求？"

"所为何求？"刘鋹一脸茫然，好像从来没有思考过这个问题。

"帝王也好，庶民也罢，人生在世，无非追求富贵荣华而已。北国罹受多年战乱，贫瘠穷苦，宋帝此番大动兵戈，只因觊觎我国金银珍宝、陛下的泼天富贵而已。"

刘铢若有所悟："哦，你的意思是将宫中珍宝全数奉上？"

"非也！如此只能缓一时之急，非长远万全之法。"龚澄枢满脸自信，道出惊人之语，"臣以为，不如将宫中金银珍宝尽数焚毁！宋军一来，但见空城一座，一无所有，必定不会久留，自当打道回府，我亡国危局便迎刃而解。不战而退敌之兵，臣这一计，正是诸葛孔明'空城计'再现于世。"

这条异想天开、荒唐可笑的"空城计"，刘铢竟然觉得很有道理，虽然千万个舍不得，但保命要紧，就遵照这馊主意，在自家宫殿放了一把火。大火烧了整整一天，将南汉宫廷的珍宝财物烧得干干净净，渣都不剩。

在南汉君臣心目中，世间万物以金银最为贵重。赵匡胤想要的，当然不是南汉的金银。人的眼界、胸襟、格局不同，对事物的认知可以如此迥异，一个天上一个地下。

自毁珍宝当然无法阻挡宋军进击的步伐。开宝四年（971年）二月，王师兵临番禺城下，一点也没有要打道回府的意思。

打也打不过，逃也无处逃，死也不愿死，山穷水尽的刘铢别无选择，素衣白马，出城投降。南汉六十州、二百一十四县归入宋朝版图，十七万二百户百姓成为大宋子民——这，才是赵匡胤真正想要的。

开宝四年（971年）五月，刘铢及其宗族、官属一行被押送到汴京。

献降仪式上，刘铢被五花大绑，献于宋太庙及太社。皇宫明德门外，刑部尚书卢多逊代表皇帝宣诏，斥责刘铢滔天罪行。

城楼上正俯视着这一切的赵匡胤，第一次见到南汉后主真容，才发现这位原来是个优伶戏子般的人物。只见刘铢一把鼻涕一把眼泪，自个上演了一出苦情戏，戏词儿一套一套的，将多年来的荒唐作为全都推脱得一干二净。

"臣十六岁僭越伪号、称帝岭南，可没曾想，这皇帝也不是你想怎样就怎样，也憋屈得很呐！朝中龚澄枢等人都是先父旧臣，权重望崇，欺臣年幼，作威作福。每遇大事，臣哪得自由做主，根本没有说话的份儿，可不都得听他们的。大宋天子陛下明鉴，在岭南，其实我这个皇帝只是臣下，龚澄枢才是无冕之国主呀！"

赵匡胤赦免刘鋹一死，并赐予官爵，任命他为金紫光禄大夫、检校太保、右千牛卫大将军，封恩赦侯。龚澄枢等南汉重臣被斩杀于千秋门外。刘鋹逃过一劫，当然不是因为他那场巧舌如簧的演说，只是由于他降王的特殊身份。对于所灭国家的君王，赵匡胤始终坚持宽赦善待的原则，不轻杀一人，刘鋹也不例外。

刘鋹治国不行，但心灵手巧，是个优秀的手工匠人，他曾用珍珠编结马鞍，织就成戏龙的形状，巧夺天工。刘鋹将此物献上，赵匡胤拿在手中把玩，对身边大臣感叹道："刘鋹手艺工巧，若是能将这些功夫用在治国理政上来，怎会沦落到亡国的地步？"

还有一次，赵匡胤在讲武殿宴请群臣，赐予刘鋹美酒一杯，没想到，刘鋹扑通一声就跪下了，磕头不止。

"臣继承祖父基业，抗拒朝廷，劳动王师远征讨伐，罪无可赦，本当一死。陛下宽仁盛德，不杀臣下，臣才有福亲眼瞧见这太平天下。如今，臣为汴梁一介布衣而已，身份卑微无足轻重，唯愿延长旦夕性命，以成全陛下不杀再造之大恩，臣实在不敢饮下这杯酒啊！"

原来，在南汉时，给大臣下毒这种事，刘鋹可没少干。一见皇帝赐酒，还以为冤冤相报终于轮到自己，吓得差点尿裤子。

赵匡胤见刘鋹这副熊样，又可笑又可悲："恩赦侯当朕是什么人！朕待人推心置腹，一片赤心肝胆，赐酒便是赐酒，安有害人之意？"

赵匡胤将那杯酒要回，一饮而尽。刘鋹面红耳赤，叩首谢罪。

除了这样"以小人之心度君子之腹"的惊魂一刻，刘鋹归宋之后，得到了赵匡胤的厚待，大部分时间过得悠游自在。他和后来同样归宋的南唐后主李煜不同，并没有深切厚重的故国之思、亡国之痛。他更像三国时乐不思蜀的刘禅"刘阿斗"，人生得意须尽欢，乐不思"汉"，在汴京安然度过了无忧无虑的后半生。

攻取南唐，架浮桥飞渡江南

从五代到宋初，各国皇帝不下数十位，赵匡胤与李煜是其中最广为人知的两位。虽然同样名垂青史，二人却有天壤之别。

他们一武一文，一强一弱：一位豪迈而不拘小节，一位温文而懦弱敏感。一位励精图治为统一南征北战，功勋如耀眼的太阳；一位无心治国，却诗词冠绝天下，才情像婵娟的月亮。一位开创大宋三百年基业，一位亲手葬送了他的江南故国。

南汉灭亡之后，宋太祖与南唐后主之间的故事，才缓缓拉开帷幕。

开宝四年（971年），李煜畏惧大宋圣威，去除国号"唐"，改称"江南国"。李煜多次上表大宋天子，请求赵匡胤在诏书中不必对他尊称，可以直呼姓名。与此同时，李煜自贬江南朝廷仪制，改中书、门下省为左右内史府，改尚书省为司会府。江南国年年进贡金银财物，以属臣自居，尊奉大宋为正朔。

但这一切努力，改变不了"先南后北"的大方略。后蜀、南汉两国相继灭亡之后，南方大国就只剩下南唐。

与后蜀、南汉始终与大宋敌对不同，自建隆开国以来，南唐一直积极与中原王朝交好。赵匡胤登基之时，南唐中主李璟忙不迭献上帝王御用衣裳、锦绮、金帛，对新皇践祚表示祝贺。李煜即位后，同样低声下气，事奉天朝，偏安一隅，只求苟安。

建国之初，面对荆湖、北汉、南汉、后蜀等，赵匡胤有那么多敌人要一一对付，一直无暇顾及南唐，大宋与南唐的外交关系维持了很长一段时间的"蜜月期"。甚至在李璟死后，李煜上表，希望追封李璟为皇帝，赵匡胤也同意了。每当南唐遇到荒年，大宋就调拨粮食救济。每遇宋朝大庆典仪，李煜总是礼数周到，供奉珍宝。宋军每次征伐南北，南唐都不忘遣使犒军，送上财物粮饷支持。李煜还替赵匡胤给南汉国主刘鋹写信，劝他投降大宋。

但"蜜月期"总有结束的时候。随着南方割据政权一个接着一个灭亡，不知不觉之间，南唐已经被大宋四面包围，李煜还一点儿都没有意识到危机将至。

李煜其人，相貌奇特，丰额骈齿，有一只眼睛是重瞳，按照相术的说法，这是富贵之相。史书形容他："性骄侈，好声色，又喜浮图（佛教），为高谈，不恤政事。"（《新五代史·南唐世家》）他的气质恂恂儒雅，美秀多文，擅书画，通音律，文章写得好，作词更是冠绝天下，享有"千古词帝"的盛誉。

李后主不像国之君王，更像是一位洒脱清逸的文人骚客。他贪图享乐，忙着吟诗作词，无心国事。也许他的敏锐细腻都付诸于诗词，在政事上迟钝得很，浑然不觉外面的世界天地骤变，他和他的江南无可避免地将要被卷入大时代的洪流之中。

洪流席卷之前，先从小小浪花开始。

开宝四年（971年）十一月，李煜派遣弟弟李从善入京朝贡天子。与此前不同的是，赵匡胤要求李从善留在汴京，别回去了。

开宝五年（972年）新年一过，赵匡胤就数次下诏，要求李煜亲自来汴京一趟，入朝跟他见一面。

这当然是赵匡胤的试探，如果李煜愿意前来，就留在京城，乖乖交出政权，不必大动干戈，最好不过。

有意思的是，一向唯唯诺诺的李煜，这一次竟然硬气起来，拒绝了赵匡胤，借口是"我有病，不方便远行"。同时，南唐进贡大宋的贡品数量有增无减，卑微的李后主想要表达的意思是，金银钱财你尽管拿去，希望能放我一马。李煜心里也害怕，毕竟入了汴京，就真成了瓮中之鳖、砧板上的鱼，只能任人宰割。

那时候，赵匡胤姑且放过了李煜，不再坚持。可到了开宝七年（974年），他正式将攻取南唐提上日程，故伎重演，再度遣使下诏，要求李煜进京。

开宝七年（974年）七月，使者梁迥出使江南，质问李煜："今年朝廷有祭天大礼，国主为何不入京助祭？"

李煜唯唯诺诺，顾左右而言他，没有正面回答。

同年九月，赵匡胤不厌其烦，又派使者知制诰李穆前来，还是催逼他入朝。

李煜这回终于正面回应："多年以来，臣恭谨侍奉大国，是希望能够得到垂怜，保全宗祀而已。今日逼我前去，唯有一死而已。"

李穆也不客气，直言不讳："入朝与否，自然由国主自行决定。臣有一言，天朝甲兵精锐，物产富足，江南恐怕难以抵抗。国主应当深思熟虑，将来不要悔恨才好。"

李煜"倔强不朝"，赵匡胤"师出有名"。开宝七年（974年）九月，灭唐战争打响。

赵匡胤以曹彬为主帅，潘美为都监，曹翰为先锋都指挥使，十数万大军水陆并进，南攻江南。

大军开拔之前，赵匡胤像个啰嗦的大家长，苦口婆心地向诸将交代他心中最在意的事情。他告诫主帅曹彬："南方之事，朕全数委托于卿。切记一定不要暴虐生民、掠夺百姓，要致力于树立王师威信，广播大宋恩德。江南庶民能够自行归顺，如此最好，这一仗慢慢打，不须急击。攻陷建康之日，切勿滥杀无辜，不要伤害李煜一族性命。王者之师，当是仁义之师！切记！切记！"

赵匡胤授剑于曹彬，赐予他尚方宝剑："副将以下，有不听从军令者，可就地斩首！"潘美、曹翰等将闻言，面色大变。

平蜀之战后，西川大乱长达两年，教训实在惨痛。赵匡胤每每想来，都悔恨不已。灭唐之战，大军由生性仁厚的曹彬作为领衔，因为赵匡胤绝不允许南唐重演后蜀的悲剧。

征讨南唐，还有一个关键问题需要解决：长江天堑。

南唐最大的护国屏障就是长江。长江水深岸阔，北方王朝南侵江南，如何渡江始终是个令人头疼的大问题。水军可以乘战船南渡，但还有大量的步兵、骑兵，面对滔滔江水，难以快速通过。

对此，赵匡胤早有筹谋，宋军这一仗在战争史上留下华彩一章，打出了创造性与想象力——在滚滚长江上凌空架桥，十万大军飞跃天堑。这一疯狂的创举，来自于一位名叫樊若水（一说樊若冰）的奇人。

樊若水本是南唐人士，一介落魄书生，参加科举名落孙山，向朝廷上书言事议政又石沉大海、无人理会，抑郁不得志，于是产生投奔大宋的念头。可他一个默默无闻的小人物，拿什么作为进入宋廷的敲门砖和见面礼呢？

樊若水学习姜太公，天天在采石江上垂钓。和姜子牙一样，他钓鱼也是醉翁之意不在酒，只是一种掩人耳目的伪装。不同的是，他要"钓"的不是赏识他的君王，而是长江的"数据"。

樊若水以钓鱼作为掩饰，每天乘坐小船，往返穿梭于采石江两岸。船上装有麻绳，出发时大绳一端系于南岸，到达对岸后，就可通过绳子的长度估算出江面宽度。为了"数据"的精确性，他会在同一地点反复往来多次，并且在不同流域测量比对。几个月之后，他像解牛的庖丁一样，对采石江的宽窄、深浅、缓急、走向都了如指掌。

樊若水这番奇怪的举动，源于他的突发奇想：倘若在长江之上架设浮桥，大量的宋军士兵就可快速地渡江。他自幼生长在长江边，经过一番考察，认为采石矶（今安徽马鞍山西南）一段应当是最为合适的架桥地点。

樊若水带着他的疯狂想法与精确数据，来到赵匡胤面前，献奇策，谋功名。赵匡胤发现，面前这个相貌平平的年轻人，对长江的一切问题对答如流，而那个架桥过江的大胆构想更是令赵匡胤欣喜又兴奋。

赵匡胤命学士院组织一场只有樊若水一人的考试，既然他在南唐名落孙山，那么就由大宋赐予他进士及第，并授舒州团练推官之职。

朝中有人提出异议，理由是"长江江阔水深，自古从无浮桥渡江之事"。但赵匡胤力排众议，依然决定起用樊若水。很多伟大的事业都源自最初一个前无古人的疯狂想法，不试一试怎么知道呢？

说干就干，根据樊若水的方案，朝廷派出了负责京城建筑的八作使郝守浚，与他一起南下，先在石牌口（今安徽怀宁西南）模拟试验，看看能不能真的在长江上架起桥来。樊、郝比照采石矶的江面宽度进行搭设，结果一试，果然成功。

江南战事打响之后，模拟试验就正式变成真刀真枪的实战。

战事之初，宋军势如破竹。曹彬率领主力水军，自荆州出发，战舰相连，由长江顺流东下，很快到达池州（今安徽贵池）附近。池州守将弃城而逃，宋军不费吹灰之力拿下池州，出师大捷。更为关键的是，紧接着连战连胜，大破两万唐军，拿下采石矶——这正是宋军计划架桥渡河的地方。

这时候，"浮桥"登场了。

工匠们将石牌口已经搭好的浮桥，沿着长江，进行整体迁移。当时站在岸上的百姓，可以看到这样一番奇景：一座桥梁仿佛活了过来，兀自在长江上凌空移动。这浮桥的沿江旅行，一共花了三天时间，从石牌口来到目的地采石矶。工匠们用绳索将浮桥系好固定，整座浮桥完好无损，形制尺寸如旧，分毫不差。

早就在长江北岸待命许久的潘美大军，士兵们一个挨着一个，踏上浮桥过江，稳稳当当，如履平地。潘美步军与曹彬水军在长江南岸、江南国土上顺利会师。

在长江上造浮桥引渡大军，消息传到金陵，南唐君臣都感到难以置信。

在此之前，就有宋军在石牌口建造浮桥的消息陆陆续续传来，李煜询问大臣张洎的意见。张洎很自信："载籍以来，无有此事，此必不成。"李煜道："我也认为，这是儿戏。"

自从有文献记载以来，从来没有在长江上造浮桥这样的事情，于是张洎就认为此事必然不会成功。毫无疑问，他犯了典型的"经验主义"错误。以前没有发生过，不代表以后一定不会发生。困在自己狭隘的认知和经验里，坐井观天，得出的往往是错误的结论。

以樊若水、郝守浚为代表的工匠、发明家、工程师，以他们的想象力、创造力以及惊人的执行力，在浩瀚长江上创造了奇迹。

开宝八年（975年）二月，曹彬、潘美大军，兵临南唐国都金陵城下。

南唐主政大臣陈乔、张洎选择的应对策略是坚壁清野，闭门固守，消耗远道而来的宋军，简而言之就是"拖"字诀，也不主动出击，就这样耗着，看谁熬得过谁。他们的如意算盘打得响，期望时日一久，宋军日益疲乏，撑不下去自行退军。

李煜以为这样便可以高枕无忧，整日里窝在皇宫后苑，要么与宠妃风花雪月，要么与僧人、道士诵读经书，谈论《周易》，丝毫不理会前线战事。既然他无心国事，一封封前线军报，也就没有传到李煜这儿。最荒唐的是，大宋军队已经来到金陵城外数月之久，李煜竟然还一无所知。

当时，负责金陵城防的将军叫皇甫继勋，他是南唐名将皇甫晖之子。当年，柴荣三征南唐，滁州之战，赵匡胤打败的正是皇甫晖。皇甫晖虽然是赵匡胤手下败将，但仍不失为一员勇将。他的儿子却一点都不随爹，滁州之战时，想要临阵脱逃，被老爹当场抓包，操戈击之，也许是终究于心不忍，没有打着，还是让他溜走了。皇甫晖兵败被俘，柴荣给予他极高礼遇，老将军一身重伤，感到有愧南唐故国，不肯接受治疗，几日后便去世了。作为名将之后，皇甫继勋虽然是个窝囊废，但还是因为父亲的名望功勋，被擢升为将军。

此时，面对大宋王师，肩负国都戍卫的皇甫继勋，最担心的却是他家中积蓄的金银珠宝，一点也没有效死抗敌的心思。这位奇葩将军时常在将士面前说："北军强劲，谁能敌之？"每次传来宋军大胜、唐军战败的消息，竟然喜形于色毫不掩饰，大发感慨："你看吧，我早就知道我们是打不过宋军的。"他麾下一员副将，集结一批死士，计划夜间出城偷袭宋军大营。皇甫继勋知道了，非但不支持，反倒下令拘捕这位副将，用皮鞭狠狠抽打他背部，将他囚禁起来。

有一天，李煜偶然巡城，登上城楼，亲眼见到宋军列寨城外，旌旗满野，这才惶然大惊。李煜下令逮捕皇甫继勋，以"流言惑众、不用军命"的罪名，将他斩首。据说，行刑之后，众军士纷纷上前，争着切割皇甫继勋的尸体，以发泄愤怒不满。

开宝八年（975年）十月，李煜的两名说客来到汴梁，面见赵匡胤。

一位是南唐名臣徐铉，一位是道士周惟简。徐铉博学多闻又有辩才，进京路上，已经把见了赵匡胤要说的话打好腹稿，如何发言，如何论辩，如何应对进退，准备得很充分。

"江南国主本无罪过，陛下师出无名。"这是徐铉的开场白，先声夺人，徐铉的声音很大，以此来壮大自己的声势。

"上殿来说话。"赵匡胤从容自若。

徐铉口若悬河一番说辞，最终质问道："江南国主以小事大，侍奉陛下，犹如儿子侍奉父亲，从未有过任何过失，陛下为何讨伐？"

赵匡胤只回了一句话："这就奇了，若依徐公之言，天下岂有父与子分开是两家人的？"

赵匡胤巧妙敏锐地"以彼之矛攻彼之盾"，胜过千言万语滔滔雄辩。他言下之意是，既然李煜事我如父，南唐与大宋就应该是一家，早日归入大宋才对。

徐铉一怔，没想到赵匡胤会冒出这么一句，一时无言以对。

道士周惟简没有什么好口才，他另有任务，呈上一封书信。赵匡胤拿在手上，发现竟有十几张纸之多。这是李煜亲笔所写，洋洋洒洒倚马千言，请求大宋皇帝垂怜，放他一条生路，他愿意"谢政养病"。

赵匡胤最烦这些啰里吧嗦的长篇大论，草草看了一眼，就放下了。

两名说客无功而返，李煜锲而不舍，一个月后又派徐铉前来。

这一次，徐铉又苦心琢磨了新的说辞："多年以来，江南国主侍奉圣朝万分恭顺，只因身体染疾，始终未能入朝谒见陛下，并不是拒绝圣上诏命，还请陛下见谅。恳请陛下延缓进兵，保全江南一邦。"

徐铉巧舌如簧，与赵匡胤一来一回辩论起来。要嘴皮子，赵匡胤终究不是徐铉对手，争论到激烈之处，赵匡胤急了，手按宝剑，以雷霆之威言道："无须再多言！江南有罪也罢，无罪也罢，天下本是一家，卧榻之侧，岂容他人鼾睡！"

豪言一出，振聋发聩，徐铉这才意识到，赵匡胤灭亡南唐、一统天下势在必行，不是任何人能够改变的。

"周道士，你还有什么话说？"

大殿上原来还有一位道士在这儿呢。周惟简直摇头："卑臣本就隐居山野，并无进身仕途之念。只是江南国主强行逼迫，这才前来冒犯陛下。臣惟愿将来入终南，栖身隐遁，了却余生，不问世事。臣听闻，终南山上有许多仙草灵药，臣若有幸获得一二，必将献给陛下。"

既如此，赵匡胤便将二位说客再次遣返江南。

眼看着，金陵城就要被攻破。曹彬派遣使者入城，劝降李煜："形势已然如此，我可惜的是一城百姓的性命，国主若能主动归降，便是上上之策。王师一发，金陵城一日之内必破，国主应当尽早为自己、为百姓寻得一条生路。"

曹彬麾下有将领表示担心：逼得太紧，李煜会不会自杀？

因为听说李煜曾经放出大话："他日王师来讨伐，孤当躬擐戎服，亲督士卒，背城一战，以存社稷。如若不能保全，孤当聚宝自焚，终不作他国之鬼！"这话传到赵匡胤耳朵里，太祖皇帝哈哈大笑："这不过是措大（读书人）口出狂言而已，徒有其口，必无其志。"

曹彬同样认为："李煜向来优柔无断，我观此人神气，连懦夫、女子尚且不如，岂有自杀殉国之勇？"

果然如赵匡胤、曹彬所料，以李煜柔弱的性情，即便走投无路，也没有胆量自杀。开宝八年（975年）十一月，李煜亲率臣属，来到宋营辕门前，请罪献降。南唐十九州、三军府、一百零八县，六十五万户百姓归入大宋。

曹彬命人将李煜一行人送往汴京。

出发的那一天，江边淫雨霏霏。李煜登船，回望雨中金陵城，今日一去，大概此生再无归期，不禁潸然泪下，于是赋诗一首，与故国诀别，寄托哀思。诗云：

> 江南江北旧家乡，三十年来梦一场。
> 吴苑宫闱今冷落，广陵台殿已荒凉。
> 云笼远岫愁千片，雨打归舟泪万行。
> 兄弟四人三百口，不堪闲坐细思量。

这首诗后人题为《渡中江望石城泣下》，家国败亡，抚今追昔，如大梦一场，言辞凄切。

大船来到汴水渡口，李煜提出想要下船到普光寺烧香礼佛。身边人也许认为作为降王，还是尽量低调一点才好，于是极力劝阻。一向温文尔雅好脾气的李煜勃然大怒，破口大骂道："我从小就被你们所控制，从来没有自由！今日家国俱亡，怎么还是如此？"

原来，作为一国之君的李煜，从来都没有感受过自由，如今已然国破家亡，没想到还要被这样紧紧管束。这罕见的冲冠一怒，道出了多少心酸悲凉。

入京后，赵匡胤封李煜为右千牛卫上将军，赐予他一个令人啼笑皆非的爵号："违命侯"。你李煜既然倔强不听话，一直不愿意入京面圣，那就叫"违命侯"好了。

在太祖一朝，李煜虽然沉浸在深切的亡国之痛里，毕竟性命无虞。宋太宗太平兴国三年（978年），李煜逝世，终年四十二岁。正史中记载，李煜因病而死。在宋朝人的笔记中存在一种流传甚广的不同说法，据说李煜因为在《虞美人》一首词中写道"故国不堪回首月明中""恰似一江春水向东流"，表达故国之思，惹怒了当时的皇帝宋太宗赵光义，被以"牵机药"赐死。

史籍掠影

太祖（赵匡胤）数微行过功臣家，（赵）普每退朝，不敢便衣冠。一日，大雪向夜，普意帝不出。久之，闻叩门声，普亟出，帝立风雪中，普惶惧迎拜。帝曰："已约晋王矣。"已而太宗（赵光义）至，设重裀地坐堂中，炽炭烧肉。普妻行酒，帝以嫂呼之。

——元·脱脱《宋史·赵普传》

（赵）普从容问曰："夜久寒甚，陛下何以出？"上（赵匡胤）曰："吾睡不能著，一榻之外，皆他人家也，故来见卿。"普曰："陛下小天下耶？南征北伐，今其时也，愿闻成算所向。"上曰："吾欲收太原。"普嘿然良久，曰："非臣所知也。"上问其故，普曰："太原当西北二边，使一举而下，则边患我独当之，何不姑留以俟削平诸国。彼弹丸黑子之地，将何所逃？"上笑曰："吾意正尔，姑试卿耳。"于是用师荆、湖，继取西川。

——宋·李焘《续资治通鉴长编》卷九

昔太祖（赵匡胤）既平湖湘，尝谓太宗曰："中国自五代以来，兵连祸结，币藏空虚，必先取巴蜀，次及广南、江南，即国用富饶矣。河东与契丹接境，若取之，则契丹之患，我当之也，姑存之以为我屏翰。俟我富贵，则取之。"

——宋·王称《东都事略》卷二十三

（慕容）延钊假道荆南，约以兵过城外。（高）继冲大将李景威曰："兵尚权谲，城外之约，不可信也。宜严兵以待之。"判官张光宪叱之曰："汝峡江一民尔，安识成败！且中国自周世宗时，已有混一天下之志，况圣宋受命，真主出邪！王师岂易当也！"因劝继冲去斥候，封府库以待，继冲以为然。

——宋·欧阳修《新五代史·南平世家》

有间者自蜀还，上（赵匡胤）问曰："剑外有何事？"间者曰："但闻成都满城诵朱长山《苦热》诗曰：烦暑郁蒸无处避，凉风清冷几时来？"上曰："此蜀民思吾之来伐也。"

——宋·文莹《玉壶清话》

上出画图授（王）全斌等，因谓曰："西川可取否？"全斌等对曰："臣等仗天威，遵妙算，克日可定也。"……又谓全斌等曰："凡克城寨，只藉其器甲刍粮，悉以钱帛分给战士，吾所欲得者，其土地耳。"

——宋·李焘《续资治通鉴长编》卷五

是月，京师大雪，上设毡帷于讲武殿，衣紫貂裘帽以视事。忽谓左右曰："我被服如此，体尚觉寒。念西征将帅，冲犯霜霰，何以堪处！"

——宋·李焘《续资治通鉴长编》卷五

（赵匡胤）尝因北汉界上谍者谓北汉主（刘钧）曰："君家与周氏世仇，宜不屈。今我与尔无所间，何为困此一方之人也？若有志中国，宜下太行以决胜负。"北汉主遣谍者复命曰："河东土地兵甲，不足当中国之十一，区区守此，盖惧汉氏之不血食也。"上哀其言，笑谓谍者曰："为我语刘钧，开尔一路以为生。"

——宋·李焘《续资治通鉴长编》卷九

彰德节度使韩重赟来朝，上谓之曰："契丹知我是行，必率众来援。彼意镇、定无备，将由此路入。卿可为朕领兵倍道兼行，出其不意破之。"……契丹兵果分道由定州来援，韩重赟阵于嘉山以待之。契丹见旗帜，大骇，欲遁去。重赟急击之，大破其众，获马数百匹。

——宋·李焘《续资治通鉴长编》卷十

左神武统军陈承昭进曰："陛下自有数千万兵在左右，胡不用之？"上未悟，承昭以马策指汾水，上大笑，因使承昭董其役。丙午，决晋祠水灌城。

——宋·李焘《续资治通鉴长编》卷十

太祖征河东，围太原，久之不拔。宿卫之士皆自奋告曰："蕞尔小城而久不拔者，士不致力故也。臣等请自往力攻，必取之。"上止之曰："吾搜简训练汝曹，比至于成，心尽力竭矣。汝曹天下精兵之髓，而吾之股肱牙爪也。吾宁不得太原，岂可糜灭汝曹于此城下哉。"遂引兵而还。军士闻之，无不感激，往往有出泣涕者。

——宋·司马光《涑水纪闻》卷一

初，王师克郴州，获南汉内品十余人，有余延业者……（赵匡胤）因问其国政事，延业具言累世侈奢残酷之状，上惊骇曰："吾当救此一方之民！"

——宋·李焘《续资治通鉴长编》卷九

（徐铉）其言甚切至，上与反覆数四，铉声气愈厉。上怒，因按剑谓铉曰："不须多言，江南亦有何罪，但天下一家，卧榻之侧，岂容他人鼾睡乎！"铉皇恐而退。

——宋·李焘《续资治通鉴长编》卷十六

第六章

烛影斧声：太祖逝世之迷

赵匡胤一生光明磊落，然而他人生的最后几年充满了令人匪夷所思的谜团，尤其是"金匮之盟"与"烛影斧声"两大疑案，堪称迷雾重重，聚讼纷纭……

金匮之盟，立誓约传弟不传子

传闻中，大宋开国之初，举办过一场不同寻常的皇室家宴，涉及皇位继统大事。

家宴由皇太后杜氏做东，在她的殿阁中开席。皇帝赵匡胤必然不能缺席，皇弟、皇子、皇侄、公主等人齐聚一堂。赵匡胤的两个弟弟赵光义、赵廷美，以及两个儿子赵德昭、赵德芳（赵匡胤育有四子，长子德秀和三子德林不幸早夭，只剩二皇子德昭和四皇子德芳），也都来了。

酒酣之际，赵匡胤对母亲道："朕百年之后当传位于光义，令光义百年后传位于光美（赵廷美原名光美，赵光义登基后，为避皇帝名讳改名）。"

杜太后大喜："我久有此意，只是不欲多言。我想要万世之后，天下人都听闻'一妇人生三天子'这样的美事。陛下仁孝，成全了我的夙愿。"

杜太后命光义、光美起身，向赵匡胤跪拜致谢，还不忘对两个小儿子谆谆教诲："你们的皇兄自布衣时起侍奉周室，勉力奋战，功勋煊赫，万死而遇一生，方才致身为节度使。受天命、登大位之后，无日不征、无月不战，历尽艰危，方成帝业。反观你二人，于国家无甚功劳，安然而坐，便得以承继大统，真不知自己有多幸运！今后，你们万万不能辜负陛下！我不知道，光美百年之后将传大位于何人？"

赵光美回答："愿立皇侄德昭为储君。"

杜太后越发欣喜："是啊，正当如此！你们应当谨记今日誓约，将来不得违背，违逾者罪同大逆，天必殛之！"

赵匡胤令儿子赵德昭起身谢太后。

话已至此，一条关于大宋皇位的嬗递链条约定成形。据此誓约所说：赵匡胤死后应将皇位传于弟弟赵光义，赵光义传于弟弟赵廷美，赵廷美再将皇位传于赵匡胤之子赵德昭，将皇统又传回赵匡胤这一系。

杜太后对赵匡胤道："请为我传呼赵书记前来，令他就今日之约写就誓书，交由你兄弟三人传阅，而后好好收藏保管，择日祭告天地宗庙，让祖宗知晓。陛下看是否可行？"

赵匡胤谨遵懿旨，当即传召"赵书记"赵普入宫。

"臣不善文辞，还是请大学士陶毂执笔更为妥当。"

不料，赵普竟然拒绝这项工作。不善文辞当然是借口，他虽然文采并不出众，但是毕竟身为中书宰辅，不至于连一份文书都写不出来。或许，赵普在以这样的方式表达他个人对于皇储大事的态度。后来发生的事情，让赵普反对传位于皇弟的立场渐渐清晰地表露出来。

至于陶毂最后写没写这份誓书，人们就不得而知了。很可能并没有轮到陶毂，因为很快这件差事还是落到了赵普头上，躲都躲不掉。

建隆二年（961年）六月，杜太后病危，赵匡胤侍奉药饵，尽心尽力，不离左右。杜太后预感到自己时日无多，召来赵匡胤、赵普，临终顾命。

"皇帝可知道，你是凭借什么得到天下的？"

眼见母亲弥留，病入膏肓，赵匡胤沉郁哀痛，呜咽不止，不能对答。

杜太后虽然奄奄一息，但是雍容气度尚在："我非神仙，自会老死，哭有何益？正与你谈论大事，为何一直哭泣？"

杜太后又问了一遍方才的问题，赵匡胤这才敛容止泣，答道："儿能得天下，此皆祖考（祖先和亡父赵弘殷）及太后余庆也。"（《易经》有言："积善之家，必有余庆。"祖宗先辈为后代子孙遗留下来的恩惠福泽，是为"余庆"。）

"不然。"杜太后显然对这个没有实质内容的答案不太满意，她心中早有定见，"你能得天下，是因为柴氏让幼儿执掌朝堂，致使人心不能归附。倘若周朝有长君主政，你安得帝位？"

杜太后所言非虚，后周孤儿寡母、主少国疑的局面，的确是赵匡胤能够成功发动陈桥兵变的外部条件。临终之际，老太太突然言及于此，当然不是为了回顾前朝历史，而是着眼于本朝未来。

"你和光义皆我所生，你万岁之后，当传位于你弟。四海至广，能立长君，此乃社稷之福也。"

"敢不遵从母亲教诲！"赵匡胤顿首泣涕。

杜太后勉力抬起手，指向边上的赵普："赵书记，你拿纸笔记下我的话。誓约既立，不可违背。"

赵普听命，寻来纸笔，在病榻前写就誓书，于纸张尾部落款"臣普记"。

赵匡胤接过誓书阅览。薄薄一张轻如鸿毛的纸书，却关联着大统承继、国祚绵延，他感到手上重如千钧，小心翼翼将誓书藏在一个存放贵重物品的金色盒子里，交由一位做事谨慎缜密的官人妥善保管。

建隆二年（961年）六月，皇太后杜氏逝世，享年六十岁，史称昭宪太后。

昭宪太后杜氏临终顾命，与赵匡胤立下传位盟约，这就是宋初历史上著名的"金匮之盟"。"金匮之盟"是宋初两大疑案之一（另一案是关于赵匡胤之死的"烛影斧声"），官修正史、私人著述、稗官野史中记载甚多，细节多有差异，留下诸多待解疑问。

疑问之一："金匮之盟"的盟约内容，究竟是"独传"，还是"三传"？

关于"金匮之盟"最核心的盟约条文，存在两种具有微妙差别的记载：

在《宋史》中，杜太后要求赵匡胤"汝死后当传位于汝弟"。

在《续资治通鉴长编》中，杜太后言道："汝与光义皆我所生，汝后当传位汝弟。"

在司马光所著的《涑水记闻》中，杜太后却是这么说的："你死后，应当依照次序传位给两个弟弟。"（汝万岁后，当以次传之二弟。）

于是，盟约出现"独传约"与"三传约"两个版本。

所谓"独传约"，是指杜太后要求赵匡胤死后将皇位传于赵光义。《宋史》《续资治通鉴长编》等正史，依据的是北宋朝廷官方实录，包括《太祖新录》《太宗实录》《三朝国史》等。

所谓"三传约"，是说"金匮之盟"并没有止步于"兄终弟及"，完整内容应当是：赵匡胤传位于赵光义，赵光义传位于赵廷美，赵廷美传位于赵匡胤之子赵德昭，皇位最终传回赵匡胤这一脉。"三传约"的说法，多来自宋朝私人笔记，如王禹偁《建隆遗事》、司马光《涑水记闻》等。譬如杜太后举办的那场家宴，就来自《建隆遗事》的记载。两书作者都是严肃认真、秉笔直书的文史大家，这说明野史稗乘未必就是虚构编造。

事实上，正史中也可以隐约寻见"三传约"的影子，《宋史·宗室传》提到："或谓昭宪及太祖本意，盖欲太宗传之廷美，而廷美复传之德昭。""或谓"意思是"有人这么说"，言辞之间留有余地，没有给出笃定的结论。

两个版本的盟约，乍一看，无非是"三传"比"独传"多出后半截内容，然而看似差别微小，其实牵连甚大，这关系到北宋前期皇位承袭的大问题。

太平兴国六年（981年）九月，这时候赵光义已经继位成为宋太宗。"金匮之盟"的内容由朝廷官方正式公之于众。但这个经过赵光义盖章认证的官方版本，只有杜太后要求太祖"独传"太宗的内容，只字不提"三传约"。分析认为，"独传约"只见于北宋官方文献，或许是因为赵光义继位之后主控了史书编撰。后来的历史事实是，赵光义非但没有将皇位传给廷美、德昭、德芳，反而将这些可能危及他皇位的人——逼迫至死，最后由他的子嗣袭位。既然如此，"三传约"断然不能出现在官修史书当中，只能作为"漏网之鱼"只言片语地存在于民间私人著述里。

还有观点认为，"金匮之盟"纯系赵光义伪造，目的是证明他继位的正统性、合法性。倘若如此，那么赵光义应当只伪造了"独传约"，而隐匿了"三传约"，将可能更符合杜太后、赵匡胤本意的"三传"篡改为"独传"，记入官方档案，从此成为"正史"。

疑问之二：杜太后为什么非要"兄终弟及"不可，"金匮之盟"用意何在？

史称杜太后"聪明有智度"，经常和赵匡胤一同决断朝政大事。她希望"兄终弟及"，并不单是出于对小儿子的偏爱，或者"一妇人生三天子"的虚荣心，而自有她的深谋远虑。赵匡胤心里明白，母亲用心良苦，都是为了赵宋王朝。

杜太后第一份苦心，叫作"国家多事，宜立长君"。

老太太临终时提出的"国有长君"这个大问题，切中五代时弊。五代政权更迭频繁，一旦少主承国，往往会造成主少国疑的局面。周世宗柴荣将皇位交给八岁幼子，半年后被夺权，正是殷鉴不远。乱世之中，国家需要一位成熟、精干的"长君"来领导，所以杜太后才说："国有长君是社稷之福。"

五代的皇帝大都短命，几乎都无法寿终正寝，往往年纪轻轻就死于疾病、谋杀或叛乱。在那个混乱动荡的年代，每一位皇帝内心深处可能都有一道阴霾挥之不去，那就是"不知我到底能够享国多久"。据统计，五代历朝总共十三位皇帝，没有一位在位时间超过十年。所以当柴荣听王朴说他能"享国三十年"时，才那么欣喜若狂。在这样的时代背景下，杜太后大概不敢盲目乐观地认为赵匡胤一定能够享国数十年，更不敢安然等着年幼的皇子慢慢长大。舍幼而立长，将皇位传给与赵匡胤年龄只相差十二岁的赵光义，无疑是最为稳妥的选择。

杜太后第二份苦心，叫作"兄友弟恭，皇室和睦"。

"汝万岁后，当以次传之二弟，则并汝之子亦获安耳。"（《涑水记闻》）在你死后，应当按照次序传位给你的两个弟弟，只有这样你的儿子才有可能也获得平安。杜太后此言意味深长，她指出，唯有"兄终弟及"，而非传统的"父死子继"，才能够避免赵匡胤驾崩后出现朝堂动荡，他的儿子才能得以保全。老太太没有明说的潜台词是：如果由你年少的皇子继位，龙椅能坐得稳吗？你的两个弟弟尤其是赵光义是否会对年轻新君不利？杜太后希望，通过"兄终弟及"的继承方式，避免同室操戈、骨肉相残，更好地保障皇权顺利交接，维护朝局稳定。

疑问之三：赵匡胤内心深处，对"金匮之盟"是否认同？

种种迹象表明，在很长一段时间里，赵匡胤听从母言，将赵光义作为皇储第一人选。

赵光义原名匡义，赵匡胤登基后，为避皇帝名讳，给弟弟赐名光义。据说赵光义小时候卓尔不群，小伙伴们和他玩游戏，对他畏惧佩服，都听他指挥，和他哥哥一样，光义少年时就显露出领袖气度。史书形容他的外貌："隆准龙颜，望之知为大人（鼻梁高耸称为'隆准'，眉骨圆起称为'龙颜'，这是帝君王侯的面相，一看就不是一般人）。"（《宋史·太宗本纪》）

两兄弟虽然都有君临天下的帝王气象，性情却大相径庭。赵匡胤沉默寡言，严肃恭谨；赵光义聪慧善谈，潇洒不羁。赵匡胤宽厚仁慈，行事处处彰显一个"柔"字；赵光义却行事狠辣，手段刚强。赵匡胤是尊贵而有威仪的雄狮，赵光义则像随时准备出击的虎狼。

在赵家，赵光义集万千宠爱于一身，母亲杜太后生前对他极为偏爱，而赵匡胤作为长兄，对这位弟弟同样疼爱有加。

赵光义有一次生病，高烧不止，烧糊涂了谁也不认识。当时采用艾炷灼烧的治疗方法，将艾叶卷成艾炷，抹上草药，用火点燃，再将燃烧着的艾炷放到患者身上有疾的部位熏烤。赵匡胤前去探视，亲自动手灼烧艾炷，但光义怕痛，不愿意配合治疗，好说歹说，怎么劝也没用。

当哥哥的赵匡胤做出了惊人之举，他将艾炷先放在自己手臂上试温度，在场侍从惊呼声一片，但见赵匡胤眉头微皱，轻轻摇头示意不要喧嚷。他一边在自己身上试药，一边把握拿捏火烧皮肤的热度，等到能够忍受时再敷到赵光义身上。

从辰时到酉时（早上七时到晚上七时），一直等到赵光义冒出一身大汗，意识渐渐清醒过来，情况略微好转，赵匡胤才起驾回宫。后来，赵光义慢慢痊愈，他又多次前来探视，并赐以龙凤毡褥。

由此诞生了一个成语"灸艾分痛"，专门用来形容兄弟友爱。

赵匡胤在位十七年，始终没有策立太子，也没有明确指定继承人。世人只能透过一些重要职位的人事安排，推测太祖心中意向。

杜太后逝世一个月后，建隆二年（961年）七月，赵光义被任命为开封尹，同平章事。这是一个明显的信号，根据五代以来中原王朝的惯例，宗室子弟出任首都市长，往往就被视为皇位继承人。京城之尹即是储君之选，这一不成文的传统由五代延续到北宋，后来的宋真宗、宋钦宗即位之前都担任过开封尹。

赵匡胤登基后数次亲征，每一次都由赵光义留守大本营，坐镇京都。自古以来，皇帝不在京，一般由太子监国，到宋太祖一朝则由皇弟监国。

赵光义刚被任命为开封尹的时候，有一回赵匡胤对他说道："许久不见你骑马，可牵来一观。"

一众人来到皇宫大殿之外的御马台，赵匡胤敕令赵光义上马。

赵光义登时冷汗直下，惶惧不安。因为按照礼仪规制，臣子不能在皇帝面前上马，这是大不敬，更何况御马台是皇帝专属驾马之地。他一再拜谢推辞，赵匡胤凑近弟弟身边，悄声耳语道："将来终有一天，你会经常

在御马台这里上马下马，有什么好推辞的呢！"（"他日汝自合常在此上下马，何辞焉！"蔡惇《夔州直笔》）

一听这话，赵光义骇汗趋出，更加惶恐，作势想要告辞逃走，却被内侍挽留住。最后实在推辞不过，只能在内侍搀扶下，战战兢兢地踩镫上马，在马背上还拱手行礼、一拜再拜，这才乘马驰走，回旋于殿庭绕了好几圈。

这件骑马的小事，被赋予了不同寻常的寓意，当时人认为，这是赵匡胤对外表露传位于赵光义的意思。（"太祖示继及之意也。"蔡惇《夔州直笔》）据说，赵匡胤还曾多次对近臣说道："晋王（赵光义开宝六年封晋王）龙行虎步，他日必为太平天子，他的福德是我所不能及的。"

原本，宋太祖遵循"金匮之盟"的指示，或许曾有"兄终弟及"之意。但随着赵光义权势日盛，宰相赵普深度介入皇储继统大事，局面变得越来越复杂，事情也正悄然发生变化。

王相之争，龙虎斗赵普终罢相

赵匡胤、赵光义、赵普，是宋初政坛最重要的三个人物。曾几何时，三人关系亲密，君臣和睦，同气连枝，共同维护北宋初期的和谐稳定。

赵普与两兄弟之间之所以关系匪浅，起因于当年赵弘殷病逝前赵普悉心照料的一段渊源。赵匡胤一家待赵普如同自家人，史书形容他们"亲若家相"。

杜太后生前一直称呼赵普为"赵书记"，这源于赵普与赵家结缘之初，曾担任赵匡胤帐下节度使掌书记一职。后来赵普已经贵为宰相，杜太后仍以"书记"称呼，显然是有意为之，沿用往日旧称表示你我渊源深厚，交情非同一般，听起来比称呼"宰相"可要亲密得多。

一次商议军国大事，杜太后对赵普说道："吾儿少不更事，赵书记还请多尽心。"她口中的"吾儿",恐怕既指赵匡胤,又包括赵光义。于是,由杜太后牵线搭桥,赵光义和赵普交往频繁、过从甚密。杜太后有意让小儿子跟着精明强干的赵普学本领、长见识,赵光义每次出门,她都要求他"必与赵书记偕行乃可"。光义不敢违背,像个小跟班一样与赵普形影不离。

建隆元年(960年),赵匡胤正打算亲征潞州,前去平定李筠叛乱。赵普有意陪同出征,又不好意思开口,于是通过赵光义之口向皇帝提出同行的请求。赵匡胤听了光义的传话,笑道:"赵书记一介文弱书生,手无缚鸡之力,恐怕连穿在身上的甲胄都背不起来吧?"虽然赵普最终没有成行,但这桩小事也侧面反映出他与赵光义之间来往密切、关系不错。

赵普之于赵匡胤,更是离不开的左膀右臂、辅弼宰执。

赵匡胤登基后,赵普先是被任命为右谏议大夫、枢密副使,进入最高军事机构枢密院,后来被擢升为枢密副使。乾德二年(964年),范质、王溥、魏仁浦这三位来自前朝后周的"宋初三相"同日被免官,赵普正式执掌相府,开始了他十年独任宰相的生涯。

赵普善权变、有机谋,通晓吏治,沉毅果断,赵匡胤信任倚重他,事无巨细地向他咨询求教,以辅助决策。自从显德年间君臣二人滁州风云际会时起,赵普就一直担任赵匡胤身边出谋划策的军师幕僚角色。从陈桥兵变,到"杯酒释兵权"、削夺藩镇三权,再到"雪夜问策"拟定统一方略,举凡国之大事,"首席参谋官"赵普无一缺席,起到举足轻重的作用。

赵普是一副牛脾气,执拗而耿直敢谏,他与太祖皇帝之间的互动别具一格、饶有趣味。

官拜宰相后,赵普拥有遴选百官的职权。有一次他推荐一位德才兼备者出缺为官。然而不知何故,赵匡胤看不上这个人,面对宰相一连两次的举荐,他都没有答应。但是赵普可没那么容易放弃,第三次呈上举荐奏章。

这赵普也太没有眼力见了,赵匡胤二话不说,当着对方的面,将奏章撕成两半,扔在地上,气呼呼地盯着他。赵普面不改色,慢慢俯下身,捡起被撕裂的两片奏书，放进袖口里，拜退而出。

赵匡胤以为自己胜利了，然而他千算万算也没有料到，过了几天，他的桌案上再一次出现这份奏章，皱巴巴地被重新粘在一起。赵匡胤想象着赵普晚上在家里小心翼翼粘贴文书的样子，心里又好气又好笑。

"还真是不死心，你为何如此执着？"

"臣为宰执，肩负遴选、举荐百官之责，只是依法履职而已。"

最终，赵匡胤拗不过，还是任用了那名官员。

又有一次，一群官员立功应当升迁，其中有一人赵匡胤素来不喜欢，他的升迁奏请也一直得不到批复。又轮到赵普一再督促。这回，赵匡胤真动了怒气，耍起横来："朕就是不准，你又能奈我何？"

赵普义正词严："刑罚用来惩治罪恶，赏赐用来酬谢功劳，这是古今通行的道理。况且，刑罚赏赐乃是天下法度，并非陛下一个人的刑罚赏赐，岂能因为陛下的个人好恶而任意更改？"

赵匡胤听不进这番"大道理"，拂袖而去。然而赵普总有出人意表之举，紧跟在皇帝屁股后面，一直随行到后宫。赵匡胤跟着入内，但前朝大臣无诏不得进入后宫，于是赵普便在宫门外戳着，既不喧闹，也不离开。过了不知多久，一位内侍出来传皇帝口谕："官家已经同意了，请赵相快回吧。"

赵普敢于顶撞冒犯，赵匡胤大肚能容听得进诤言，君臣之间自有一份无须明言的信任与默契在。

然而，随着时间的推移，原本稳固的"铁三角"开始松动，慢慢出现裂痕。三人关系的微妙变化始于赵光义与赵普之间的嫌隙，这嫌隙变得越来越大，最终演变成怨怼与争斗。

多年以后，赵普去世，赵光义继位成为太宗皇帝。他对近臣言道："赵普忠心侍奉先帝（赵匡胤），与朕也是故旧之交，他有才干、能断大事，但向来与朕有所'不足'，这也是众人皆知的事情。"

那么，影响皇弟与宰相关系的"不足"究竟是什么？是什么松动了原本稳固的"铁三角"？赵光义另一句话或许揭露了答案，他曾直言不讳："倘若赵普还在中书，朕也不得此位！"

当三人关系中一旦加入"皇位继承"这一关键变量，就像是朝着平静的湖面投入一块巨石，溅起水花，惊起波澜，一圈圈涟漪扩散，引发一系列连环效应。

问题来了，作为"金匮之盟"的执笔人，赵普为什么反对赵光义继位？

在宋人笔记《建隆遗事》中，关于储君的问题，赵匡胤与赵普曾有一段对话。

赵普问："储嗣未定，陛下倘若有不讳（婉辞，指死亡），诸王中当立何人？"

赵匡胤答："可立皇弟光义。"

"陛下创业艰难，终于有了如今天下升平的大好局面，自当由圣子继大位、受天命，继统大事万万不可谈及皇弟。臣等唯恐大事一去终不可挽回，陛下宜当深思熟虑。"

"我上不忍违背太后慈训，下为海内百姓考虑，四海黎民如今才刚刚小康，国家应该有长君抚慰万民。吾意已决，诸公好好辅佐皇弟。"

据说这段对话发生在赵匡胤临终之前，当时赵普已经罢相出京，恐怕记载有误。但对话中赵普反对传位赵光义这一立场，却是没有争议的事实。

"父死子继"和"兄终弟及"是两种不同的皇位继承方式。根据儒家传统观念，嫡长子（正妻所生长子）继承制才是名正言顺的礼制，"立嫡以长不以贤，立子以贵不以长"（《春秋公羊传》）。它比"兄终弟及"更为可靠，更能够保障皇权平稳交接过渡。

赵普所捍卫的，是嫡长子继承制这一古老悠久的宗法传统。没有史料证据表明，他与赵光义之间有什么私人恩怨，他反对"兄终弟及"，应当是出于维护封建宗法制度的原因，真心地认为赵匡胤传位给儿子更正确、更有利。

围绕继统大事，嫌隙由此产生，而且不可调和。要命的是，赵光义作为皇弟、首都市长（开封尹），赵普作为宰相，两人的权势同步迅速扩张，王与相之间的斗争愈演愈烈。

二人之间的博弈虽然激烈，但厮斗并不在明面上，而是暗流涌动，呈现为一起又一起司法案件。台面上是较低级别官员的贪腐、渎职、行贿、走私等事，桌子底下则是权相与皇弟斗法，高手过招。小官小吏冲锋陷阵在前，两位大佬隐身幕后，刀光剑影中，只能隐约瞧见赵普和赵光义模糊的影子。这场看不见硝烟的战争牵连甚广，许多官员卷入其中，有人被罢官免职，有人被敲掉牙齿，有人甚至付出生命的代价。

王相之争长达数年，是贯穿宋初政局的一条暗线，前后历经三个回合，二人势力此消彼长，各有胜负。

第一回合：赵普发起进攻，削弱赵光义势力。

这一阶段，以冯瓒案和姚恕案最具代表性。

首先是冯瓒行贿刘嶅一案。

右谏议大夫、枢密直学士冯瓒，原本是一位前途无量的官员。赵匡胤曾多次当着赵普的面，对此人大加赞赏："冯瓒大才，当世罕有，真奇士也！"可天子的夸奖，并没有给冯瓒带来好运，反而使他遭致厄运。

赵普一向嫉贤妒能，见皇帝话里话外流露出重用之意，于是对冯瓒生出嫉妒之心，总想着趁他还未得势，将他赶出朝堂。

乾德三年（965年），灭蜀战争结束后，王全斌等将领胡作非为，激起蜀国军民反抗，四川大乱。赵匡胤急忙派遣数位得力大臣前去平乱。前去平乱的大臣中，除了前文提及的吕余庆、沈义伦之外，还有冯瓒。

朝廷下诏，冯瓒权知梓州（今四川绵阳三台县），这一人事任命由赵普在幕后一手促成。别有用心的赵普还在冯瓒身边安插了一名亲信陪同入蜀，此人表面上是冯瓒家奴，实际上是赵普的卧底间谍。

来到梓州之后，这名家奴秘密监视着冯瓒的一举一动。一年过去，到了交差的时候，家奴逃回京城，敲响皇宫阙门外的登闻鼓，向朝廷告发冯瓒等一批官员贪赃受贿之事。

赵匡胤急召冯瓒回京，当面诘问。冯瓒大呼冤枉，坚决否认。那位家奴作为检举者，却拿不出确凿证据，使案件一时陷入僵局。赵匡胤将案件交由御史台调查审理，结果发现家奴所言大多为无中生有、诬告构陷。

正当人们以为此案已经了结时，波澜再起，朝堂掀起了更大的风浪。

虽然家奴靠不住，但是赵普并没有放弃。趁着冯瓒在京的大好时机，他秘密遣人前往潼关，搜查冯瓒的行囊装裹，果然有重大发现。冯瓒私藏了几箱金带及其他珍玩宝物，箱子封口题字上写明珍宝将要贿赂的对象：刘鋈。

"刘鋈！"赵普收获了意外之喜。

虽然开封府判官刘鋈只是个小人物，但他上司的身份可不一般。当赵普顺着刘鋈这条线索，牵扯出了赵光义幕府中人的那一刻起，冯瓒一案的性质就发生了根本变化。

几箱金带被运往京城，冯瓒虽然行贿刘鋈未遂，但铁证如山。冯瓒供认不讳，认罪服法。可是此案该当如何处置，却再次陷入争论与拉锯。

一起小案件，却引发了三位大人物之间明里暗里的博弈。

案件审理完毕后，赵普明确表示："证据确凿，冯瓒依法应当判处死刑。"然而赵匡胤却流露出了想要轻判的宽恕之意。这时，赵普的倔脾气又上来了，他不依不饶，坚持非严惩此人不可。

最后，在处死与轻饶之间，赵匡胤做出了折中的判罚：他将冯瓒削除名籍，流放至登州沙门岛，即使遇到大赦也不能归还，并免去刘鋈所居官职。

此案背后大有隐情。从头至尾都没有现身的赵光义，或许才是搅动纷争的关键人物。

如果冯瓒只是向一个小小开封府属官行贿，这也算不得什么大案，哪里值得让皇帝与宰相争执不下；然而被缴获的以金子装饰的腰带，可是帝王、后妃、高官之类的达官贵人才能使用的配饰，冯瓒恐怕并非想将这些东西送给刘鋈，而是想经过刘鋈转手赠予赵光义。

此案的幕后大戏或许是这样的：首先，冯瓒行贿不假，他被赵普抓到了把柄，赵普正可利用此案向赵光义发起猛烈进攻；随后，赵匡胤居中调和，一方面最大限度地庇护皇弟，另一方面也以冯瓒流放、刘鼇免官为筹码，安抚不依不饶的赵普，让他适可而止，防止事态继续扩大。冯瓒、刘鼇在某种程度上都替赵光义顶替了罪名、承担了处罚。然而无法确证的一点是，在这一过程中，赵光义是否为自保而有所行动。

冯瓒案结束十年之后，赵普被罢免相位，赵光义被封为晋王，原被下令遇赦不得归还的冯瓒马上被赦免，终于从山东沙门岛回到了京城。

第二起案件更是闹得满城风雨，甚至出了人命，那就是姚恕之死案。

姚恕和刘鼇一样也是开封府判官，深得赵光义赏识。一次，他因公务拜谒宰相府，求见赵普。那天相府好生热闹，赵普正在大宴宾客。不知什么缘故，姚恕在大门口与阍者（看门人）发生口角，阍者拒绝为他通报，导致姚恕被拦在门外。姚恕横眉怒目，拂袖而去。

赵普得知后，连忙派人去追。相府下人追上姚恕，点头哈腰，诚心道歉，邀请他再临相府。然而姚恕脾气大得很，趾高气扬，哪里肯接受道歉，断然拒绝和解。赵普贵为宰相，已经谦卑如此，姚恕一员小吏却一点面子都不给，或许是开封府在京城的权势甚大的缘故。

不论如何，赵普和姚恕因为这一件小事结下了梁子。

开宝二年（969年），杜太后兄长、赵匡胤的舅舅杜审肇即将赴任澶州（今河南濮阳），需要一位副手辅佐。赵普又使出对付冯瓒的老伎俩：先将敌人外调出京，再行打击之事。他向赵匡胤建议，让姚恕出任澶州通判，陪同国舅前去。

赵普此举，说轻了，是醉翁之意不在酒；说重了，可谓用心险恶。澶州在黄河之滨，大河连年决口，水患频发，在澶州当官吃力不讨好。更何况，赵普这是公然调动赵光义手下的人，手已经伸到开封府里，这下赵光义坐不住了。

"姚恕才能平庸，恐怕难堪大任。"皇弟赵光义找到了哥哥赵匡胤，希望姚恕能够留下，然而他不好明说"赵普的举荐不怀好意"，只能提出如此苍白的理由，最终还是没能说服赵匡胤，赵光义只得送姚恕上路。

不料，这一上路，姚恕踏上的是黄泉路、不归途。

约两年后，到了开宝四年（971年）十一月，怪事接连发生。

有一天，姚恕莫名失踪，家人怎么也找不到他；后来，从怒涛滚滚的黄河里，家人打捞上来姚恕的尸体，尸体的身上还穿着官服。

姚恕为何沉尸黄河？与他朝夕相处的家人毫无头绪。几天后，从千里之外的汴京朝廷发来一道诏书，通报姚恕"死因"。看了诏书后，姚恕的家人反而越发糊涂了。

诏书称，近日，黄河在澶州决口，主政官员未能及时上报灾情、有效救灾，致使良田淹没、百姓受难，朝廷决定，澶州知州杜审肇免官归乡，澶州通判姚恕弃市，投尸于河。

这份诏书的内容存在诸多不合情理之处，可谓疑点重重。先说黄河决口，事发时十一月已是冬季，而黄河决口多发生在夏季，冬季决口并不常见。再则，姚恕被弃市，为何判得如此之重？为何还要沉尸黄河？为何死时还穿着官服？如此大事，他的家人为何一无所知？

事实上，当时朝中舆论汹汹，广泛流传着这样一种说法：姚恕即便治理水患不利，或者有其他罪过，怎么说也罪不至死，这其实是赵普为私人恩怨而实行的报复。（"人谓恕罪不至此，普实报私怨耳。"《续资治通鉴长编》卷十二）

纸包不住火，当时就有明眼人瞧出来，姚恕之死背后是赵普与赵光义的残酷斗争。赵普如何幕后运作致使姚恕沉尸黄河，细节已无从知晓。但可以看出，在王相之争的第一回合，赵普从赵光义身边的人开始下狠手，步步进逼，攻势凌厉，赵光义处于守势。

然而，三十年河东，三十年河西，赵普渐渐也变得泥菩萨过江——自身难保。

第二回合：赵普屡遭检举，一步步失去皇帝信任。

多年以来，针对赵普不法行径的检举控告时有出现，赵匡胤的处置方式随着政局变化，不断进行动态调整。这其中，以雷德骧案和赵批案最为典型。

雷德骧是炸向赵普相位的第一颗"雷"。

雷德骧其人，没有辜负自己的姓氏，他脾气火暴，急躁冲动，风风火火，但为人耿介，刚正不阿。这样的人最适合出任法官。赵匡胤知人善任，安排他主持大理寺事务，掌管刑狱司法。

开宝元年（968年）十月，"雷"爆了，本想炸出渎职的宰相，没想到炸伤自己。

雷德骧发现，大理寺的官属与堂吏在司法实践当中，为了依附宰相赵普，擅自增减刑罚名目。他愤惋不平，第一时间求见赵匡胤，想要当面告发他。

到了皇宫，还没来得及按程序等待内侍通报、皇帝传召，雷德骧的急性子又犯了，他径直闯入讲武殿，陈述大理寺官员枉法渎职之事。他当着皇帝的面，声色俱厉道："枉法渎职，依法处置便是！"

见皇帝无动于衷，雷德骧急道："臣还要上告，控告赵相不法之事！"

开弓没有回头箭，这可就把矛头指向了当朝宰相。赵匡胤把玩着手中的小玉斧，低着头，等待他说下去。

雷德骧迫不及待道："近年来，民间百姓多有诉状呈报大理寺，检举赵相强买他人宅第，聚敛财物，收受贿赂……"

然而，这位正义凛然的"莽撞人"万万没想到，等待他的却是皇帝的雷霆大怒，以及劈头而来的一把斧头。

"鼎铛犹有耳，汝不闻赵普吾之社稷之臣乎！"

鼎和铛的两侧都有形似耳朵的把手，像鼎、铛这样有"耳朵"的东西，都应该听说过赵普是朕的社稷之臣，皇帝质问"你难道是聋了吗"的言下之意，是你雷德骧吃了熊心豹子胆，竟敢告发社稷之臣。

赵匡胤大怒，随手扔出他的玉斧，一扔一个准，砸落了雷德骧两颗上门牙。同时，赵匡胤还命左右将他拖出去，声言要斩首示众。

赵匡胤的内心是不是真的像他外在表现出来的这样龙颜大怒，恐怕未必。

他特地遣人将此事告知赵普，并言之凿凿地声称要对雷德骧处以极刑。但是，赵匡胤也只是说说而已，雷德骧最终并没有死，只被判处很小的罪名，叫作"阑入罪"，即未经许可擅闯皇家禁地的罪过，且只字不提检举宰相之事。对他实行的处罚也不算特别严重，他被罢黜官职，贬为商州（今陕西商洛）司户参军，这是掌管州郡户籍赋税的官员。

赵匡胤在众人面前的雷霆震怒，似有表演的嫌疑，他当场先将雷德骧的控告压制下来，毕竟涉及当朝宰相，事态重大，不能因为一员小吏的检举就大动干戈。他也通过这一顿暴怒保全了赵普的颜面，表示了对宰相的信任。另一方面，在对雷德骧的实质处罚上从轻发落，只治小罪，表露出他对这样的检举行为并不反对，而且支持鼓励。这也是对赵普进行暗示和敲打。

赵匡胤费尽苦心，寻求平衡兼顾之道。与此同时，随着赵普的权势日益膨胀，他的处置方式也有所变化，譬如赵玭案就是一个很好的例子。

在众多检举告发赵普的官员之中，赵玭无疑是最为特别的一位。他锲而不舍，有一股莫名的执着，又戏份十足，吸引人眼球。

当时，朝廷禁止私自运输秦陇大木。但赵普曾经派遣亲吏前去购买木材，运送到京城，用来营建私家宅院。私运木材也就罢了，他的亲吏还在京城贩卖秦陇大木牟利。天下没有不透风的墙，此事被左监门卫将军赵玭知道了。

赵玭的检举过程一波三折。起初，他不敢大肆声张，而是选择秘密给皇帝呈上一道奏书，马上又觉得不妥，心想此事一旦闹大赵普必定饶不了他，于是以"脚有疾"为由，辞掉了官职。后来，他接连秘密上书多次，等待皇帝传召与他详谈，没想到如石沉大海，杳无音讯。他觉得一定是赵普从中搞鬼，中途拦截了他的奏书，于是冲动之下，试图入宫面圣，寻的理由也非常荒唐，说他特来上交当初的任命书。结果可以想见，他连皇帝的影儿都没见着，还被勒令回家去。赵玭越想越愤懑，发誓与赵普势不两立。

开宝四年（971年）三月的某一天，赵普在上朝路上被赵玭拦住去路。众目睽睽之下，赵玭指着赵普的鼻子，厉声呵斥，当众揭露宰相违反朝廷禁令贩卖木材之事。《宋史·赵玭传》对此人性格的形容十分精准传神，叫作"狂躁婞直"。倔强、固执而又刚直，就叫作"婞直"。

原本的秘密检举变得公开化，事情一下子闹大了，满朝文武无人不知，赵匡胤不得不对此做出应对和处置。赵玭如愿以偿，终于见到了皇帝，他觉得自己可以痛快地在御前告发宰相了。

赵匡胤再次雷霆大怒，但这一回的怒火是冲着赵普去的。他督促阁门使召集百官议事，声称要颁发制书驱逐赵普。

赵匡胤下诏询问太子太师王溥："赵普该当何罪？"

王溥通过阁门使传话回答："这是赵玭诬罔诽谤大臣。"

赵匡胤的态度马上来了个急转弯，下令杖责赵玭，由御史在殿庭上对他严加审问。

有意思的是，这时候跳出来营救赵玭的，正是他控告的对象赵普。赵普瞅准时机，为赵玭说情，显示出以德报怨、高风亮节的气度。

赵匡胤似乎等的就是这一刻，马上宽恕赵玭。最后，赵玭被贬为汝州牙校，此事不了了之。

对比三年前的雷德骧案，同为赵普被举报，赵匡胤对赵普的处置出现了微妙差别。

三年前，他不分青红皂白，打掉了雷德骧两颗门牙，赵普分毫无损；可这一回，面对赵玭的告发，赵匡胤最初的反应却是召集百官商议如何问罪赵普，声称要"驱逐赵普"。这当然只是演戏做做样子，意图震慑权相，但还没有打算动手处置他。所以又转而询问王溥意见，由王溥配合表演，在其劝说下突然改变主意，一百八十度大转弯，转而责罚赵玭。赵普也是聪明人，明白自己虽然安全了，但皇帝已对他有警示敲打之意，于是乎适时站出来替赵玭求情。

前后的对比显露出赵匡胤对赵普的态度发生了微妙的变化。开宝六年（973年），雷德骧案再起波澜，有了续集，并且牵连出一系列贪渎案件。皇帝对赵普的包容与忍耐，终于走到了尽头。

话说雷德骧被贬为商州司户参军，原本在边陲好生做官，安然无事。后来，新一任商州刺史奚屿来了，处处找雷德骧麻烦。两人初次见面，奚屿态度倨傲，要求对方在公堂上行参拜之礼。雷德骧官位较低，行礼原也是应该，只是奚屿那副趾高气扬、颐指气使的派头，恨不能拿鼻孔对着他，这让暴脾气的老雷火气噌噌直往上冒，对新上司也很不客气，出言不逊。雷德骧虽然被皇帝打掉两颗门牙，但君子的骄傲与尊严可没有被打掉。两人不欢而散。

有人向奚屿告发，说老雷来到商州后，写文章诽谤朝廷，隐晦地表达对圣上打掉他两颗牙齿的怨恨。奚屿使一计调虎离山，召雷德骧前来议事，同时派人前往雷府，以欺骗的方式拿到那篇牢骚满腹的文章。证据确凿，老雷当场被捕，奚屿将此事上报朝廷，请求治其死罪。

赵匡胤没有这么做，只是将雷德骧消除名籍，罢去官职，发配灵武（今宁夏灵武）。

表面上，这两位好像是无谓的意气之争，但背后其实另有隐情。奚屿来商州赴任之前，就得知雷德骧与赵普有旧怨，为了讨好宰相，他借着主政商州，试图给火暴的老雷一点颜色瞧瞧。

事情远没有结束，风波才刚刚开始。

雷德骧之子雷有邻，认为是赵普在幕后操控，暗中指使奚屿迫害他的父亲。按照赵普平日里记仇、小心眼的性子，倒也不无可能。雷有邻立誓为父报仇，四处搜罗赵普不法行为的黑材料。他无法直接调查赵普本人，就采取迂回策略，调查赵普身边的人，从他的属官、亲信入手。

开宝六年（973年）六月，雷有邻敲响登闻鼓。他准备充分，一出手就同时告发三起案件，想要给宰相致命一击。

第一案，胡赞、李可度受贿请托案。此二人是相府属吏，利用职务之便受人请托办事，收受财物贿赂。为了获取确凿证据，雷有邻甚至接近此二人，亲自参与行贿。

第二案，刘伟伪造摄牒案。上蔡县临时代理主簿刘伟，眼看就要转正了，忽然发现一份能够证明他履历的委任文书（摄牒）找不着了。按照规定，履历材料不齐全不能够转正。刘伟于是伪造一份摄牒，并通过关系，打点请托赵普，顺利转正。值得一提的是，刘伟是雷有邻的朋友，雷有邻利用这层关系，套出内幕，为替父洗冤将朋友给出卖了。

第三案，赵孚德谎称患疾欺瞒朝廷案。乾德年间，根据朝廷安排，宗正丞赵孚德本应前往四川任职。赵孚德大约是留恋京城，不愿前往当时正混乱不堪的蜀地，就找到赵普帮忙，谎称身体有疾不能赴任。当然，事成之后，该给到赵普的好处一点都没有少。

雷有邻指出，上述系列案件，背后都有赵普包庇纵容、收受贿赂、受人请托的影子。

严格说起来，这三起案件都算不得什么大案，第一不涉及人命官司，第二贪腐数额不大，基本上都是官场上常见的请托之事。案件虽小，但这一次，赵匡胤没有打算放过赵普。

经过御史台审理判决，相关人等各得处罚。刘伟弃市被处死；胡赞等以下诸人被处以杖刑，开除公职名籍；胡赞、李可度这两位赵普下属被没收全部家财。

检举者雷有邻比他的父亲幸运得多，被授予秘书省正字（国家图书馆负责文书校对的小官），厚加赏赐。

表面上，赵普幸免于难，未受牵连，但此时，他却越发惴惴不安，已经意识到很快就轮到他了。果然，两个月后，赵普罢相。

第三回合：赵匡胤做出决断，赵普罢相出京，赵光义笑到最后。

赵普独任宰相十年，大权在握，独断专行。多年以后，已经继位称帝的赵光义回忆起当年赵普擅权的景象，对大臣感慨道："前代中书省，以堂帖（宰相签押下达的文书）来指挥公事，于是权臣假借此名号威福天下。譬如在太祖一朝，赵普在中书，他的堂帖甚至比皇帝敕命还要管用。"

赵普性格有两大突出特点。

其一，行事作风专横霸道。据说他在政事堂放置一缸大瓦壶，瓦壶里最初空空如也，京内京外的奏章文书送过来，赵普一阅，凡是看不顺眼的、不打算施行的，都会随手扔入瓦壶中。瓦壶里的奏章文书越积越多，直至满溢，赵普便下令放一把火，将这些奏章文书全部焚烧殆尽。

其二，都说"宰相肚里能撑船"，赵普却是个小心眼。他嫉贤妒能，小肚鸡肠。即便是面对赵匡胤，他也不太顾忌，时常显露出霸蛮姿态。有一回，赵匡胤挽留大臣王仁瞻在宫中议事。赵普与此人素来不和，第二天就上奏书称："王仁瞻奸邪，陛下昨日召之，与他对谈，此人必定说臣坏话，想要倾毁臣。"赵匡胤在这份不像话的奏书上挥毫批语："我留王仁瞻说话，你管我见谁不见谁？你莫肠肚儿窄，嫉妒他，叫外人笑话我君臣不和睦。你莫气恼官家！"赵匡胤与赵普关系亲近，才能有这样直白的批语。然而，就连皇帝与什么人说话都要干涉，可见赵普的善妒与强横。

多年以来，各方对赵普的检举告发一直没有间断，赵普自己在财务方面也不甚干净。

吴越王钱俶有一回派遣使者入朝觐见。有意思的是，使者不只要拜见天子，还带来一封给赵普的书信，随信而来的还有十箱"海产"。赵普正准备拆信阅览，好巧不巧，此时皇帝驾到。

赵匡胤时常不打招呼"突袭"大臣家中，正好撞上赵普收礼，便问这些箱子里为何物。

"这是吴越王送来的，说是东南沿海的特产。"

"哦，这东西连朕都没有收到，打开来瞧瞧。"

箱子一打开，只见金光耀眼，竟然是满满当当的十箱"瓜子金"。

赵普登时变色，跪地请罪，辩解称他也是刚收到来信，信笺尚未拆，箱子也没来得及打开，实在不知道里面竟然是金子。

"吴越王一片心意，卿就收下吧。"赵匡胤没有为难他，临走前，还冷笑着意味深长地甩下一句话，"哼！他们还以为，国家大事都由你们这帮书生决定呢。"

终于，赵匡胤开始一步步收束、削夺赵普的权力。

首先，拿赵普的亲家开刀。

开宝五年（972年）九月，赵普与枢密使李崇矩结为儿女亲家，李崇矩女儿嫁给了赵普之子赵承宗。这门喜事传到皇帝赵匡胤的耳朵里，赵匡胤却乐不出来。一文一武，内阁两大首辅联姻结盟，意欲何为？

按规矩，宰相、枢密使御前分班奏事，依次面圣，等候时可以同在长春殿内。然而赵李婚事之后，赵匡胤突然下令，不仅御前奏事时将二者分开，就连候场也不允许他们在同一房间内。

后来，李崇矩府上门客郑伸，兴许是因与恩主产生矛盾，告发李崇矩受贿、请托等事。虽然最后没有查到实证，很可能是诬告构陷，但李崇矩还是被罢免了枢密使职位，改任镇国军节度使，第二年又被降为左卫大将军。告发之事是真是假并不重要，只是赵匡胤借题发挥而已。

其次，清洗赵普的团队。

开宝六年（973年）四月，赵匡胤下诏重新挑选"堂后官"。"堂后官"是相府属吏，即赵普的直系下属。诏书称"堂后官十五人从未替换"，令吏部另外精选十五员能干官吏更换，以后每三年一轮换，形成定制。赵匡胤通过这样的方式，对赵普相府班子的人员进行了一次大清洗，进而彻底解散宰相僚属团队。

最后轮到赵普本人，对一家独大的相权进行分割。

赵普被称为"独相"，因为朝中只有他这一位宰相独掌政事堂，没有其他宰臣可以挑战他的权威。这当然来自赵匡胤一直以来的信任倚重。但当赵普"独相"十年之久后，随着权力一步步扩张，必然对皇权构成威胁。

是时候抬升副相的权柄了。

副相的设置其实很早。乾德二年（964年），赵匡胤起用薛居正、吕余庆担任参知政事，作为宰相副贰。但一直以来，参知政事的权力并不大，既不能宣读皇帝诏令，百官朝会时也无法行使领班、管理百官位次的职权，还不能主持使用印章，甚至不能进入宰相办公场所政事堂。（"不宣制，不押班，不知印，不升政事堂。"《续资治通鉴长编》卷五）

开宝六年（973年）六月，赵匡胤下诏，让薛居正、吕余庆进入政事堂办公，参知政事与宰相同议朝政，轮替行使"知印""押班"等职权。副相地位提升，对宰相形成分权制衡，赵普的权势被大大削弱。

这还只是序章，开宝六年（973年）八月，赵普正式被罢免相位，外调出京，改任河阳三城节度使，治所在孟州（今河南孟州市）。

罢相的制书上，赵普被免职的理由叫作"均劳逸"：当了十年宰相，殚精竭虑，实在太过操劳，也该休息了。这当然只是场面话，没有人会信以为真。

赵普罢相，源自两方面原因的叠加效应。一则，他"独相"十年，专权太过，渐渐失去皇帝的信任。二则，他深度介入皇储人选这一头号敏感议题，旗帜鲜明地反对赵光义继位，权相与皇弟明争暗斗，两虎相争必有一伤。

一直以来，赵匡胤对赵普的一些贪腐行为，始终在严厉惩处与原宥宽恕之间拿捏尺度，寻求中庸与平衡。只要不是滔天大罪，他就仅仅以各种方式敲打、警示而已。然而，当赵普与赵光义之间的矛盾越积越深、斗争愈演愈烈，几乎到了势不两立、你死我活的地步时，这就迫使他不得不在两位最亲近的人之间做出抉择了。

作为这场权力竞赛的裁判，赵匡胤最终选择了他的血亲——自家兄弟赵光义。而赵普只留下一个黯然离京的背影。

赵普罢相后，旧的问题解决了，可新的问题又产生了。赵匡胤蓦然发现，接下来站在他面前的，是已然权势熏天的赵光义。

其实早在开宝初年，就有人向赵匡胤发出预警。一位不知姓名的殿前都虞候（一说是武将张琼）上奏太祖皇帝："皇弟作为京尹，不但不约束吏仆，还纵容手下为非作歹，京尹本人更是结交朋党豪俊，居心叵测，陛下当留心才好。"

那时候，赵匡胤并不以为意，反而大怒道："朕与皇弟雍睦起国，感情深厚，将来打算令他管勾天下大事。粗狂小人，竟敢离间我手足！"这位都虞候因此丢了性命。

这回赵普一走，最大的拦路虎没了，朝中再也没有谁能够对赵光义发起挑战。赵普出京一个月后，赵光义被封为晋王。数日后皇帝又下诏表示，晋王地位在宰相之上。开宝六年（973年）之后的赵光义，当真是"一人之下，万人之上"。

赵光义崛起的"三部曲、九字诀"，叫作"占地盘、聚亡命、结朋党"。

占地盘：以京师为大本营，"南衙"开封府成小朝廷。

赵光义的仕途，分为黯淡无光的前半段和风光无两的后半段。

后周显德年间，赵光义担任内殿祇候、供奉官都知。"祇候"是供奔走驱使的衙役，八品左右小官，职位低微。"都知"是隶属于殿前司的武官，很可能是当时担任殿前司主帅的赵匡胤帮他谋得的差使。在陈桥兵变之前，赵光义还是个无所作为的小人物，活在哥哥的光芒之下。

转折点出现在哥哥登基之后。建隆元年（960年），赵光义平步青云，荣升禁军殿前都虞候，领睦州防御使。第二年（961年），赵光义当上开封尹，一当就是十六年。

赵匡胤在位期间，但凡外出征战，都由赵光义留守开封，坐镇京师，承担"监国"使命，这也体现出他对皇弟的高度信任。

京师的重要性不言而喻，从此，首都市长赵光义以开封府为大本营，一步一步扩张势力。他的开封府称为"南衙"，俨然就是个一手遮天的小朝廷。权势这东西，本是虚无抽象的玩意儿，需要外化为具象可见的物体才能彰显，最典型的例子就是官员出行的排场。赵光义的排场可不得了，每一次出行，都是"羽仪散从，灿如图画"，京城人不禁发出赞叹："好

一条软绣天街！"（陶毂《清异录》）

开封府权势煊赫，就连府中下人都是狐假虎威，在京城里横着走。有一位目不识丁的武将党进，就在这件事上吃过大亏。

话说这位脾气暴躁、性情强狠的跋扈将军，生平最厌恶那些养鸟玩鹰、蓄养宠物的纨绔子弟。巡逻京城时，倘若在大街上遇见此事，必定勒令其放生，对方不干就动粗，让身边人强行把鹰鹞鸟雀抢过来放飞，党进还不忘破口大骂："不肖子弟，有钱不去买肉供养父母，反而饲养这些禽兽牲畜！"

有一次，他在大街上瞧见一人手提着鸟笼，肩膀上站着一只鹰鹞。党进大声呵斥："将鹰儿放了！"

那人瞥了党进一眼，不紧不慢地回道："这可是晋王的鹰！"

原来此人是晋王府园丁，奉命出来遛鸟，他声称要回府将此事禀报赵光义。

"留步！快留步！"党进大惊失色，态度骤变，对园丁点头哈腰，还往他手里塞银两，"小小心意，还请小哥买点肉食，仔细喂养晋王的宝贝，不能叫它饿着呀。小哥可得多费心劳神，好生照看这鹰雏儿，别让它被大街上野猫野狗所伤，那就出大事喽！"

这件事在京城百姓口中传为笑谈。党进前倨后恭、谄媚逢迎的丑态固然可笑，但赵光义当时权势之盛，由此可见一斑。

聚亡命：豪强云集，招纳亡命死士不知居心何在？

独一人难以成大事，赵光义多年来苦心经营，广纳豪俊，招募网罗各种能人异士，谋士、武夫兼备，开封府幕僚将校云集，可谓羽翼渐丰、威望日隆。

值得注意的是，赵光义幕府中，医师、方士、僧道……三教九流什么人都有，尤其是招募了许多亡命之徒：

郭密，贝州经城人，躯干雄伟，臂力绝人。

王昭远，形质魁伟，色黑，有臂力，善骑射。喜欢与乡里恶少交游相处。

戴兴，开封雍丘人，年十岁余，以勇力闻里中。及长，身长七尺余，美髭髯，眉目如画。

张凝，沧州无棣人，少有勇武，倜傥自任。

李重贵，孟州河阳人，姿状雄伟，善骑射。

元达，洺州鸡泽人，身长八尺余，负臂力，善射。事任侠，纵酒。曾亡命山林间，为乡里一大祸患。

王汉忠，徐州彭城人，少豪荡，有臂力，形质魁岸，善骑射。因殴杀里中少年，逃亡至京师。

葛霸，真定人，人如其名，仪表雄毅，善击刺骑射。

高琼，少时勇鸷无赖，曾为盗，事情败露遂从军。

……

这是一份长长的名单，晋王麾下勇士远不止这些。他们都有一个共同点，全是勇猛善斗的大力士，其中不乏曾经杀人越货的狠角色。赵光义聚集一批死士在府中，似乎有意识地在组建属于自己的武装力量。

结朋党：笼络大将，结交重臣，培植晋王势力集团。

光有手下还不够，还需要广交朋友。赵光义十分注意积聚人脉，他广泛结交朝廷军政大员，培植势力，结党营私。朋党既成，他在政坛上的地位也节节攀升，影响力不断增强。

开宝五年（972年），掌管三司财政的楚昭辅受到赵匡胤严厉斥责。起因是国都仓库里粮食告急，只够用到第二年二月，三司请求皇帝下诏调拨军队、征用民船助力江淮漕运。赵匡胤怒骂楚昭辅："国库只要没有存够九年的粮食积蓄，就叫作不足。你平日里不好好筹谋计度，现在仓库空了才来请兵、请粮，这是可以迅速解决的问题吗？朕要你何用？将来倘若出现京都无粮的情况，朕拿你是问！"看样子皇帝不想插手帮忙，将问题交还给他，让他自行解决。有意思的是，楚昭辅遭此大难，竟去找赵光义求助，他哭着请求晋王在皇帝面前替他解释几句，以减缓罪罚。赵光义不仅替他美言，还筹措到十万石粮食运送京都，帮他解决了大难题。楚昭辅自此死心塌地成为晋王阵营的人。当赵光义登基后，楚昭辅擢升枢密使，掌管最高军事机构。

然而对于赵光义的笼络收买，并不是人人都买账。

御史中丞刘温叟，是出了名的清高耿介。赵光义派开封府一名小吏登门拜访，送钱五百千，那可是满满一箱子金银。刘温叟没有拒绝，他请府吏将箱子搬到西厅，封存妥当。第二年，赵光义又派去年那位府吏来送东西，这回送的是角黍、执扇等宝物。刘温叟还是将府吏引到自家西厅，府吏一瞧，去年他亲手封存的箱子，竟然原封不动，始终没有打开。他回开封府将此事上报赵光义，赵光义笑道："我的钱刘温叟尚且不用，更不用说别人的钱了。他去年收下财物，是不想直接拒绝我。一年过去仍不启封，可见他的操守气节声名不虚。"

武将可没有文臣这么多小心思、弯弯绕。当时有一员虎将名唤田重进，以忠勇著称。赵光义曾赐他酒肉，想要与他结交，田重进却不肯接受。使者不解："这可是晋王赏赐，你怎敢拒绝？"田将军不留情面、有话直说："我只知道有陛下，不知道晋王是何许人也。"赵光义听完这番话，评价田重进"忠朴"，没有为难他，始终对他很是赏识。

原本，赵匡胤、赵光义、赵普这稳固的"铁三角"，构成了一种均势与平衡。当开宝六年（973年）赵匡胤做出抉择，封光义为王，罢赵普之相，三角猛然缺了一角，朝堂权力格局的均势被打破。赵光义崛起的势头之生猛，不知不觉之间已经足以对他的皇兄发起挑战。

面对赵光义的步步进逼、恣意妄为，对于储君人选，赵匡胤似乎有所动摇。二人日积月累的矛盾，终于在迁都这件大事上爆发了。

重归故里，洛阳行晋王反迁都

历史的车轮滚滚向前，时间来到开宝九年（976年），这是赵匡胤生命中的最后一年。

当年二月，群臣上表，请求为皇帝加尊号为"应天广运一统太平圣文神武明道至德仁孝皇帝"。这已经不是文武百官第一次发出这样的请求了，但因为其中"一统太平"四个字，赵匡胤再一次拒绝。

他反问大臣，也扪心自问："汾晋尚未平定，燕蓟仍未收复，可以称之为'一统太平'吗？"

"汾晋"指盘踞山西的北汉，"燕蓟"是契丹占领的燕云十六州。到了开宝九年（976年），放眼天下，南方大大小小的割据政权基本扫荡干净，只剩下吴越、漳泉几个零星小国，一直以来忠心耿耿藩属称臣，不足为患。但在北方，河东的北汉、华北的幽燕，始终是赵匡胤的两块心病，令他无法坦然接受"一统太平"的尊号。

二月还有一件大事，吴越王钱俶入京来朝。赵匡胤派遣皇子赵德昭前往宋州睢阳（今河南商丘市睢阳区）迎接贵宾。

长子赵德秀早夭，二子赵德昭是事实上的皇长子。由皇长子迎接藩王，原本顺理成章，但放在开宝年间波云诡谲的时局里来看，这看似普通的一项安排，其实大不寻常。

因为这活儿，原本应当是皇弟赵光义的差事。例如乾德三年（965年），后蜀国主孟昶战败来朝，就是由赵光义前往迎接。而且，赵德昭虽为皇子，这一年也已经二十五岁，但一直以来并不参与朝堂政事，甚少在重大场合公开露面，对比权势熏天的晋王，满朝文武对这位皇长子陌生得很。

赵德昭第一次登台亮相，就一下子被他的父亲推向舞台中央，处在舆论的聚光灯下。与此同时，赵匡胤还让另一位皇子——小儿子赵德芳出席迎宾宴会，在文武百官面前露露脸。没多久，他又为赵德芳封官，下诏以赵德芳为贵州防御使。

种种信号，令敏锐如鹰的赵光义不得不警觉：皇兄突然让两位皇子参与国政，抬升他们的权势，难道说对储君人选有了新的想法？

开宝九年（976年），赵匡胤不寻常的举动不止于此，他还去了一趟洛阳，一走就是一个多月。

新年正月时，皇帝就下诏，拟定于今年四月之前巡幸洛阳。此行目的有二：一是赴安陵祭奠亡考亡妣，二是计划在洛阳南郊举行祭天大典。

三月，赵匡胤御驾启程，前往西京洛阳。

这十多年来，皇帝每次出京，都是由赵光义留守京都，坐镇朝堂。这一次，赵匡胤却要求光义随行。后来人们才知道，他在洛阳有一件大事要决断。

不日，天子御驾莅临洛阳附近的巩县。父亲宣祖赵弘殷、母亲杜太后安葬于此，陵墓名为安陵。赵匡胤在父母陵墓前祭拜，先是肃穆庄严，维持帝王威仪，后来抑制不住，号啕恸哭。

"儿此生不得再朝拜于此！"

身边人被巨大的悲痛所感染，都掩袖抹泪，陪着他哭泣。

作为帝王不能随意出行，来一趟不容易，赵匡胤隐约意识到，今后再来安陵祭奠父母的机会大概很渺茫了，于是悲从中来。无论如何，这话听起来都不太吉利。但更不吉利的还在后面。

安陵之前，立着一座石筑阙门的角楼高台。赵匡胤登上阙台，极目远眺，但见郁郁葱葱，群山耸立，故乡洛阳依稀可见。抚今追昔，他心潮起伏，感慨道："我生不得居此，死当葬于此。拿弓来！"

只见他张弓搭箭，动作行云流水，一支鸣镝飞射而出，发出尖厉的嗖嗖声响。皇帝虽年逾半百，臂力不减当年，射出四百步之远，鸣镝稳稳落在西北方向的芳草地上。他手指落箭之处，说出惊人之语：

"朕百年之后就葬在那里，与亡考亡妣同寝同眠。朕的陵园，就叫'永昌'吧。"

"陛下春秋正盛，万寿无疆！"

"人固有一死，死有何惧！朕今年五十了，孔夫子言，五十而知天命，朕虽深知天命不可违，却还想向天借寿，多活几年，不是贪图富贵，只恨幽燕未收，汾晋未平，天下未一！"

或许是来到陵园墓寝这样的地方，距离死亡忽然近了，这令赵匡胤不自觉地思索生死大事。这次洛阳之行，打从一开始就笼罩着压抑、阴沉、灰暗的气氛。

临走前，皇帝施恩，免除河南府百姓今年一半田租，看护陵寝的人家免除一年田租。

落叶归根，衣锦还乡，赵匡胤回到了心心念念的洛阳。没想到，迎接他的是没完没了的绵绵阴雨，淅淅沥沥下了将近一个月，眼看祭天大典无法如期举行，赵匡胤心烦意乱，派出中使宦官带着"三木"（戴在犯人颈、手、足上的刑具）去和嵩山之神约定：如果到了大典之日，雨水还不停止，就要给嵩山神上刑具。又派人向佛教的无畏三藏塔祷告：如若再不止雨，就把三藏塔给拆了。

到了祭典之日，终于雨过天晴，赵匡胤合祭天地于洛阳南郊。

"太平天子朝迎日，五色云车驾六龙。"（王建《宫词一百首》）

洛阳百姓瞧见天子仪仗威严整肃、端庄雄伟，有年老垂白者感慨非常："我辈少年时起就遭遇离乱，饱经乱世沧桑，没想到，今日能够亲眼见到太平天子仪仗！汉唐气象，也不过如此了吧。"说着说着，潸然泪下。

祭典已经完成，大臣们发现，赵匡胤留在洛阳，恋恋不舍，丝毫没有归京之意。此番来到洛阳，当然不只是故地重游这么简单，赵匡胤正式向群臣提出迁都之议，打算将大宋国都从开封迁到洛阳。

大宋立国已经第十七个年头，赵匡胤究竟什么时候起了迁都的念头，人们不得而知。虽然赵家祖辈来自河北涿郡，但太祖皇帝生于洛阳、长于洛阳，对故乡风土人情十分熟悉。此次西巡之前，他已经任命右武卫上将军焦继勋担任西京留守，修建洛阳宫城。虽然遭遇战火摧残，洛阳千年古都风采尚在。重归故里，赵匡胤眼见宫室壮丽、古城复苏，心情大好，当面夸赞焦继勋，擢升他为彰德节度使。

然而，迁都之议遭到几乎所有人的反对。

古时候，皇帝身边总有"起居郎"形影不离，负责记录帝王的一言一行，编写"起居注"，作为修撰国史的重要材料。第一个站出来反对迁都的，正是起居郎李符。他递上一道奏书，直言迁都怎一个"难"字了得，还洋洋洒洒总结了迁都"八难"：

> 京邑凋敝，一难也。宫阙不完，二难也。郊庙未修，三难也。百官不备，四难也。畿内民困，五难也。军食不充，六难也。壁垒未设，七难也。千乘万骑，盛暑从行，八难也。（《续资治通鉴长编》卷十七）

这些困难客观存在，但在赵匡胤看来，都不是无法解决的问题。迁都之后，城邑、宫阙、郊庙、壁垒都可以重新修建。百官不备，汴梁百官搬来就是。畿内民困，朝廷可以补给。李符大概是最后实在无话可说，为了凑足"八难"，连"千万人马在酷热天气迁移不方便"这样牵强的理由都搬出来，对此更不必理会。

李符的倚马千言，没有说动赵匡胤。

进谏者接踵而至，铁骑左右厢都指挥使李怀忠登场，他换了一个角度，先不说洛阳有多差，而说汴梁有多好。

"东京有汴渠漕运的便利，每年可以从长江、淮河运送数百万斛米粮来到京都。禁卫军兵众数十万人的温饱，全都仰赖于此。陛下如果移居洛阳，敢问将从何处获取军粮？况且，国朝帑藏、府库、重兵全在东京，根基安定牢固已久，不可动摇。一夕之间遽然迁都，臣实在看不到它的利处在哪里。"

李怀忠所言有理有据。某种程度上，赵匡胤也持相同观点。此前，吴越王钱俶曾向天子敬献宝带，赵匡胤笑道："朕有三条宝带，与你的不同。汴河一条，惠民河一条，五丈河一条。"正是依赖国都开封发达的漕运系统，将江南财富源源不断运送到京师，这才保障了军队给养。

虽然李怀忠的观点被肯定，但他的劝谏，赵匡胤还是没听进去。

赵匡胤真正关心的是，为什么这些臣子一个个都这么理直气壮，这么毫无顾忌地反对迁都？究竟是谁在背后为他们撑腰，谁给他们的底气？

一直躲在幕后的那个人，终于登场了。

晋王赵光义前来面圣，他的劝谏与众不同，没有那么多弯弯绕，没有寻找诸多理由进行论证，而是直抒己见："臣以为，迁都未便。"

行事很顺利，没有遇到困难或阻碍，称为"便"。"未便"，赵光义是在说，迁都的条件还不成熟，困难或阻碍还太多，很难顺利推进。

面对皇弟的极端冷静、从容若定，赵匡胤像是赌气似的说："迁都洛阳还没完，这只是第一步，长久之计应当迁都长安。"

赵光义跪下，大呼不可，叩头切谏。他的态度明确而坚决，甚至有些强势。

面对亲弟弟，赵匡胤愿意敞开心扉，说点内心真正的想法："我想西迁，原因无他，欲据山河之胜而去冗兵，遵循周朝、汉朝旧事，以安天下也！"

这段话意涵颇为丰富，耐人琢磨。

首先是"无他"二字，无意间泄露诸多隐情，令人浮想联翩。"我想要迁都的原因没有别的，你不要多想。"这个"别的原因"是什么呢？赵光义在开封经营十几年，势力盘根错节，京城似乎已经不是天子的京城，而是他开封尹的地盘。一种观点认为，赵匡胤迁都，或许有压制、削弱赵光义势力的考虑。而此时一句"无他"，听起来多少有点欲盖弥彰，"此地无银三百两"。

其次，赵匡胤说出了迁都的长远考虑，依靠洛阳高山大河的险要地形，加强国都防卫，阻挡四面强敌，这样就不需要供养那么多兵众，可以裁撤冗兵。他特别强调，历史上的伟大朝代如周朝、汉朝都是如此，国都要么在长安，要么在洛阳。

赵匡胤计划迁都，原因多方面交杂。对洛阳的故乡情是其一，防范赵光义在开封的权势或许是其二，但真正的出发点，是为了国家长治久安，从地缘战略角度做出的重大决策。

河南自古以来就是"四战之地"，战事频发，城邑四面都需要严加戍守防范。汴京开封城的根本缺陷在于，城池周边开阔平坦，一马平川，易攻难守，没有山川之险、关塞之防，在军事防御上缺少天险屏障，难以有效抵御北方民族入侵。大宋建都于此，本是源于对五代国都的承袭。五代之中，后梁、后晋、后汉、后周四个朝代都在这里建都。当然，开封也绝不是一无是处，它位于中原的中心，可谓天下中枢，中原王朝可以据此而临制四海、掌控全国。而且，陆路、水路四通八达，享有汴河漕运之便。

作为帝国首都，"十三朝古都"洛阳的历史积淀比开封更为深厚，更具地理位置上的优势。洛阳山河拱戴，北有邙山，南有洛水，东有虎牢关，西有函谷关，易守难攻。但此时洛阳的缺点在于，唐代中期安史之乱以来，饱经兵难，城邑凋敝，李符的"八难"已经说得很透彻了。若要迁都，恐怕是一项牵连甚广、耗费巨资的浩大工程。

开封与洛阳可以说各有优劣势。在赵匡胤提出"欲据山河之胜而去冗兵"后，赵光义却不为所动，他的回应依然简洁明了，单刀直入，像一把利刃插在赵匡胤的胸口上。

"安天下，在德不在险。"

圣明君主安定天下，靠的是仁义德行，而不是地形险要。

这一句倒令赵匡胤一时无言以对。他望着跪在地上的晋王，感到既熟悉又陌生。皇弟的声音始终不高，但语气坚决，看似平和地进行劝谏，骨子里却态度强硬，而且底气十足，因为一众文武大臣都与他站在同一阵营。那一瞬间赵匡胤突然明确意识到，眼前这个人不仅是他的弟弟，更已经是能够和他叫板、对他发起挑战的人。

站在赵光义的立场上，他当了将近十六年的开封尹，在开封培植势力、拉帮结派、笼络重臣，好不容易有了如今的大好局面，自然一万个不愿意迁都。

一向强势果决的赵匡胤此刻竟有些无可奈何，极罕见地感受到力有未逮、身不由己。面对赵光义阵营的强大压力，在满朝文武中又难以得到有力支持，迁都大事又的确无法贸然进行，还需要周密筹划。最终，赵匡胤取消迁都计划。

赵光义离开后，赵匡胤对身边人意味深长地说道："晋王之言固然很对，今日姑且听他的。然而，不出百年，恐怕天下民力就将消耗殆尽！"

透过这只言片语，多少可以感受到赵匡胤的心不甘、情不愿。

三月九日离开汴梁，四月十五日归京，这趟洛阳之行耗时四十多天。最后，赵匡胤未能如愿迁都，赵光义赢了。

这一年，赵匡胤所有不寻常的举动，或许都指向因赵光义崛起而带来的隐忧。明末清初的思想家王夫之认为，在宋太祖执政后期，"太宗威势隆而羽翼成，太祖且患其逼，而知德昭之不保"（《宋论》）。赵光义的步步进逼，对赵匡胤来说已然成为祸患，就连儿子的性命都有可能不保。

根据"金匮之盟"，以及皇兄一直以来的重用、偏爱、庇护，皇位本是要传给赵光义的。那么，赵光义在急什么？他比赵匡胤小十二岁，年龄差距不算大。皇兄一向身体康健，很少生病，假若赵匡胤延年益寿长命百岁，他要等到猴年马月才能继位？另一方面，赵普罢相之后，赵匡胤或许忌惮于皇弟专权太过，出现扶持皇子德昭、德芳的举动，对此，野心日渐膨胀的赵光义不可能视而不见。只要有野心，就一定会着急。

开宝九年（976年）的故事，在这样波云诡谲的气氛中继续。

八月，赵匡胤启动他人生中最后一次征战，卷土重来，用兵北汉。

开宝二年（969年）两次征讨太原失败，此后赵匡胤一直没有再对北汉用兵，直到如今南方基本平定，北边这块顽石不除不快。这是赵匡胤第三次也是最后一次北伐。

此战，他没有御驾亲征，而是以党进为主帅，潘美为都监。此后两个月，前线捷报频传，好消息如雪片般飞来。

党进率兵抵达太原城下，列寨于汾河之南，大败北汉军数千人于太原之北，缴获战马千余匹，兵仗六百余副。

郭进俘获北汉山后诸州百姓三万七千余口。

马继恩领兵出辽州路，焚烧北汉四十余座营寨，缴获牛羊、人口数千。

齐超领兵出沁州路，小胜北汉军五百人，擒三十人。

眼看北汉这块"硬骨头"就要啃下来，然而天不遂人愿，赵匡胤没能活着看到那一天。

烛影斧声，风雪夜真相何处寻

开宝九年（976年）十月癸丑（二十日），是赵匡胤生命中的最后一天。

依据正史、笔记的记载，"烛影斧声"是一出情节曲折的"四幕剧"，让我们掀开戏台的帘幕，瞧瞧这一天究竟发生了什么。

第一幕：天骤变，道士可疑，谶言诡谲。

这个故事从荒诞不经的神秘预言开始，预言有两个版本。

第一个版本是这样的。这一日，天象奇诡，阴晴不定。夜幕降临之初，赵匡胤登上太清阁，举目四望。起初，天气晴朗，星斗明灿，他心情大好。然而，刚刚得享片刻欢愉，俄而阴霾四起，天气陡变，雪雹骤降，狂风席卷，眼看大雪越下越大，赵匡胤的脸色也与这骤变的天气一样，变得抑郁阴沉。

传说，赵匡胤曾经遇到一位得道高人，自称混沌道士。赵匡胤问道士："我的寿命还能有几年？"道士答："今年十月二十日夜，天若晴霁，圣寿可延展一纪。如若不然，应当迅速措置。"

"一纪"是十二年（另一说三十年）。如果十月二十日这天晚上天气晴朗，那么赵匡胤的寿命就可以延长十二年。道士所言虽怪诞荒谬、装神弄鬼，但赵匡胤还是记在心里。然而到了二十日这一天，赵匡胤登阁四望，只见倏忽之间苍穹阴云密布，雪雹猛然直下，赵匡胤心情大坏，愀然不乐。

如道士所言，遇到这种情况，应当"迅速措置"，必须采取相应的措施。赵匡胤快步走下阁楼，命人立即拿出宫钥，打开皇宫端门，他要马上见一个人。

"传晋王即刻入宫！"

在另一个版本的记载里，赵匡胤同样急传赵光义入宫，起因却是另一位道士和另一则预言。

近日来，赵匡胤感到身体不适，但并不清楚得了什么病、病情严不严重。人们只知道，他从民间召来一位名叫张守真的道士。

传说在凤翔府盩厔县（今陕西西安周至县），曾有天神降临县民张守真的家中，天神借张守真之口，向世人言道："我乃天之尊神，号黑杀将军，玉帝辅臣也。"张守真成为天神在人间的代言人，他最大的本领就是"降神"。据说他每一次斋戒祈祷，神仙必定降临室中，冷风飒飒之中，瞧不见身影的神仙发出婴儿般的声音，说了什么，只有张守真能听明白。他向世人传达神仙指示，通过"降神"占卜吉凶，所言祸福竟然大都灵验。张守真从庶民摇身一变成为能通灵的道士，名声越来越大，传到赵匡胤耳朵里。

也许是病急乱投医，也许是到了知天命之年格外迷信，赵匡胤将张道士召入宫中，在宫廷阙下开设道场，为皇帝祈福。

十月壬子日（十九日），内侍都知王继恩在建隆观布设"黄箓醮"，请张守真降神。

"黄箓醮"，也叫"黄箓斋"，是一种道教仪式。史学家胡三省在为《资治通鉴》所作的注解中指出："黄箓大斋者，普召天神、地祇、人鬼而设醮焉，追忏罪根，冀升仙界，以为功德不可思议，皆诞说也。"也就是说，这些都是忽悠人的。

这一次，张守真道士可忽悠出了大事来，"神仙"言道："天上宫阙已成，玉锁开。晋王有仁心。"

这是什么意思？什么叫"天上宫阙已成"？为何提到"晋王"？天上宫阙的玉锁开了，是说赵匡胤即将仙逝登遐？还是隐喻晋王即将登堂入室执掌宫阙？这是赵光义即将继承皇帝大位的意思吗？留下种种待解的疑问，"神仙"走了，不再降临。"神仙代言人"张守真缄口不言，没有再多说半个字。

自古以来，谶语的特点就是这样，神神道道，模棱两可，话说一半，让人臆想、猜测、解读、争论。

这则谶语由王继恩上报皇帝。赵匡胤听了，认为张守真妖言惑众，本打算降罪于他，只是还没来得及处罚，第二天他就晏驾西归了。

张守真降神发生在十九日，二十日，赵匡胤夜召晋王入宫。赵光义冒着风雪奉旨面圣，开启了更加扑朔迷离的第二幕。

第二幕：雪夜宴，烛影摇曳，斧声肃杀。

这一幕更是如迷雾般让人看不清真相，因为所有相关文献记述，都来自一种在远处观看的模糊视角。

赵光义进入皇宫内殿后，赵匡胤将太监、宫妾全部屏退，一个外人都不留，没有传令谁也不得入内，殿内只有兄弟二人。

那一夜好生漫长，内侍宦官值班，唯恐皇帝突然传唤，不敢睡下。他们守在大殿侧边厢房里，打开窗户，远远瞧着大门紧闭的内殿，烛影映照之下，现出两个模糊人影，自然是皇帝与晋王。

在这样远观遥望的视角中，他们目睹了半个现场，见证了谜一般的历史，他们究竟看见了什么？

烛火灯影摇曳，皇帝与晋王酌酒对饮。赵匡胤爱喝酒人尽皆知，他虽然反省过自己嗜酒好饮的坏习惯，但还是没有改掉这一嗜好。直到生命中最后一夜，仍然在开怀畅饮。可是这顿酒，当真喝得酣畅痛快吗？

内侍宦官瞧见，赵匡胤频频举杯，似乎是在劝酒。赵光义不时起身离席，连连摆手，呈现出类似逊避退让、不可胜任的姿态，是在说实在不能

319

再喝了，还是在推拒其他事情呢？

后来，赵匡胤操起手边玉斧，以斧戳地，噔噔直响，大声对赵光义道："好为之！"此言何意？究竟要赵光义好好做什么？

另一个版本里，内侍宦官瞧见的景象略有不同。两兄弟喝完这顿酒，已经子时三更。赵匡胤走出殿来，殿外大雪纷飞，庭院积雪已有数寸之厚。他操起玉斧，以斧戳入雪中，发出嚓嚓声，回头对赵光义道："好做！好做！"

再后来，赵匡胤宽衣解带，在万岁殿就寝。还有人听到，他的"鼻息如雷霆"。

至于赵光义接下来的行踪，说法不一。据说，他当晚留宿皇宫。但也有记载显示，赵光义应当是回家去了，只是没有人知道，他究竟什么时候离宫回府的。

暴雪越下越紧，寒风猎猎，万岁殿里烛火轻摇，越来越暗，几近熄灭。夜已深，烛火将息，长夜难明。赵匡胤没有见到第二天的太阳，在暗夜中驾崩。

谁是第一个发现赵匡胤去世的人已经无从考证，很可能是服侍皇帝的太监或宫女。死亡的时间有"已四鼓""将五鼓"两种记录，差别不大，在四更至五更之间，也就是子夜直到凌晨拂晓之前。死亡的地点，据《宋史》"癸丑，上崩于万岁殿"的记载，当是万岁殿寝宫。

继而，王继恩、宋皇后相继登场。

内侍都知王继恩作为太监总管，应当是最早发现皇帝驾崩的人之一，得知这一惊天巨变，他急忙向宋皇后禀报。

赵匡胤的皇后宋氏，忠武军节度使宋延渥长女，开宝元年（968年）二月立为皇后，成为宋太祖第三任也是最后一任皇后。噩耗传来，时年二十六岁的宋皇后惊慌无措，一时不知如何是好。

"皇后，国不可一日无君，请速做决断！"

"那……那就快召德芳入宫。"

赵匡胤没有策立太子，也没有明确指定储君人选。宋皇后膝下无子，大皇子赵德昭、小皇子赵德芳都不是她所生。宋皇后没有依照常理选择皇长子，大概是由于她偏爱赵德芳，平日里与小皇子的关系更为密切。

王继恩领命，冒着晨曦的薄雾，只身一人秘密出宫。

第三幕：争分秒，继恩改道，拥立晋王。

王继恩踩着地上厚积数寸的大雪，一步一步，步履沉重。千钧一发的时刻，他走的每一步都至关重要，影响甚巨。

不知是临时起意，还是早有预谋，王继恩改变了他的行程，没有遵照宋皇后命令去请赵德芳入宫继位，他真正的目的地是晋王府。

在晋王府门口，撞见一件怪事。

王继恩瞧见一人坐在门口台阶上，神色诡谲，又有些紧张慌乱。

"德玄公怎会在此？"

他认识这个人——左押衙程德玄。他是赵光义的心腹亲信，以精通医术闻名。

程德玄回答："我夜宿信陵坊相国寺，二更时，听闻一阵叩门声甚急，依稀听得'晋王召'之语，起身开门查看，却空无一人。回屋躺下，叩门声又起，开门又不见人，如此反复三次。我担心晋王有疾，不敢耽搁，急赴王府。三更到此，府门紧闭，在门外静候，这不，您就来了。"

程德玄这一番话，不仅离奇，而且刻意隐瞒了一件更加诡秘的事情。

程德玄好友马韶，修习天文之学，精通星象占卜。当时，朝廷严禁私人修习天文星象之术，虽然二人交好，程德玄怕受牵连，多次告诫马韶不要贸然前来拜访。就在前一天，十月十九日傍晚，马韶突然登门造访，神秘兮兮地对程德玄言道："明日乃晋王利见之辰，我特来相告。"

何为"利见"？《易经》有云："飞龙在天，利见大人。""见龙在田，利见大人。"神龙腾飞上天或现身于地，都有利于见到大人物，后人将"得见君主"称为"利见"。马韶此言说得含糊隐晦，既可以理解为次日赵光义将得见赵匡胤，也可以大胆解读为：明日赵光义将成为"大人物"。

程德玄闻言大为惶骇，甚是恐惧，他先稳住马韶，把他关在一间密室里，赶忙前往晋王府，将马韶之言如实禀告。赵光义没多说什么，只是让程德玄务必派人看好马韶，将他软禁，这几日暂且不许他外出。

王继恩在晋王府门口遇见程德玄，告知对方他的来意，二人一同敲响王府大门。

王继恩的来意很清楚，除了带来皇帝驾崩的消息，更重要的是请赵光义速速入宫，继承大位。

据说，赵光义先是"大惊"，随后表现出犹疑不决，扔下一句"我当与家人商议"便进入内室，半天不出来。

王继恩反复催促，索性把话挑明："事久，将为他人有矣！"

的确，一刻千金，分秒必争，谁先抢占先机，谁就将夺得大位。这里的"他人"，指向赵廷美、赵德昭、赵德芳三位有资格继位的皇室子弟。王继恩提醒晋王，再这么磨蹭下去，只要慢一步，皇位就是"他人"的了！

"走吧，本王随你入宫去！"

第四幕：闯寝殿，皇后惊惧，光义哭柩。

大雪又纷纷扬扬下起来，乘坐轿辇不便，赵光义、王继恩、程德玄三人，在天色将明未明之际步行入宫。

来到了万岁殿的直庐（侍臣值宿之所），王继恩道："皇后正在寝殿，晋王且在此稍候片刻，臣先行入内通报。"

还没等赵光义开口，程德玄便上前道："应当直前而入，何须等待！"

"这……"王继恩扭头瞧赵光义。

赵光义话不多说，径直闯入寝殿。

宋皇后听到声响，知道王继恩回来了，问道："德芳来耶？"

王继恩回答："晋王至矣。"

赵光义现身，宋皇后惊诧愕然。她出身贵族世家，并不愚钝，很快明白了怎么回事，惊恐之余，意味深长地瞥了王继恩一眼。她当然明白，当下正是性命攸关的时刻，她一介女流，就算加上刚成年的赵德芳，无论如何也不是眼前晋王的对手。

"官家！吾母子之命，皆托于官家！"

"官家"是对大宋皇帝的称呼，危急之中宋皇后改口倒是快得很，这应当是赵光义这辈子第一次听到有人称呼他为"官家"。

赵光义做出泣涕的样子，搀扶起宋皇后："共保富贵，勿忧也。"

太阳照常升起，但从这一天开始，世间再无仁德柔善的宋太祖。

天亮后已经是十月二十一日，赵光义在宋太祖灵柩前即位，是为宋太宗。史载，赵光义"号恸陨绝"，号啕大哭，其状甚悲。

宋太宗在万岁殿东楹谒见群臣，接受百官朝拜。赵光义引导群臣环绕灵柩，瞻仰圣体遗容，但见身着玉衣丧服的太祖皇帝面色如玉，温润光洁，像是刚刚经过汤水沐浴一样。（"玉色温莹，如出汤沐。"《续湘山野录》）

不久，赵光义下诏，兵收太原，停止征伐北汉。

"烛影斧声""四幕剧"终。

以上"四幕剧"诸般情节，全部来自史书典籍的记载，既有《宋史》《续资治通鉴长编》这样的正史，也有司马光《涑水记闻》、僧人文莹《续湘山野录》之类由宋代人撰写的私家笔记。

"烛影斧声"之所以成为一桩千古疑案，正是因为诸多史籍记述，像是一块又一块零散的拼图碎片，当你尝试将它们拼接在一起，蓦然发现这张拼图残缺不全，尤其是关键部分缺失，因而瞧不清事件的全貌。不仅如此，不同的拼图之间相互抵触，并不能顺利地拼接咬合起来。

总结来说，"烛影斧声"的相关记载，要么语焉不详、话说一半，要么情节离奇、荒诞不经，要么记录不一、互相矛盾，多有抵牾之处，令人疑问重重，一头雾水。

然而，世人最为关心的核心事件——赵匡胤之死，正史中记载却很简略。

《宋史·太祖本纪》关于赵匡胤驾崩，仅有一句："癸丑夕，帝崩于万岁殿，年五十，殡于殿西阶。"

《宋史·太宗本纪》关于赵光义继位，同样一笔带过："癸丑，太祖崩，帝遂即皇帝位。"

世人最想知晓的关键谜团——赵匡胤的死因，付之阙如。几乎所有记载，不论正史还是野史，都刻意避开了这个难以回答的问题，没有给出确切定论。虽然有赵匡胤"不豫"（皇帝有病的讳称）的记载，却也没有明确说赵匡胤是因病去世。

"烛影斧声"这一桩疑案，至今在学术界仍有争论，案情关系重大又扑朔迷离，依然无法结案定谳。

造成此案成谜的原因，大概是因为它关系着"赵光义是否谋害了赵匡胤"这一重大问题。千百年来关于"烛影斧声"众说纷纭，笼统而言分为两种截然相反的观点：

其一，"太宗篡位弑君说"。此说认为，宋太祖赵匡胤是死于非命，赵光义谋害兄长篡位夺权，这是一起精心策划、蓄谋已久的谋杀篡权案。

其二，"太祖正常死亡说"。此说认为，宋太祖赵匡胤与宋太宗赵光义之间的嬗代，是正常的权力交接。所谓"烛影斧声"纯粹是阴谋论者的想象与虚构，是野史稗乘的小说家言，不足为信。赵匡胤的死因，或是因急性病猝死，而非谋杀。

然而，真相究竟若何？"烛影斧声"的谜面是前文所述那些令人费解的史籍记载，谜底是关于赵匡胤因何而亡的答案。由于拼图关键部分的缺失，我们无法通过实证的方法直接揭开谜底，只能通过分析、推理、逻辑论证等方式，一步一步地努力逼近真相。

让我们穿越千年的迷雾，吹散丹青史册上积压的尘土，循着字里行间一点点蛛丝马迹，再一次回到历史现场，瞧一瞧，看一看，"四幕剧"的背后，还有哪些被忽略的关键细节，隐藏在历史幽暗的角落里。

第一幕解谜：道士谶语虽然荒唐，谎言背后或许潜藏真相。

两个道士，两版预言，哪一个更可信？

"烛影斧声"的故事，以神秘道士的登场为开端。在北宋僧人文莹所著的《续湘山野录》中，混沌道士称："十月二十日夜晴，则圣寿可延一纪。"这一谶语为赵匡胤之死染上了宿命论的色彩，是民间神怪小说的常见写法。道士不见真名，言辞悖谬，荒诞至极，后世研究者大多倾向于认为，混沌道士的相关情节属于野史小说向壁虚构的无稽之谈。

至于另一位道士张守真，历史上确有其人，张守真降神之事来自宋廷官方史书《国史·符瑞志》的记录，可信度较高。他在赵匡胤死前入宫开设黄箓醮，时间、地点、人物信息都很清晰，应当确有其事。那么问题又来了：

张守真究竟是什么来头？他为何入宫？他假托神仙降下的谶语又是何意？

"天上宫阙已成，玉锁开。晋王有仁心。"

事实上，当谶语直接提到晋王，张道士就露出了底牌，暴露了隐藏身份。

在一部叫作《括异志》的宋代志怪小说集当中，将原本隐晦的谶语说得明明白白："天上宫阙成，玉锁开。十月二十日陛下当归天。晋王有仁心，历数攸属。陛下在天，亦自有位。"一般而言，谶语不会如此浅露直白，但恰恰是这样的小说情节，反映出世人对谶语含义的理解——"神仙"预言，赵匡胤将归天，赵光义即将入继皇位。

预言第二天果然成真，所以它是谶语（事后应验的话）。这里面当然没有什么"神仙"，有的只是披着神仙外衣的"鬼"，有的只是阴谋家与诈骗犯。

表面上，赵匡胤似乎是因为健康状况出现问题，因此传召道士设坛祈福。但在另一些记载中，并没有提及张守真入宫是太祖生病的缘故，张守真入宫的原因存在疑点。有观点认为，张守真的降神行为，幕后是赵光义在为谋权篡位进行舆论铺垫，很可能赵光义特意安排张道士入宫，授意他装神弄鬼来这么一出。那是一个人们还普遍相信鬼神的年代，咄咄逼人的赵光义，通过这样的方式为自己造势，逼迫皇兄让位。

当然这只是猜测，可以支持这一猜想的是，赵光义登基半年后，下诏在终南山下修建上清太平宫，尊奉黑煞神，由张守真住持此宫。这是不是也算是一种投桃报李呢？

那么，当听到"晋王有仁心"这一预言，赵匡胤又抱着怎样的态度？

官方的《国史·符瑞志》对此没有记载。北宋文学家杨亿在《杨文公谈苑》中写道："太祖以其妖，将加诛，会晏驾。"杨亿曾担任负责编修史书的史馆修撰，还参与过宋朝国史《太宗实录》的修订，他在私家笔记中可以记录那些在国史里因为种种原因被删节或回避的内容。据此，赵匡胤应当是听明白了，这谶语对他而言大不吉，于是直接将其定性为虚妄的妖言，甚至想要诛杀张守真，只是还没来得及，自己第二天就先"晏驾"（帝王之死的讳称）登天了。

降神第二天，赵匡胤夜召赵光义入宫，两件事之间当有关联。"有仁心"的晋王如此咄咄逼人，宽厚的宋太祖想和皇弟谈些什么呢？

第二幕解谜：患病身亡？玉斧行凶？酒中投毒？

赵光义入宫，兄弟宴饮，赵匡胤要求赵光义"好为之"或"好做"，到底是让他好好做什么？是想让他好好地接班继承皇位，所以赵光义才有逊避辞让的姿态？还是要他不要痴心妄想，好好地辅佐皇长子赵德昭？现存的记载只言片语、语焉不详，风雪夜的大殿之内，只见摇曳的烛影，只闻依稀的斧声，两兄弟究竟谈了些什么，已无从知晓，成了永远的谜。

宴饮结束，赵匡胤就寝，并于睡梦中驾崩。这一幕的核心问题是赵匡胤的死因是什么。

赵匡胤因病而亡，这是"太祖正常死亡说"的主要观点。

《续资治通鉴长编》中的确有"上不豫"的记载，"不豫"就是帝王有病的讳称，这是关于赵匡胤生病的唯一一条记录，这里也不是没有可疑之处。古代帝王一言一行都有起居郎详细记录，作为"起居注"。尤其是皇帝染疾患病，这可不是个人私事，而是国家大事，属于"起居注"必须记录的内容。然而在开宝九年（976年），赵匡胤生命中的最后一年，直到"烛影斧声"之前，史书上都没有留下他任何生病患疾的记录。而且在这一年中，赵匡胤出远门巡幸洛阳，回来后频繁在京城出行，就在他驾崩当月（十月），他还曾巡幸西教场，观看飞山军将士操练"发机石"（用机械引发石头飞射进攻），到了临终之夜还能与皇弟对饮、以柱斧戳地或戳雪，一点也不像是身患重病的样子。有一种分析认为，赵匡胤可能死于脑出血之类的突发性疾病，但这终究只是一种猜想，证据并不充分。

在"太宗篡位弑君说"看来，赵匡胤的死因，离不开两件物事：斧与酒。

先说斧。

玉斧，也称柱斧。关于这个"斧"究竟是个什么玩意儿，说法不一。南宋理学家朱熹在《朱子语类》卷一二八指出："祖宗时，升朝官出入有柱斧。其制是水精小斧头子，在轿前。"据此说，柱斧是北宋高级别官员挂在轿子前面用来装饰的一种仪仗器具，形制小巧，类似斧头形状，由水晶或玉石制成。另一种说法认为，柱斧其实是"柱拂子""拂尘"，是用以掸拭尘土、驱赶蚊蝇的器物，"柱斧"其实是"柱拂"的谐音误传。

不论是哪一种"斧"，有两点可以确定：第一，赵匡胤平日里有手持柱斧把玩的习惯，史书中太祖皇帝持斧的记载甚多。第二，玉斧可以伤人。前文提到，赵匡胤发怒时曾随手操起玉斧，砸掉过雷德骧等不止一位官员的牙齿。也就是说，玉斧形制并不大，但它坚硬的材质是可以砸伤人的。就算玉斧是把拂尘，它的前端是柔弱的缨穗，它的手柄也必定是由水晶、玉石、木头之类的坚硬材料所制。

回到雪夜现场，关于这玉斧，出现赵匡胤以它戳地、戳雪两种说法，都能发出明显的"斧声"。有观点认为，这样的记载似乎在暗示玉斧正是杀害太祖的凶器。但与之存在矛盾的是，在赵光义继位的相关记载中，特别描绘了赵匡胤圣体"玉色温莹，如出汤沐"，好像在刻意暗示太祖皇帝的尸身完好无损，并没有外伤，不像是受过钝器伤害的样子。

再说酒。

酒中投毒的可能性似乎更大。

太平兴国三年（978年），赵光义赐牵机药毒酒给南唐后主李煜。端拱元年（988年），他又赐酒毒死刚过六十大寿的吴越王钱俶。后来人们才发现，在酒中投毒原来是赵光义屡试不爽的惯用伎俩。

下毒可能性更大，还有一个原因。如果赵匡胤的确如记载所说，是在睡眠之中悄然死亡，这符合下毒的作案手法。两兄弟对饮时，赵光义在酒里暗中下毒。有一类毒药服毒后并不会即刻发作，需要若干时辰之后才会毒发。随后，赵光义出宫回家，赵匡胤解衣就寝，继而在四更到五更之间毒发身亡。

第三幕解谜：三个影响大局的小人物。

当王继恩出宫前往晋王府，一大堆谜团出现在三个看似不起眼的小人物身上。

王继恩：赵光义安插在赵匡胤身边的卧底？

王继恩的举动不同寻常，以他的身份而论，不过是内侍都知（相当于太监总管），在赵匡胤一朝，内侍宦官并没有什么权势可言，他好生大胆，竟敢公然违背宋皇后懿旨，自作主张前去迎立晋王。抑或，他不是自作主张，而是受人指使，背后有人撑腰。

王继恩很可能早就被赵光义收买，甚至根本就是参与谋害行动的主要帮凶。赵光义登基后没有亏待拥戴有功的王太监，《宋史》王继恩本传中形容，赵光义对他"宠遇莫比"，让他担任排阵都监，久在河北领兵。

程德玄：一介小小医官何德何能竟然随王入宫？

乍一看，程德玄这个人物的登场十分突兀，他莫名其妙地出现在晋王府门口，更莫名其妙地跟随赵光义入宫。程德玄声称，他听见晚上有人叫唤"晋王召"，起来查看又不见人影，他担忧晋王健康因此来到王府。这一套说辞妙就妙在半真半假，真相往往潜藏在谎言之中。"晋王召"三个字，正透露出他应当是被赵光义传唤到王府，来参与二十日的"大事"。而至于为什么不在府中，而蹲守在门口，很可能是奉赵光义之命等候王继恩的到来。

程德玄一员小吏何以能够参与践祚继统大事，其中的奥秘或许就在于他独特的身份：医官。

程德玄的出现，让赵光义酒中投毒的可能性又增添一分。有没有这种可能：毒药其实正是由程德玄事先配制完成的？赵光义下毒后回到王府，宫中情况怎样，赵匡胤是否毒发，宋皇后什么反应，这一切对他来说都是未知数。于是，赵光义命人前去程德玄当晚下榻之处，召他入府，做好应对准备。并且让他在王府门口等着，因为如果他们的计划一切顺利，王继恩很快就该来了。

再后来，以程德玄身份之低微，竟然陪同赵光义、王继恩一起入宫，原因也就好理解了。赵光义入宫，谁都可以不带，但必须带一个医官，而且是他信得过的医官。但凡需要检查皇帝遗体、宣布"病因"或"死因"，甚至在遗体上做什么手脚，都离不开医官。倘若赵光义心里没鬼、光明正大，皇宫内本就有御医，他带一位自己府上的医官入宫之举，就实在解释不通。

与对待王继恩一样，赵光义同样没有亏待程德玄。此人除了精通医术之外没有什么本事，而且贪财成性，饱受诟病，因此仕途一直不甚显赫。他虽然时常被人检举告发，但每次都被赵光义庇护，总能逃脱刑罚。

马韶：这位神秘预言家又是什么来头？

"烛影斧声"事件的前一天，十月十九日傍晚，马韶突然造访程德玄，发出"明日乃晋王利见之辰"的预言。这一举动动机何在？首先，他当然不是靠着观察天象，预测出第二天赵光义将登基继位的。他很可能透过好友程德玄的言行举止或者其他地方的蛛丝马迹（譬如张守真入宫开设黄箓醮），隐约察觉到第二天赵光义方面将有大动作，于是大胆预测，假托天象发出谶语。这谶语其实和皇宫里张守真说的"晋王有仁心"如出一辙，都说的是晋王的大好事。马韶算准了，程德玄必然会将他的话转告赵光义，也算准了晋王好事将近一定不会降罪于他，甚至将来还可能有重赏。

赵光义从程德玄处得知马韶谶言之后，只是要求程德玄暂时将马韶软禁起来，不要让他乱跑。从这一细节来看，马韶应当不在赵光义"谋大事"的同伙阵营之列，而是一位意料之外突然冒出来的不速之客。马韶的突然出现隐约反映出，"烛影斧声"很可能不是一起偶然突发事件，赵光义早有蓄谋，甚至"谋大事"的日子都定好了，"二十日"这个日期在道士、马韶口中不止一次出现。世上没有不透风的墙，密谋可能出现泄露的情况，让他不得不将马韶软禁起来。

后来事态的发展，大都在马韶的预测之内。第二天，赵匡胤驾崩，赵光义践祚。据《宋史·马韶传》，赵光义即位几天后，被软禁的马韶获得释放。一个月后，他从一介布衣平民，荣升掌管天文历法的司天监主簿。

分析至此，一个大胆而又令人毛骨悚然的假设是，从张守真、王继恩，到程德玄、马韶，已然全都是赵光义阵营的人。赵匡胤在生命最后时刻，成了真正的孤家寡人，只有年轻的宋皇后是他的人，但在与赵光义的短暂交锋中也迅速败下阵来。

第四幕解谜："玉色温莹"的太祖遗体究竟经历了什么？

到了这一幕，晋王踏雪入宫，大局已定。宋皇后虽然惊惧，但识时务，能机变，很快就向新"官家"表示归顺，以保富贵平安。看似一切都顺理成章，唯一令人心生疑窦，而且特别容易忽略的小细节，是关于太祖遗容。

先来回顾一下程德玄陪同晋王入宫时的猖狂举动：

（王继恩）使王且止于直庐……德玄曰："便应向前，何待之有！"乃与王俱进至寝殿。（司马光《涑水记闻》）

不仅迫不及待地怂恿赵光义快快入内，更令人惊讶的是，程德玄竟然也一起进入寝殿——当时宋皇后、已经逝世的赵匡胤应该都在里面。

二人闯入后的情景，又是拼图中缺失的一块，没有相关记载。程德玄进入寝殿内究竟做了什么，也许仔细检查了太祖遗体，也许以医官身份宣布了赵匡胤的"死因"，也许还清除了可能存在的外伤或者中毒的痕迹。

随后，赵光义于灵柩前即位，据北宋僧人文莹《续湘山野录》记载，他"引近臣环玉衣以瞻圣体，玉色温莹，如出汤沐"。

赵光义引导群臣瞻仰太祖遗容这一节，看似闲笔，仔细琢磨颇有几分吊诡。首先，这一描写当然可以简单理解为，太祖皇帝死后保持着"玉色温莹"异于常人的天子遗容，同时这也表明赵匡胤并没有受到任何外伤，属于正常死亡。但这突兀的一笔却引出另一种解读，"如出汤沐"之语，作者似乎在暗示，群臣到来之前，赵光义已经对太祖遗体进行过一番清洁沐浴，洗掉任何可疑的譬如中毒的痕迹，很可能是程德玄动的手。然后再刻意引导群臣绕行瞻仰遗容，实在是有些欲盖弥彰。

赵光义登基之后，史官面临种种压力，为尊者讳，许多事欲言又止，隐避不能明言。但即便如此，还是能够看出，不少记载含糊其词、或明或暗地在暗示，赵匡胤并非正常死亡，凶手以赵光义嫌疑最大。

赵光义既是赵匡胤死前见到的最后一个人，又是他死后的最大受益者。各种迷雾重重的疑点，各种匪夷所思、自相矛盾的情节，种种蛛丝马迹，嫌疑都指向赵光义。

如果真的是赵光义弑兄，那么他的作案动机何在？较为合理的解释是，一直以来，赵匡胤都默认以皇弟为储君，但近两三年，尤其是开宝九年（976年）以来，赵光义明显感觉到，赵匡胤有意扶持德昭、德芳两位皇子，似乎动了换人的心思。眼看储君之位不保，在强烈的不安与危机感之下，赵光义心生杀机，决定先下手为强。

契丹辽国不受宋朝辖制，没有那么多避忌，《辽史·景宗纪》记述如是：辽景宗保宁八年（976年），"十一月丙子，宋主匡胤殂，其弟炅自立，遣使来告"。

赵光义登基后改名赵炅。"自立"二字，虽然没有明言其弑君篡权，但也说得直接明白，赵光义并不是正常"嗣位"。

太祖皇帝一生英明雄武，何以就这么轻易地败在篡位阴谋之下？对于这一疑问，大儒王夫之在《宋论》中提出精辟独到的见解：

> 宋祖受太后之命，知其弟不容其子，……是不以天位之去留、子孙之祸福，斫其恻怛之心，……以顺母而爱弟，蹈仁者之愚而固不悔。

赵匡胤其实对这一切并不是毫无预感，他知道弟弟将来很可能容不下他的子嗣。然而，他并没有因为皇位去留、子孙祸福这些事情，就砍掉他人之为人的恻隐良善之心。他始终顺从母亲，爱护弟弟，就算是陷入"仁者之愚"的境地也不后悔。

王夫之提出"仁者之愚"这一概念，当真是意蕴隽永。在精明功利的人看来，仁慈往往是一种"愚蠢"。但真正的仁者，坦荡磊落，一片赤诚，无怨无悔。

至此，关于"四幕剧"的解谜尝试暂告一段落。真相或许掩埋在历史尘埃里永不可得，但真正有意义的，是上下求索，努力接近真相的过程。

文治武功，开太平功德耀千古

赵匡胤驾崩，大宋的故事仍在继续。

"烛影斧声"的阴霾之下，与他关系最为密切的几位亲人，结局如何？

宋皇后：不能以皇后之礼体面安葬。

至道元年（995年）四月，赵匡胤的正妻、孝章宋皇后去世。赵光义采取了一系列举措贬损皇后的丧仪，他本人拒绝为逝者"成服"（丧礼后亲属穿上丧服），还禁止群臣亲临丧礼吊唁，甚至禁止宋皇后与赵匡胤合葬，将她的棺椁安置在普济佛舍长达两年之久，最后才葬在太祖永昌陵北面。宋皇后的神主牌位，一直不被允许进入祖庙，直到宋神宗时才得以祔庙，那时宋皇后已经离世八十多年。

赵德昭：巨大压力下自尽而亡。

太平兴国四年（979年）七月，宋太宗赵光义亲征契丹，赵匡胤之子赵德昭随行。在高梁河之战中，宋军大败，混乱之中皇帝消失，一度不知所终。当晚，军中发生"夜惊"事件（军营里因为夜半惊叫或者突发事件陷入混乱，称为"夜惊"）许多人以为赵光义已经战死，军中将领试图拥立赵德昭为皇帝。没想到，赵光义很快现身，此事没有付诸行动，但还是传到他耳朵里。

战后归京，赵光义以北伐不利为由，迟迟不对将士进行封赏。赵德昭谏言，应当封赏有功将士。赵光义冷冷道："待你做了皇帝，再封赏他们也不迟啊！"赵德昭大为惶恐，归家后，忽然问身边人："带刀了吗？"身边人回答："王府禁中不敢带刀。"赵德昭又要求下人送来茶果，锁上门，取出削果刀自刎身亡，时年三十四岁。据说赵光义闻讯后既惊诧又悔恨，抱着德昭尸体痛哭："痴儿，何至于此耶！"

赵德芳：与他的父亲一样离奇死于睡梦之中。

赵匡胤还有一个小儿子赵德芳。太平兴国六年（981年）三月，赵德芳暴毙，时年二十三岁。《宋史·宗室传》记载他的死因叫作"寝疾薨"，睡着睡着生病死了，比"烛影斧声"还要离奇。兴许是善良的老百姓同情赵匡胤及其子嗣的遭遇，于是以赵德芳为原型，在戏曲、文学中创造了"八贤王"这一著名人物，让太祖子嗣以手持金锏"上打昏君，下打奸臣"的光辉形象，永远活在文学艺术之中。

赵廷美：很可能无辜蒙冤，幽愤成疾而死。

比起赵匡胤的两个儿子，幼弟赵廷美对于赵光义皇位的威胁应该更大。根据"金匮之盟""三传约"，赵光义应当将皇位传给赵廷美。他继位后，马上以赵廷美为开封尹，封齐王，就好像当初赵匡胤给予他的待遇一样。但当他逐渐稳固政局，德昭、德芳相继死亡，下一个就轮到廷美。

太平兴国七年（982年）三月，有人告发，趁着太宗皇帝泛舟金明池之际，赵廷美谋逆作乱，有行刺皇兄的计划。此事并无确凿证据，赵光义也没有彻查真假，就宣布罢免廷美开封尹之职，后来贬降为涪陵县公，迁居房州（今湖北房县）。两年后，赵廷美忧悸成疾而亡，时年三十八岁。

廷美、德昭、德芳三位有名分与赵光义一争大位的人相继死亡，赵光义最终将帝位传给他的儿子赵恒，是为宋真宗。此后宋朝八位皇帝都属于太宗子孙这一脉。而赵匡胤的后裔在德昭、德芳死后渐渐没落，长期被排除在朝廷中枢之外。

斗转星移，岁月变迁，到了南宋高宗时，因高宗赵构膝下无子嗣，在众臣建议下，以赵匡胤七世孙赵昚为储君，是为宋孝宗。从孝宗开始，大宋皇统重归太祖一系，赵匡胤的子孙在南宋共传八位皇帝。

两宋三百二十年，总共有十八位皇帝，加上开国的一祖一宗，九位来自太祖赵匡胤一脉，九位来自太宗赵光义一脉。历史在这里出现奇妙的巧合，令人唏嘘感叹。

开宝九年（976年）十月癸丑，赵匡胤溘然辞世，享年五十岁，葬于永昌陵，庙号"太祖"，谥号"英武圣文神德皇帝"（后来追尊的累谥为"启运立极英武睿文神德圣功至明大孝皇帝"）。

谥，这是源自西周的古老传统。帝王驾崩之后，依据其生平事迹，给予或褒或贬的评价。这是对帝王一生是非功过的盖棺论定，既有肯定赞扬的褒谥，如文、武、明、睿、景、宣、懿等，也有否定批评的恶谥，如厉、灵、幽、炀、冲、哀、殇等。

"英武圣文神德皇帝"自然是褒谥。英武，圣文，神德，没有一字冗余，充分肯定了宋太祖的功勋与德行。

先说赵匡胤的"功"。

时势造英雄，赵匡胤的功勋与他所处的大时代紧密相连，他有功于时代与人民，既是乱世的终结者（"武功""英武"），更是盛世的开拓者

（"文治""圣文"）。

宋太祖的"武功"：终结五代乱世，基本完成统一。

赵匡胤出生、成长于一个中国历史上极为动荡混乱的时代，深知百姓疾苦，立誓戡乱天下。他在位十七年，采取"先南后北"战略方针，收荆湖、灭后蜀、攻北汉、平南汉、取南唐，基本结束唐末五代以来半个多世纪分裂割据局面，为北宋统一全国奠定坚实基础。五代乱世由他亲手终结。

范仲淹赞誉太祖赫赫功勋："我太祖皇帝应天顺人，受禅于周，广南、江南、荆湖、西川，一举而下，罢诸侯之兵，革五代之暴，垂八十年，天下无祸乱之忧。"（《范仲淹年谱·庆历三年》）

司马光同样不吝华美辞藻："太祖皇帝受命于上帝，起而拯之，躬擐甲胄，栉风沐雨，东征西伐，扫除海内。当是之时，食不暇饱，寝不遑安，以为子孙建太平之基。"（《进五规状·保业》）

宋太祖的"文治"：为宋朝制度奠基，开创璀璨文明。

作为国家制度的顶层设计者，他极富创造性地打造了特点鲜明的宋朝官制、兵制、财制、州郡制度等。宋太宗赵光义评价称："先皇帝创业垂统二十年，事为之防，曲为之制。"也就是说，赵匡胤的所有努力，落脚点都在于一个"防"字。为了防止五代十国那样的乱世再度降临，于是才有了宋朝复杂、周密、烦琐的制度设计，无处不在的分权制衡思想贯穿其中，成功解决了武将擅权、藩镇作乱等五代时弊。

同时，赵匡胤偃武修文、大兴文教，定下宋朝文明之治的基调。近代大学者王国维认为："天水一朝（指宋朝）人智之活动与文化之多方面，前之汉唐，后之元明，皆所不逮也。"（《宋代之金石学》）钱钟书先生指出："在中国文化史上有几个时代一向是相提并论的，文学就说'唐宋'，绘画就说'宋元'，学术思想就说'汉宋'——都数得到宋代。"陈寅恪先生也有"华夏民族之文化造极于赵宋之世"的著名论断。宋代文化达到高度成熟与繁荣，一切光辉与美好，都从宋太祖这里开始。

再说赵匡胤的"德"。

太祖之"德"，在于施行仁政，怀柔天下。善待前朝皇室与各国降王，不杀士大夫，"杯酒释兵权"避免流血纷争，摒弃严刑峻法……他似乎能够怀柔优容一切。赵匡胤塑造了一种宽容、理性、人道主义的政治文明，他是儒家理想帝王的典范。

北宋理学家程颐赞誉道："太祖之有天下，救五代之乱，不戮一人，自古无之，非汉、唐可比，固知赵氏之祀安于泰山。"（《二程集》）

清代史学家赵翼指出："宋太祖以忠厚开国，未尝戮一大将，然正当兴王之运，所至成功，固无事诛杀。"（《廿二史札记》）

赵匡胤的德行，与他独特的性格气质密不可分。他帝王气象，豪气干云，睥睨天下群雄，时常显露出武夫的暴脾气，又懂得返躬内省及时纠偏，同时广开言路，能够虚心听取他人谏言。他虽出身行伍，十年征战，但难得身上没有暴戾嗜杀之气，为人宽容多恕，慈悲心肠。他风清气正，襟怀坦荡，不喜欢阴谋权诈，处事方式别具一格，面对治国理政的各种复杂难题，总能找到柔性的处置方式巧妙化解。雄武与仁慈，刚正与怀柔，豪迈胸襟与远见卓识，多种不同的人格特质完美地集中在一个人身上，构成极富人格魅力的太祖皇帝。

太祖之功，圣文英武，开大宋三百年基业，彪炳千秋。

太祖之德，仁义柔善，树立圣德明君表率，泽被后世。

历史长河浩浩汤汤，后人不会忘记赵匡胤。诚如《宋史·太祖本纪》所言：

> （赵匡胤）在位十有七年之间，而三百余载之基，传之子孙，世有典则。遂使三代以降，考论声明文物之治，道德仁义之风，宋于汉、唐，盖无让焉。呜呼，创业垂统之君，规模若是，亦可谓远也已矣！

史籍掠影

　　酒酣，上（赵匡胤）白太后曰："臣百年后传位于晋王，令晋王百年后传位于秦王。"后大喜曰："吾久有此意而不欲言之，吾欲万世之下，闻一妇人生三天子。不谓天生孝子，成吾之志。"令晋王（赵光义）、秦王（赵廷美）起谢之。

——宋·王禹偁《建隆遗事》

　　太后因问太祖（赵匡胤）曰："汝知所以得天下乎？"……太祖曰："臣所以得天下者，皆祖考及太后之积庆也。"太后曰："不然，正由周世宗使幼儿主天下耳。使周室有长君，天下岂为汝有乎？汝百岁后当传位于汝弟。四海至广，万几至众，能立长君，社稷之福也。"

——元·脱脱《宋史·后妃列传》

　　（杜太后）因敕戒太祖曰："汝万岁后，当依次传之二弟，则并汝之子亦获安耳。"太祖顿首泣曰："敢不如母教。"太后因召赵普即于榻前，为约誓书，普于纸尾自署名云"臣普书"，藏之金匮，命谨密宫人掌之。

——宋·司马光《涑水记闻》卷一

　　或谓昭宪（杜太后）及太祖本意，盖欲太宗传之廷美，而廷美复传之德昭。故太宗既立，即令廷美尹开封，德昭实称皇子。

——元·脱脱《宋史·宗室列传》

（赵光义）尝疾病，殆不知人，上亟往问，亲为灼艾，王觉痛，上亦取艾自灸。自辰及酉，王汗洽苏息，上乃还。疾良愈，复往观之，赐以龙凤毡褥。……（赵匡胤）间谓近臣曰："晋王龙行虎步，且生时有异，必为太平天子，福德非吾所及也。"

——宋·李焘《续资治通鉴长编》卷十七

太祖初登极时，杜太后尚康宁，常与上议军国事，犹呼赵普为"书记"，尝抚劳之曰："赵书记且为尽心，吾儿未更事也。"太祖宠待赵韩王（赵普）如左右手。

——宋·司马光《涑水记闻》卷一

（赵）普复遣人至潼关阅（冯）瓒等囊装，得金带及他珍玩之物，皆封题以赂刘嶅。嶅时再皇弟开封尹光义幕府。瓒等乃皆伏辜，狱具。普白上言：瓒等法当死。上欲贷之，普执不可。

——宋·李焘《续资治通鉴长编》卷十七

御史中丞雷德骧劾奏赵普强市人第宅，聚敛财贿，上怒，叱之曰："鼎铛尚有耳，汝不闻赵普吾之社稷之臣乎！"命左右曳于庭数匝，徐使复冠，召升殿，曰："今后不宜尔，且赦汝，勿令外人知也。"

——宋·司马光《涑水记闻》卷一

开宝初，太宗（赵光义）居晋邸，殿前都虞候奏太祖曰："晋王天日姿表，恐物情附之。为京尹，多肆意，不戢吏仆，纵法以结豪俊，陛下当图之。"上怒曰："朕与晋弟雍睦起国，和好相保，他日欲令管勾天下公事。粗狂小人，敢离我手足耶？"亟令诛之。

——宋·文莹《玉壶清话》卷七

上生于洛阳，乐其土风，尝有迁都之意。……晋王（赵光义）又从容言曰："迁都未便。"上曰："迁河南未已，久当迁长安。"王叩头切谏。上曰："吾将西迁者无他，欲据山河之胜而去冗兵，循周、汉故事以安天下也。"王又言："在德不在险。"上不答。王出，上顾左右曰："晋王之言固善，今姑从之。不出百年，天下民力殚矣。"

——宋·李焘《续资治通鉴长编》卷十七

上谓生（混沌道士）曰："……我寿还得几多在？"生曰："但今年十月廿日夜，晴，则可延一纪；不尔，则当速措置。"……至所期之夕，上御太清阁四望气。是夕果晴，星斗明灿，上心方喜。俄而阴霾四起，天气陡变，雪雹骤降，移仗下阁。急传宫钥开端门，召开封王（赵光义），即太宗也。

——宋·文莹《续湘山野录》

上不豫，驿召（张）守真至阙下。壬子，命内侍王继恩就建隆观设黄箓醮，令守真降神。神言："天上宫阙已成，玉锁开。晋王有仁心。"言讫，不复降。上闻其言，即夜召晋王，属以后事。

——宋·李焘《续资治通鉴长编》卷十七

延入大寝，酌酒对饮。宦官、宫妾悉屏之，但遥见烛影下，太宗时或避席，有不可胜之状。饮讫，禁漏三鼓，殿雪已数寸，帝（赵匡胤）引柱斧戳雪，顾太宗曰："好做！好做！"遂解带就寝，鼻息如雷霆。是夕，太宗留宿禁内。将五鼓，伺庐者寂无所闻，太祖已崩矣。

——宋·文莹《续湘山野录》

左右皆不得闻，但遥见烛影下晋王时或离席，若有所逊避之状，既而上引柱斧戳地，大声谓晋王曰："好为之。"

——宋·李焘《续资治通鉴长编》卷十七

（王）继恩以太祖传国晋王之志素定，乃不诣德芳，径趋开封府召晋王，见左押衙程德玄先坐于府门。……继恩诘之，德玄对曰："我宿于信陵坊，乙夜有当关疾呼者曰：晋王召。出视则无人，如是者三。吾恐晋王有疾，故来。"继恩异之，乃告以故，扣门以俱入见王。

——宋·李焘《续资治通鉴长编》卷十七

九年冬十月十九日，既夕，（马）韶忽造（程）德玄，德玄甚恐，诘其所以来，韶曰："明日乃晋王利见之辰，韶故以相告。"德玄惶骇，止韶一室，遽入白太宗。太宗命德玄以人防守之，将闻于太祖。及诘旦，太宗入谒，果受遗践祚。韶以赦获免。逾月，起家为司天监主簿。

——元·脱脱《宋史·马韶传》

王（赵光义）大惊，犹豫不敢行，曰："吾当与家人议之。"入久不出，继隆趣之，曰："事久将为他人有矣。"遂与王雪中步行至官门，呼而入。

——宋·司马光《涑水记闻》卷一

继隆使王且止于直庐，曰："王且待于此，继隆当先入言之。"德玄曰："便应直前，何待之有！"遂与俱进。……后（宋皇后）见王，愕然，遽呼"官家"，曰："吾母子之命，皆托官家。"王泣曰："共保富贵，无忧也。"

——宋·司马光《涑水记闻》卷一

太宗受遗诏，于枢前即位。逮晓，登明堂，宣遗诏罢，声恸。引近臣环玉衣以瞻圣体，玉色温莹，如出汤沐。

——宋·文莹《续湘山野录》

（全书完）

熊猫君邀请您扫一扫上方二维码，参与读者调研，

有机会获得读客超级畅销书！

读客传记火爆畅销！

《知行合一王阳明》大全集

百万畅销书！通俗讲解王阳明
及其心学思想的经典全集！

《曹操：打不死的乐观主义者》

越是逆境，越要乐观！

《秦始皇：创造力一统天下》

领略秦始皇如何用无穷无尽的创造力一统天下！

《成吉思汗：意志征服世界》

比智慧更强大的是意志！

《李世民：从玄武门到天下长安》

层层解读玄武门风云突变的疑点细节，
条条理析李世民名垂千古的曲折历程，
领略千古一帝先发制人的决断和心怀天下的胸襟。

《深不可测：刘伯温》

乱世攻城略地，拿下元朝万里江山；
盛世安邦治国，定下大明百年基业。
翻开本书，领略刘伯温深不可测的谋略智慧！

激发个人成长

　　多年以来，千千万万有经验的读者，都会定期查看熊猫君家的最新书目，挑选满足自己成长需求的新书。

　　读客图书以"激发个人成长"为使命，在以下三个方面为您精选优质图书：

1. 精神成长
熊猫君家精彩绝伦的小说文库和人文类图书，帮助你成为永远充满梦想、勇气和爱的人！

2. 知识结构成长
熊猫君家的历史类、社科类图书，帮助你了解从宇宙诞生、文明演变直至今日世界之形成的方方面面。

3. 工作技能成长
熊猫君家的经管类、家教类图书，指引你更好地工作、更有效率地生活，减少人生中的烦恼。

每一本读客图书都轻松好读，精彩绝伦，充满无穷阅读乐趣！

认准读客熊猫

读客所有图书，在书脊、腰封、封底和前后勒口都有 "**读客熊猫**" 标志。

两步帮你快速找到读客图书

1. 找读客熊猫

2. 找黑白格子

马上扫二维码，关注 "**熊猫君**"

和千万读者一起成长吧！